데이터 드리븐
디자인씽킹

데이터로 공감하고
똑똑하게 의사결정하는

데이터 드리븐
디자인씽킹

데이터로 공감하고
똑똑하게 의사결정하는

지은이 지나, 제임스

정리 리사

펴낸이 박찬규 엮은이 윤가희 디자인 북누리 표지디자인 Arowa & Arowana

펴낸곳 위키북스 전화 031-955-3658, 3659 팩스 031-955-3660

주소 경기도 파주시 문발로 115 세종출판벤처타운 311호

가격 24,000 페이지 260 책규격 175 x 235mm

초판 발행 2023년 01월 03일

ISBN 979-11-5839-379-3 (13000)

등록번호 제406-2006-000036호 등록일자 2006년 05월 19일

홈페이지 wikibook.co.kr 전자우편 wikibook@wikibook.co.kr

데이터 드리븐 디자인씽킹

데이터로 공감하고 똑똑하게 의사결정하는

에이블런 지음

위키북스

디자인씽킹, 풀어내어 설명하면 '공감을 기반으로 고객의 불편한 점을 명확히 정의하여 창의적으로 문제를 해결하는 사고방식'이라 할 수 있다. 디자인씽킹에서 가장 중요한 파트인 고객 공감 덕분에 기술과 서비스가 아닌 고객의 불편한 점을 우리는 직시할 수 있었고, 많은 조직은 이 방법을 통해 혁신적인 경험을 설계하여 성공적인 결과를 만들어냈다. 상당한 전문가와 엄청난 도구 없이도 문제 해결이 가능한 디자인씽킹은 마치 단점은 전혀 없어 보였다. 그렇지만 세상에 완벽한 것은 없다. 업계에서도 디자인씽킹에 관해서 결과물 예측이 어렵다거나 너무 추상적이라며 회의적으로 보는 시각도 생겨나기 시작하였다. 하지만 그중에서도 현업에서 가장 어려운 점은 고객의 목소리를 편견 없이 들어야 하는 점이다.

편견은 무섭다. 우리의 눈을 가리고 귀를 막는다. "내가 겪어 봐서 잘 알아", "내가 그 분야에서만 10년 넘게 일했어. 고객의 니즈는 내가 제일 잘 알아". 디자인씽킹은 이러한 편견에 의심할 기회를 제공한다. 물론 전문가라고 편견이 있고 비전문가라고 편견 없이 공정한 시각을 갖는 것은 아니다. 그렇기에 누가 문제를 해결하는지가 중요한 것이 아니다. 어떤 배경을 가진 사람들이 참여하건 디자인씽킹에서 중요하게 생각하는 공감을 철저하게 수행해야 한다. 진짜 문제를 정의해야 한다. 절대로 디자인씽킹은 문제를 심플하게 보지 않는다. 심각한 고찰과 전문가의 식견도 무시하지 않는다. 하지만 제대로 공감을 수행하지 않으면 그러한 중요 부분을 무시해버리는 부작용이 발생할 수 있다. 디자인씽킹 회의론자들은 그 부작용을 보고 비판하고 있던 것이다.

그렇다면 어떻게 부작용을 막을 수 있을까? 정답은 바로 데이터이다. 데이터는 그 자체로는 편견이 존재하지 않는다. 데이터는 전문가들이 수십 년간 경험을 통해 얻어낸 인사이트를 상대적으로 아주 빠르게 얻어낼 수 있다. 즉 우리는 디자인씽킹의 단점을 보완하고 장점을 더 살리기 위해 데이터를 공감의 수단과 재료로 사용해야만 한다. 데이터는 우리에게 맥락 정보를 갖고 합리적인 추론을 하게 한다. 정성적인 방법을 통해서 공감할 때보다 고객의 페인 포인트(Pain Point)를 쉽게 추출하고 정확하게 구별하게 한다. 게다가 정성적인 방법을 통해 공감을 시도할 때 흔히 저지르는 긍정 오류(False Positive)와 부정 오류(False Negative)를 방지할 수 있다. 데이터를 통해 우리는 공감하고 문제정의할 수 있다. 이를 아이디어 단계, 테스트 단계에도 적용할 수 있다. 디자인씽킹을 더욱 특별하게 만드는 데이터 활용을 본 저서를 통해 조금 더 자세히 살펴보자.

데이터 드리븐
디자인씽킹

데이터 드리븐 디자인씽킹의 개념 및 이론

≪데이터 드리븐 디자인씽킹≫은 총 5장으로 구성되어 있다. 먼저, 1장에서는 문제 상황을 데이터로 공감하는 데이터 드리븐 디자인씽킹의 개념을 살펴보며, 2장에서는 기존의 디자인씽킹 과정인 공감, 정의, 아이디어 도출, 프로토타입, 테스트 단계에 '데이터'를 적용하여 효율적으로 문제를 해결할 수 있는 다양한 방법과 사례를 학습한다. 3장부터 5장까지는 프로그래밍 코드를 사용하지 않는 '노코드 데이터 분석' 방법을 통해 비전공자도 쉽게 데이터를 분석할 수 있는 소셜 데이터 분석, 엑셀 데이터 분석, 시각적 데이터 분석을 실습을 통해 알아본다.

이번 장에서는 실전 활용을 위한 노코드 데이터 분석법 중에서 데이터로 고객의 욕망을 읽을 수 있는 방법인 데이터 드리븐 디자인씽킹(Data Driven Design Thinking)을 다룬다. 문제가 발생했을 때 데이터 중심 사고방식으로 해결함으로써 데이터를 활용한 공감 및 직관 능력을 향상시키는 것이 최종 목표다.

이번 '데이터 드리븐 디자인씽킹' 편에서는 디자인씽킹의 기본적인 개념과 프로세스를 통해 공감의 중요성을 알아본다. 공감의 방법 중 하나인 '데이터'와 '디자인씽킹'을 융합한 데이터 드리븐 디자인씽킹을 학습한 후 다양한 사례를 통해 해당 개념을 자연스럽게 습득해 볼 것이다.

디자인씽킹이란?

데이터 드리븐 디자인씽킹에 관한 세부 내용을 확인하기 전에 '디자인씽킹'이라는 표현을 중점적으로 살펴볼 것이다. 먼저, 안경 제품을 만드는 스타트업 '와비 파커' 사례를 통해 디자인씽킹을 이해하고, 각종 논문이나 전문가들이 정의하는 디자인씽킹의 기본 개념과 프로세스를 알아보겠다.

디자인씽킹의 개념

그림 1.1 다양한 기업 브랜드

위 그림에 있는 브랜드의 공통점은 무엇일까? 다양한 고객사와 서로 다른 비즈니스 형태 및 구조를 가지고 있기 때문에 유사점을 찾기 힘들 수도 있다. 정답은 바로 '디자인씽킹'이다. 위 기업들은 모두 신제품 기획 및 기존 제품 개선에 디자인씽킹이라는 방법을 사용한다. 이들뿐만 아니라 우리나라의 스타트업부터 대기업, 그리고 공공기관에서도 디자인씽킹 방법으로 사용자 친화적인 제품, 상품, 정책을 제공하고 있다. 그렇다면 이렇게 많은 기업이 사용하는 방법인 '디자인씽킹'은 과연 무엇일까?

2021년 9월 29일 뉴욕 증권거래소(NYSE)에 상장하고, 상장 첫날 기준가 (40달러) 대비 30% 넘게 급등하여 60억 달러(약 7조 1,200억 원)를 넘어선 10년 정도밖에 안 된 스타트업이 있다. 바로 소수의 대학원생이 창업하여 세운 안경계의 넷플릭스, '와비 파커(WARBY PARKER)'다.

그림 1.2 와비 파커 홈페이지[1]

사업 초기 이들에게는 뛰어난 기술력이나 화려한 서비스가 없었다. 모든 사업가가 알고 있는 전략인 합리적인 가격과 만족스러운 서비스를 제공했을 뿐이다. 와비 파커의 창업자들은 대학원생이 구매하기에는 비싼 미국 안경 가격에 불만이었고, 충분히 착용해보지 못하고 구매하여 발생하는 실패에 화가 났다. 그래서 안경 가격을 95달러로 낮추고, 5개의 안경을 골라서 5일간 체험해볼 수 있는 서비스를 제공했다. 그렇게 이들은 고객의 불편한 경험을 명확하게 해결해줬고, 그 결과 초고속으로 성장할 수 있었다.

그렇다면 와비 파커는 13세기부터 존재했던 안경이라는 아이템을 가지고 어떻게 21세기에 혁신적인 사업 모델을 만들 수 있었을까? 여러 가지 요인이 있겠지만, 주된 요인은 바로 창업자들이 안경을 사용하는 사람들의 불편사항을 정확하게 정의했고 이를 집중적으로 해결하는 서비스를 제공했다는 것이다. 이것이 바로 '디자인씽킹'이다. 즉, 사용자의 경험을 정확하게 정의하고 문제를 해결해주는 것이다. 다른 문제 해결 방법론과의 차별점을 바탕으로 디자인씽킹을 정의하면, **디자인씽킹은 공감을 기반으로 고객의 불편한 점을 명확히 정의하여 창의적으로 문제를 해결하는 사고방식**이라고 볼 수 있다.

디자인씽킹은 와비 파커의 사례에서 정의된 개념 이외에도 다양한 의미를 가지고 있다. 그렇다면 또 다른 디자인씽킹의 정의는 무엇일까? 도서와 논문 자료 및 전문가들의 설명을 통해 디자인씽킹의 개념을 더 자세히 살펴보자.

---

1 그림 출처: 와비 파커(https://www.warbyparker.com/)

먼저, 프라이스 T.D.(Price T.D.)와 버튼 J.H.(Burton J.H.)의 ≪An Introduction to Archaeological Chemistry≫(Springer, 2011)[2]에 따르면 디자인씽킹은 **명확하게 정의되지 않은 욕구(needs)를 이해하고, 이것을 해결할 수 있는 기회를 찾아내기 위해 공감적인 태도(mindset)를 활용하는 논리추론적 접근법**이다. 이 개념은 노벨 경제학 수상자이자 인지과학자인 허버트 사이먼(Herbert Simon)에서 시작된다. 그는 저서 ≪The Science of Artificial, 3rd ED.≫(The MIT Press, 1996)에서 디자인이란 논리적 이성으로 해결이 불가한 난제에 디자이너의 직관적인 사고 과정을 통해 현재보다 더 나은 상태로 변화시키려는 활동이라고 정의했다. 이후 하버드대학의 교수인 피터 로우(Peter Rowe)가 ≪Design Thinking≫(The MIT Press, 1987)에서 구체적인 개념을 사용하면서 이론이 정립됐다.

또한 "디자인씽킹은 무엇이며 왜 중요한가요?"(CNET Korea, 2013)에 따르면 디자인씽킹은 독일 소프트웨어 기업인 SAP의 하소 플레트너(Hasso Plattner) 회장이 만들고, 미국 스탠퍼드 디스쿨(Hasso Plattner Institute of Design at Stanford; Stanford D.School)이 확산시킨 교육 프로그램으로써, 인간의 필요에 공감하고 대중이 모르는 잠재적 욕구를 발굴해서 프로토타입까지 만들어보는 과정을 말한다. **사람들이 겪는 불편함을 인간 중심 관점으로 찾아내 해결하기 때문에 창의적 문제 해결 방법론**으로도 불린다.

이 외에도 디자인씽킹의 대표적인 혁신 기업으로 알려진 IDEO의 CEO인 팀 브라운(Brown, T)의 ≪Change by design≫(HarperBusiness, 2009)에 따르면 디자인씽킹은 **디자인 분야에서 시작된 문제 해결 프로세스와 사고 방법으로 다양한 사람들이 집단을 이루어 문제의 본질을 공감과 협력에 기반하여 최선의 답을 찾는 과정이자 사고 방법**이다. 또한, 팀 브라운은 ≪디자인씽킹≫(Harvard Business School, 2008)[3]에서 디자인씽킹을 **소비자가 가치 있게 평가하고 시장 기회를 활용할 수 있으며 기술적으로 적용 가능한 비즈니스 요구를 충족하기 위해 디자이너 감수성과 작업 방식을 이용한 사고방식**이라고 정의하기도 했다. 즉, 디자인씽킹은 제품이나 서비스 혁신에 중요하며, 단지 외적인 디자인이 아니라 제품 전체와 개발·기획·마케팅 등의 전 과정에 다 적용될 수 있다는 것을 강조한 것이다.

그렇다면 전문가들은 디자인씽킹을 어떻게 정의할까? 혁신 방법론을 연구하는 디스쿨의 창립자인 버나드 로스(Bernard Roth) 스탠퍼드 공대 교수는 "더 나은 당신을 위한 디자인씽킹"(The

---

2 내용 출처: 해당 도서의 155-186쪽 참고(https://bit.ly/3PtIYHm)
3 내용 출처: 해당 논문의 84쪽 참고

New York Times, 2016)에서 디자인씽킹이 비즈니스뿐만 아니라 우리 생활에도 변화를 가지고 올 수 있다고 말한다. 그는 "디자인씽킹은 내가 목표를 달성하는 것을 가로막는 장애물을 돌아보고 이를 극복하기 위한 방안을 다시 설정하는 데 효율적이다."라고 주장했다.

마지막으로 미국 비즈니스위크지가 뽑은 세계에서 가장 영향력 있는 경영학 교수이자, 디자인씽킹 이론을 가장 먼저 정립한 창시자인 로저 마틴(Roger Martin) 교수는 ≪디자인씽킹 바이블≫(유엑스리뷰, 2021)에서 **"생각의 가장 완벽한 방식은 분석적 사고에 기반을 둔 완벽한 숙련과 직관적 사고에 근거한 창조성이 역동적으로 상호작용하면서 균형을 이루는 것이다. 이를 디자인씽킹이라고 한다."**고 언급했다.

이같이 여러 논문과 전문가의 의견을 종합한 결과, **디자인씽킹은 사람들이 겪는 문제 상황이나 불편함을 '공감'을 통해 해결한다는 점과 직관적인 사고에 근거한 '창의적이고 논리추론적인 문제 해결 방법'**이라는 특징이 자주 등장하는 것을 볼 수 있다.

디자인씽킹 프로세스

지금까지 다양한 논문 및 도서, 전문가의 말을 인용하여 디자인씽킹의 기본적인 개념을 알아봤다. 그렇다면 디자인씽킹은 어떤 흐름으로 진행되는 것일까? 박양미의 〈디자인씽킹 프로세스를 활용한 디자인수업 사례 연구—산업디자인, 건축디자인, 패션디자인을 중심으로〉(기초조형학연구, 2021)[4]에 따르면, 디자인씽킹의 프로세스는 총 5단계로, ❶공감(Empathize), ❷정의(Define), ❸아이디어 도출(Ideate), ❹프로토타입(Prototype), ❺테스트(Test)로 진행된다. 각 과정의 흐름을 하나씩 차근차근 이해해보자.

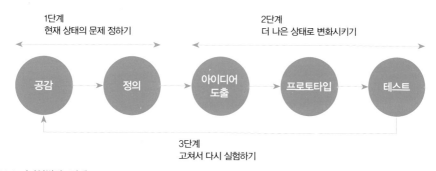

그림 1.3 디자인씽킹 5단계

---

① **공감(Empathize)**: 사용자를 관찰하고 필요한 사항에 대해 질문과 실제 체험 등을 통해 사용자의 입장에서 공감하고 영감을 얻는 단계다.

② **정의(Define)**: 공감 단계에서 얻은 객관적 사실을 바탕으로 문제를 해석하고 정의하며 실질적인 문제를 찾아내는 단계다. 문제를 정의하는 과정에서 질문을 활용하여 다시 되물으면서 답을 찾는 데 도움을 준다.

③ **아이디어 도출(Ideate)**: 최대한 다양한 관점으로 빠른 시간 내에 대량의 아이디어 도출해낸다. 이때 확산적 사고와 수렴적 사고를 향상시킬 수 있으며 자유로운 아이디어 발상을 통해 많은 아이디어를 확산할 수 있게 된다.

④ **프로토타입(Prototype)**: 짧은 시간 내에 추상적인 아이디어를 직관적이고 시각적으로 구체화하여 경제적으로 제품을 구현하는 단계다.

⑤ **테스트(Test)**: 시제품에 대한 테스트 과정을 거친다. 프로토타입을 통해 모니터링한 후 피드백을 통해 개선해 나간다. 이때 수정 또는 보완이 필요하면 앞 단계로 다시 돌아가 해결안을 찾는 과정을 거친다.

이러한 디자인씽킹 5단계는 필요에 따라 전체 과정이 반복될 수 있으며, 거꾸로 진행될 수도 있다.

디자인씽킹에서 데이터의 필요성

그렇다면 이 디자인씽킹 프로세스를 더욱 잘 수행할 수 있는 방법은 무엇일까? 바로 데이터를 접목하는 것이다. 이번에는 디자인씽킹 프로세스 중 공감의 중요성을 이해하고, 데이터를 활용하여 공감한 사례를 살펴보자.

공감의 중요성

디자인씽킹 프로세스 5단계 중 가장 중요한 단계는 바로 '공감'이다. 디자인씽킹에서 가장 중요한 파트인 '공감' 덕분에 기술과 서비스뿐만 아니라 고객의 불편함을 직시할 수 있고, 많은 조직이 혁신적인 경험을 설계하여 성공적인 결과를 만들어낼 수 있다.

정말로 '공감'이 중요할까? 디자인씽킹의 고전 사례로 유명한 IDEO의 쇼핑카트 개선 프로젝트를 살펴보자. IDEO는 마트 안에 있는 쇼핑카트에 여러 불편한 점이 존재한다는 가정하에 팀을 꾸렸다. 그런데 그 팀을 MBA 학생, 언어학자, 마케터, 심리학자, 생물학 전공자 등 쇼핑카트와는 전혀 거리가 먼 사람들로 구성했다. 보통 이런 프로젝트를 시작한다면 기계공학 또는 산업디자이너 등으로 팀원을 구성할 것이다. 하지만 IDEO는 오히려 편견 없이 고객의 의견에 '공감'하기 위해 전문가로 구성된 팀을 만들지 않았다. 디자인씽킹은 문제와 관련된 근본적인 추측에 대해 편견 없이 질문해보는 것이라는 스탠퍼드 디스쿨의 철학을 따른 것이다. 즉, 전문가의 식견보다는 편견 없이 고객의 의견에 '공감'할 수 있는 환경을 더 선호하는 것이다.

데이터를 통한 이해의 중요성

이렇게 중요한 '공감'을 얻을 수 있는 4가지 방법으로 '관찰', '체험', '인터뷰', '데이터를 통한 이해'가 있다. 이때 관찰이나 체험, 인터뷰의 경우, 개인이 알고 있는 지식과 경험에 따라 달라질 가능성이 있다. 즉, 관찰, 체험, 인터뷰를 통한 결과는 객관적이지 못하고 편향될 가능성이 있다. 하지만 데이터를 통한 이해는 다르다. 데이터는 전문가들이 수십 년간 경험을 통해 얻어낸 인사이트를 상대적으로 아주 빠르게 얻어낼 수 있으며, 편견이 존재하지 않는다. 데이터는 **정성적인 방법을 통해 공감할 때보다 고객의 불편 사항을 더 정확하게 구별**하게 해준다.

또한 서울대학교 이지선 박사의 〈디자인사고를 바탕으로 한 협업 창의를 위한 아이디어 공유 오픈 플랫폼〉(서울대학교 박사학위논문, 2013)[5]에 따르면 디자인씽킹을 위한 초기 리서치 단계에 데이터를 가능한 한 많이 수집하여 많은 정보를 얻을수록 좋은 디자인을 만드는 데 도움이 된다고 한다. 특히, 실제 데이터를 이용해 주변의 정보를 다양하게 모으면 **타깃 사용자를 예측하기 쉽기 때문에 전혀 생각지도 못한 흥미로운 아이디어로 이어질 수 있다**고 말한다.

표 1.1 빅데이터와 디자인씽킹을 융합한 스마트폰 디자인 개발 사례

프로세스	세부내용		빅데이터 분석기술
Research	소비자 관련	소비자 인사이트 조사	데이터 마이닝, 텍스트 마이닝
		소비자 트렌드 조사	소셜분석, 평판분석
	디자인 관련	조형/기술 트렌드 조사	군집분석, 웹 마이닝
		CMF 트렌드 조사	군집분석, 웹 마이닝
Concept	Persona 작성		텍스트 마이닝, 소셜분석
	Journey Map 작성		

---

5 내용 출처: 해당 논문의 144쪽 참고

프로세스	세부내용	빅데이터 분석기술
Designing	Sketch/ 3D Modeling/ Mock-Up 진행	
Verification	특허(의장, 트레이드 드레스) 검토	데이터 마이닝, 군집분석
	소비자	군집분석, 소셜분석

이 외에도 오인균, 정석길의 〈빅데이터(BigData)와 디자인적 사고(Design Thinking)의 융합 제안 − 스마트폰 디자인 개발에서 디자인 의사결정 문제해결을 중심으로〉(한국디지털디자인협의회, 2014)[6]에서는 빅데이터를 활용한 객관적인 데이터를 디자인 개발에 활용할 수 있다고 언급한다. 즉, 디자인씽킹을 위한 데이터를 획득함으로써 **디자인 개발 단계에서 객관적 데이터를 의사결정자들에게 제공하여 소비자들이 느끼는 감성적인 부분을 찾아낼 수 있도록 돕고, 디자인 씽킹의 한계점을 보완할 수 있는 검증을 실시할 수 있다**고 설명한다.

표 1.2 빅데이터 분석을 활용한 코로나19 국내 친환경 이슈 동향 분석

이름	활용 단계
빅카인즈(Bigkinds)	뉴스 기사 수집
텍스톰(Textom)	핵심어 추출 및 정제, 핵심어 빈도 분석, 일원 모드 행렬(1 mode matrix) 생성
UNICET, NetDraw	의미연결망 분석, 중심성 분석, CONCOR 분석, 네트워크 시각화

마지막으로 민지영, 이혜선의 〈디자인씽킹의 문제발견 과정을 위한 빅데이터 분석 활용 연구 − 코로나19와 연관된 국내 친환경 이슈 동향을 중심으로〉(산업디자인학연구, 2022)[7]의 데스크 리서치에 따르면, **데이터를 활용한 디자인씽킹이 다각적 통찰을 제공할 수 있는 가능성**이 있다고 한다. 본 연구에서는 코로나19에 따른 국내 친환경 이슈의 이해관계자인 기업, 정부, 시민의 관점에서 국내 친환경 이슈 동향을 시각화하였고, 이러한 문제 발견과정에서 데이터를 활용한 디자인씽킹 과정으로 **기존과 달리 정량적 비교가 가능하여 신뢰도가 증가했고, 데이터 간 연결성을 파악할 수 있어 효율적인 정보 선정**을 할 수 있었다고 한다.

지금까지 디자인씽킹에서 데이터 필요성과 유용성에 대해 알아봤다. 그렇다면 실제 사례를 통해 디자인씽킹에서 데이터 필요성을 명확히 이해해보자. 콜레라 역학조사, 부여군 양계농가 데이터 기반 타깃 분석을 차례대로 살펴보겠다.

---

6 표 및 내용 출처: 해당 논문의 107–108쪽 참고
7 표 및 내용 출처: 해당 논문의 85–98쪽 참고

데이터를 활용한 디자인씽킹 사례1 - 콜레라 역학조사

먼저 콜레라 역학조사 사례를 알아보자. 1854년 콜레라가 발병했던 당시 유행병 학자였던 존 스노우는 데이터로 문제를 이해하고 문제의 패턴을 발견하고 문제에 공감했다. 1800년대 런던에는 콜레라가 주기적으로 창궐했다. 당시까지만 해도 콜레라는 공기로 옮겨진다고 알려져 있었지만, 존 스노우는 그것이 잘못된 정보라고 생각했다. 공기를 통한 전염이라면 증상이 기관지 쪽에 있어야 했는데, 콜레라 환자들의 증상은 내장에 있었기 때문이다. 따라서 존 스노우는 데이터를 이용하여 새로운 문제 해결을 시도했다.

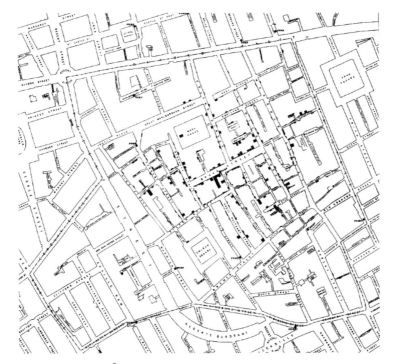

그림 1.4 존 스노우의 데이터 차트 지도[8]

존 스노우는 데이터 차트 지도를 제작했다. 발병자와 사망자 주소를 지도 위에 표시하고, 그 결과 거리의 특정 펌프를 중심으로 콜레라가 전염된다는 패턴을 발견했다. 이를 통해 '콜레라는 펌프가 매개체가 되어 물을 통해 전염되는 수인성 질병'이라는 문제를 정의할 수 있었다. 그리고 이를 해결하기 위해 펌프의 손잡이를 제거하자는 아이디어를 제시했다. 손잡이 제거 후, 거짓말처럼 콜레라의 확산이 억제된 것을 문제를 통해 해결할 수 있었다.

---

8   그림 출처: 위키피디아 – Original map made by John Snow in 1854(https://bit.ly/3AAnbtr)

데이터를 활용한 디자인씽킹 사례2 – 부여군 양계 농가 데이터 기반 타깃 분석

기상청의 2018 이상기후보고서[9]에 따르면, 연간 폭염으로 인해 전국의 가축 폐사가 꾸준히 증가했다. 특히 충남 지역은 폭염으로 인한 가축 피해가 컸으며, 그중 부여군은 소규모 양계 농가로 더 큰 피해가 발생하는 상황이었다. 이와 관련하여 충남 축산 농가 중 가장 피해가 집중될 것으로 예상되는 농가를 선정하고, 군집 분석으로 타깃을 파악하는 프로젝트를 진행했다.

연도별 기온 상승 추이   주요 폭염 폐사 지역/   온습도별 육계 폐사 수 추이
('16-'18)   폐사 유형('17-'18)   ('16-'18)

그림 1.5 데이터 기반의 활동 범위 계획 및 탐색

제일 먼저 연도별 기온 상승 추이, 주요 폭염 폐사 지역/폐사 유형, 온습도별 육계 폐사 추이 데이터를 기반으로 활동 범위를 계획하고 탐색했다. 그다음, 연도와 지역별 폭염 피해에 따른 축종별 피해 규모와 보험금 지급 추이 등을 살펴보고 타깃 그룹의 적정성을 검증했다. 그 결과, 폭염 피해가 두드러지는 축종 그룹은 '닭'이며, 2018년도 피해 현황에 따라 인구수 대비 보험금 지급 규모와 피해 두수가 꾸준히 두드러지는 '부여군'을 대상으로 설정했다.

9   내용 출처: 기상청(https://bit.ly/3Aid239)

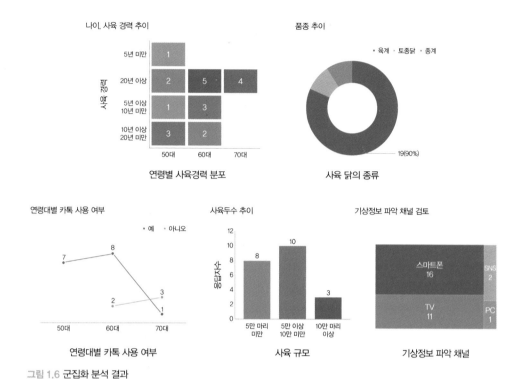

그림 1.6 군집화 분석 결과

이후, 데이터에서 확인할 수 있는 여러 가지 근거를 바탕으로 모집단을 대표하는 '예비 농가'를 핵심 페르소나(고객)로 선정했다. 그 결과, 비교적 소규모에 속하는 8천~1.4만 마리 육계 농가와 관리자의 연령이 80세 이하인 그룹을 인터뷰 및 관찰 조사를 위한 우선순위 대상으로 도출했다. 우선순위 집단이 된 80세 이하 소규모 농가의 핵심 니즈를 더 자세히 파악하기 위해 정성 조사(그룹 인터뷰, 1:1 심층 인터뷰, 현장 관찰 인터뷰)를 실시한 결과, 본 프로젝트 고객의 특징을 다음과 같이 정리할 수 있었다.

- 이름: 김양계
- 연령: 60대(사육경력 20년 이상)
- 기상정보 파악 채널: 스마트폰(1위), TV(2위)
- 폭염 방지 시설: 팬(1위), 안개 분무(2위)
- 특이사항: 평균 연령대가 높지만, 스마트폰을 이용한 정보 접속에 용이

그림 1.7 부여군 축산업 데이터 기반의 핵심 페르소나

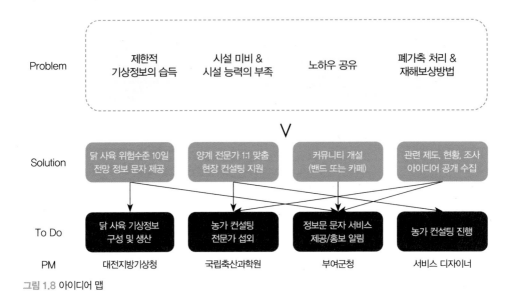

그림 1.8 아이디어 맵

도출된 페르소나를 바탕으로 해당 페르소나의 폭염 전/중/후 경험을 통한 고객 여정 맵을 제작하여 문제를 도출했다. 그다음, 아이디어 맵을 통해 문제의 우선순위를 선별하고 실행 전략을 도출했다. 그 결과, 닭의 폐사 피해가 2017년 대비 61% 감소했고(2019년 기준), 서비스 만족도도 84점을 달성할 수 있었다.

요약

지금까지 데이터를 활용한 디자인씽킹 사례인 콜레라 역학조사와 부여군 양계농가 데이터 기반 타깃 분석을 알아봤다. 만약 스노우 박사가 기존 디자인씽킹에서 주로 사용하는 인터뷰, 설문조사 등의 정성적 조사 기법만 활용했다면 콜레라 문제를 빠르게 해결할 수 있었을까? 또한 부여군 양계농가의 타깃 그룹을 선정할 때 관련 데이터를 활용하지 않았다면 '부여군의 닭'을 적절한 분석 대상으로 설정할 수 있었을까? 아마 아닐 것이다. 두 사례 모두 디자인씽킹의 5단계를 명확히 따랐으며, 그 과정에서 '데이터'를 활용하여 전체 맥락과 문제의 패턴을 보다 쉽고 빠르게, 직관적으로 이해할 수 있었다.

데이터 드리븐 디자인씽킹

이번에는 데이터로 고객의 욕망을 읽을 수 있는 방법인 데이터 드리븐 디자인씽킹의 개념과 프로세스에 대해 자세히 살펴볼 것이다. 그리고 데이터 드리븐 디자인씽킹을 잘 이해할 수 있는 사례들을 통해 해당 기법의 유용성을 알아보자.

데이터 드리븐 디자인씽킹의 개념

지금까지 디자인씽킹 과정에서 데이터를 활용한 공감의 중요성에 대해 알아봤다. 이러한 '데이터 기반의 디자인씽킹'과 관련된 용어가 있는데, 바로 **데이터 드리븐 디자인씽킹(Data Driven Design Thinking)**이다. 데이터 드리븐 디자인씽킹이란 6쪽 '디자인씽킹에서 데이터의 필요성'에서 살펴본 '데이터'를 활용하여 유용한 정보를 도출하는 과정인 데이터 애널리틱스(Data analytics)와 2쪽 '디자인씽킹이란?'에서 학습한 디자인씽킹(Design Thinking)을 합친 개념이다. 즉, 데이터 드리븐 디자인씽킹은 디자인씽킹의 핵심인 '공감'을 통한 고객 중심의 사고와 정성적인 고객 조사 방법론 및 정량적인 데이터 분석 방법론을 더한 창의적인 문제 해결 방법이다.

데이터 드리븐 디자인씽킹의 프로세스

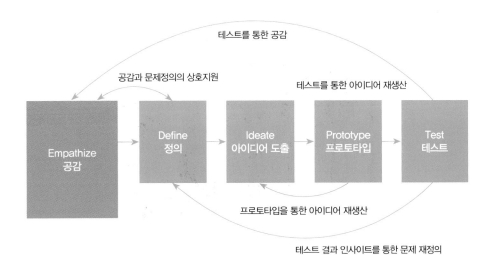

그림 1.9 데이터 드리븐 디자인씽킹 5단계

데이터를 중심으로 한 문제 해결 방식은 무엇이 다를까? 앞서 살펴본 디자인씽킹의 5단계는 공감, 정의, 아이디어 도출, 프로토타입, 테스트였다. 여기서 소개하는 데이터 드리븐 디자인씽킹 과정 역시 동일하지만, 여기서는 데이터를 활용한다는 차이점이 있다. 기존 디자인씽킹 과정 중 시간과 리소스가 가장 많이 들었던 핵심 단계인 '공감-정의-아이디어 도출' 과정에 정성적 조사 기법만 활용하는 것이 아니라 정량적 통계 자료 위주의 '데이터'를 활용하는 것이다. 데이터를 활용한 분석은 문제를 가장 빠르고 객관적으로 볼 수 있다는 장점이 있다. 또한, 데이터를 통한 계속되는 가설 정의로 기존 디자인씽킹 과정 대비 시간과 리소스 절감의 효과를 얻을 수 있다. 데이터 기반 디자인씽킹은 공감과 정의, 아이디어 도출 단계에서 그 효과가 극대화된다.

그렇다면 데이터 드리븐 디자인씽킹의 이점은 무엇이 있을까? 첫 번째, 사용자 중심의 공감을 극대화하여 문제를 더욱 창의적으로 해결할 수 있다는 것이다. 두 번째는 기존의 문제 해결 프로세스를 더욱 빠르고 효과적으로 개선할 수 있다는 것이다.

그렇다면 지금까지 살펴본 데이터를 활용한 창의적 문제 해결 사례를 알아보자. 다이슨, 불스원샷, 티젠, 낫소의 사례를 통해 문제 현상을 데이터 중심 사고방식으로 해결하는 접근 방법을 알아보겠다.

데이터 드리븐 디자인씽킹 사례1 - 다이슨

그림 1.10 다이슨 에어랩

먼저 다이슨의 사례[10]를 살펴보자. 최근 다이슨 에어랩이 큰 관심을 받고 있다. 59만9천 원의 고가에도 불구하고 품귀 현상을 보이는 다이슨 에어랩의 인기 비결은 바로 데이터에 있다. 다이슨은 신제품 출시를 앞두고 전 세계 80개의 미용실에서 420명 이상의 전문 미용사가 1만 시간에 걸쳐 진행한 11억 건이 넘는 데이터를 분석했다. 11억 건의 데이터 분석 결과, 미용사들이 둥근 브러시를 사용해 모발의 모양을 잡는 동시에 드라이어의 공기 흐름을 이용해 잔머리를 안쪽으로 밀어넣는 패턴을 확인했다. 즉, 헤어드라이어의 각도가 매우 중요하다는 것을 발견했다. 다이슨 데이터 분석팀은 이를 기반으로 페르소나를 '가정에서 직접 머리 손질을 할 때 드라이어 각도 조절이 어려워 머리카락 표면이 부스스해진 경험이 있으며, 부스스함을 정리하기 위해 고온의 기기를 사용해 모발 손상을 경험한 여성'으로 설정했다. 이러한 페르소나를 기반으로 반원 모양의 플라이어웨이 노즐을 개발했고, 압력 차이로 물체 표면에 모발이 달라붙는 현상인 '코안다 효과'를 활용했다. 이같이 소비자들의 특성을 명확히 파악한 다이슨은 에어랩 출시 후 사상 최대 영업이익인 11억 파운드(약 1조6600억 원)라는 기록을 달성할 수 있었다.

데이터 드리븐 디자인씽킹 사례2 - 불스원샷

다음은 불스원샷과 관련된 사례[11]다. 불스원은 자동차용품을 판매하는 회사로 엔진 세정제인 불스원샷을 주력 상품으로 홍보하고 있다. 불스원은 국내 시장 점유율 90%를 차지하는 1위 기업이다. 하지만 신규 고객 매출이 기대보다 낮은 상황에서 해외 경쟁사의 국내 진출로 인한 기존 고객의 유출을 우려했다. 따라서 불스원은 제품에 대한 사람들의 반응을 파악해 기존 고객은 유지하면서도 신규 고객 유치를 위한 마케팅 전략을 세우고자 했다. 이를 위해 불스원샷은 제품에 대한 뉴스, 커뮤니티, 블로그, 카페상의 데이터를 수집해 키워드 분석을 진행했다.

표 1.3 불스원샷 연관 검색어 TOP 20

1	불스원샷 넣는 법	980	6	불스원샷 프리미엄	707
2	불스원샷 경유	908	7	불스원샷 뉴카	663
3	불스원샷 70000	905	8	불스원샷 사용법	536
4	불스원샷 효과	824	9	디젤연료첨가제	514
5	불스원샷 디젤	171	10	검아웃	447

---

10 그림 및 내용 출처: Dyson 홈페이지(https://bit.ly/3K6Uoj1)
11 표 및 내용 출처: 2017 중소기업 빅데이터 활용지원사업 우수사례집(https://bit.ly/3CecU7r)

11	LPG연료첨가제	438	16	불스원샷 주기	284
12	연료첨가제	432	17	불스파워	200
13	불스원샷 휘발유	420	18	불스원	174
14	불스원샷 프로	409	19	불스원샷 신제품	158
15	엔진세정제	308	20	카텍몰	75

키워드 분석 결과, 상위 20개의 단어 중 '넣는법', '사용법' 등의 표현이 있었다. 그뿐만 아니라 불스원샷 화제어(특정 키워드와 함께 언급된 글의 주제어) 분석 결과에서도 유사한 결과를 확인할 수 있었다. 지난 1년 치 불스원샷 화제어 데이터를 기간별로 나누어 본 결과, '엔진오일,' '주유구' 등이 꾸준히 언급되었고, 이를 심층 분석한 결과 많은 고객이 불스원샷의 용도와 사용법을 모른다는 시사점을 도출할 수 있었다. 불스원은 이와 같은 인사이트를 근거로 제품을 알면서도 사용 방법과 효과를 제대로 인지하지 못한 고객군을 타깃으로 교육적 차원의 마케팅을 진행했다. 가장 먼저 불스원은 불스원샷을 사용하면 엔진의 때가 제거되는 원리를 이미지 대신 이해하기 쉬운 동영상으로 제작하여 자체 블로그와 차량 관리에 관심이 많은 커뮤니티로 배포하는 마케팅을 시행했다. 또한 전문가 인터뷰를 인용해 제품의 효과를 증명할 신뢰도 높은 콘텐츠를 제작해 지속적인 마케팅을 진행했다. 불스원은 불스원샷의 효과를 강조한 마케팅을 통해 기존 고객과 신규 고객 모두에게 긍정적인 반응을 얻을 수 있었다. 결과적으로는 2017년에 2016년 대비 12%의 매출 증대와 3% 포인트의 신규 고객 증가라는 성과를 창출했다.

데이터 드리븐 디자인씽킹 사례3 - 티젠

이번에는 티젠의 사례[12]를 살펴보자. 티젠(Teazen)은 '차를 통해 몸과 마음의 편안함을 제공하겠다'라는 비전으로 고품질의 차(茶)를 제조하는 업체다. 특히 현대인의 스트레스, 불면증, 다이어트 등의 고민을 해결하는 기능성 차 개발을 통해 국내 웰빙 차 문화를 선도하는 기업 중 하나다. 티젠은 글로벌 기업으로 성장하기 위한 첫 발판으로 북미시장 진출 전략을 구상하는 단계에서 데이터를 활용했다. 국내에 출시한 티를 그대로 수출하는 것이 아니라, 북미 소비자가 선호하는 맛, 효능, 패키지를 반영한 제품을 만들고자 했고, 이를 위해 소셜 데이터를 활용한 것이다. 이때, 티젠은 아마존(Amazon)과 월마트(Walmart) 등 온라인 쇼핑몰과 차 커뮤니티에서 소비자의 리뷰 데이터를 수집해 감성 분석을 진행했다.

---

12 표 및 내용 출처: 2017 중소기업 빅데이터 활용지원사업 우수사례집(https://bit.ly/3QzpRNi)

표 1.4 차 성분별 감성지수 분석 결과

순위	성분	감성지수	순위	성분	감성지수
1	레몬	−56.117627	6	베르가못	−4.103261
2	발레리안	−7.721306	7	연잎	−3.609617
3	헤이즐넛	−6.457097	8	살구	−3.554233
4	자스민	−4.763057	9	보이	−3.132830
5	장뇌	−4.103261	10	살리팔렐라	−2.592230

분석 결과, 북미 소비자는 레몬, 살구 등 과실류 성분보다 허브류 성분을 더 선호하는 것으로 나타났으며, 따라서 티젠은 해당 성분의 블렌딩을 최소화했다. 반면 연잎 차의 경우 맛이 밋밋하다는 의견을 반영해 특유의 향과 맛이 더 진하게 우러나는 공법을 적용했다.

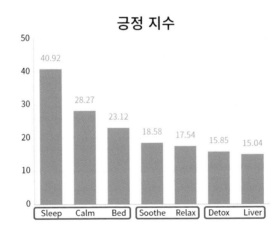

그림 1.11 차 효능별 감성지수 분석 결과

나아가 소비자가 차를 마시면서 얻고 싶어 하는 효능에 대한 빅데이터 감성지수 분석 결과, 상위에 나타난 키워드를 숙면(Sleep, Calm, Bed), 안정(Soothe, Relax), 해독(Detox, Liver)의 3가지 효능으로 요약했다. 티젠은 이 3가지 효능의 기능성을 강화해 숙면(Nighttime Soothing), 안정(Calm Comfort), 해독(Gentle Cleanse) 콘셉트를 내세운 신제품 개발을 진행했다. 결과적으로 티젠은 짧은 시간 안에 북미 시장에 적합한 세일즈 주력 제품을 선정할 수 있었고, 미국 수입유통업체에 'Tea Leaf Essentials' 제품을 약 4만 달러($)가량 수출하는 성과를 거둘 수 있었다.

데이터 드리븐 디자인씽킹 사례4 – 낫소

마지막으로 낫소의 사례[13]를 살펴보겠다. 낫소는 1971년에 설립된 국내 스포츠용품 제조업체로 테니스공의 성공을 기반으로 축구공, 배구공 등으로 사업을 확장했고, 현재는 200여 종에 이르는 다양한 제품 라인업을 확보하고 있다. 하지만 해외 유명 브랜드 및 트랜디한 이미지의 신생 브랜드와의 경쟁으로 낫소의 매출이 지속적으로 감소하는 문제가 발생했다. 낫소는 높은 인지도에 비해 저조한 매출의 회복을 원했으며, 이를 위해 소셜 데이터 분석을 진행하여 새로운 마케팅 전략을 수립하고자 했다.

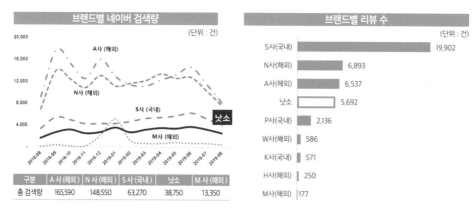

그림 1.12 스포츠용품 브랜드별 검색량 및 리뷰 수

소셜 데이터를 활용하여 만족도 및 키워드 분석한 결과, 낫소 상품을 경험한 소비자들은 품질, 디자인, 가격에 만족하는 것으로 나타났다. 다만, 높은 품질과 가격에 비해 낮은 브랜드 이미지가 저조한 매출의 원인이자 문제점이라는 것을 파악할 수 있었다.

---

13 그림 및 내용 출처: 2019 중소기업 빅데이터 활용지원사업 우수사례집(https://bit.ly/3c15RV2)

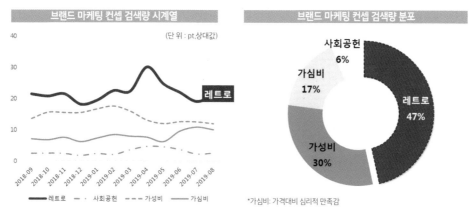

그림 1.13 마케팅 방향별 검색량 추이 및 비중

낫소를 알리기 위한 마케팅 방향을 수립하기 위해 대중의 SNS 데이터를 분석한 결과, 레트로가
지난 1년간 지속해서 높은 언급량을 보였다. 이 결과를 토대로 낫소의 오랜 전통을 활용하여 레
트로 마케팅을 진행했고, 80-90년대 대표팀 공인구로 사용됐던 전통적 축구공 문양을 현대적
감각으로 재해석한 레트로 제품을 출시했다.

네이버 검색량

남성	10대	20대	30대	40대	50대
A사	912	450	870	910	140
나이키	993	570	1010	550	109
스타	481	610	680	380	59
낫소	331	340	350	270	58
몰텐	41	38	130	42	6

여성	10대	20대	30대	40대	50대
A사	114	96	830	970	100
나이키	96	136	710	850	85
스타	25	35	228	230	34
낫소	14	32	167	187	35
몰텐	2	13	40	4	0

구매고객 리뷰

양말네짝 ★★★★★ 2018.05.05
낫소 투지 트러퍼 축구공, SBTR. 4호(지름 20.5cm)
무늬도 예쁘고 만족합니다! 초1 아들 어린이날 선물로 사줬는데 아주 좋아하네요.
12명에게 도움 됨 도움이 돼요 도움 안 돼요

김·영 ★★★★★ 2018.10.18
낫소 투지 트러퍼 축구공, SBTR. 5호(지름 22cm)
축구공후기
아들이 사달라고 해서 구매한건데 매우 만족하답니다~~ 매일 공을 가지고 학교에 간답니다
7명에게 도움 됨 도움이 돼요 도움 안 돼요

그림 1.14 성별 · 연령에 따른 브랜드별 검색량 및 구매 고객 리뷰

또한 타깃 고객군 파악을 위해 최근 한 달 동안의 성별, 연령대에 따른 브랜드 축구공 검색량
을 분석한 결과, 축구공을 구매하지 않을 것 같은 30-40대 여성의 관심도 높다는 것을 확인할
수 있었다. 해당 고객층을 집중 분석해보니, 대부분 어린 자녀를 위한 구매였음을 파악할 수 있

었다. 해당 인사이트를 바탕으로 아이들이 선호하는 디자인의 축구공을 출시해 3040 여성 대상 집중 타깃 마케팅을 진행했다. 빅데이터 분석을 통해 출시한 레트로 디자인 축구공은 출시 후 5,000만 원의 매출액을 달성했고, 3040 여성을 대상으로 집중 마케팅을 펼친 캐릭터 축구공은 7,000개의 초도물량을 완판할 정도로 인기가 높아 매출 회복에 큰 밑거름이 되었다. 낫소의 매출액은 불량률 개선, 가격 정책 정립 등을 통해 2018년부터 반등했으며, 2019년 매출액은 스타 상품 발굴, 레트로 마케팅에 힘입어 2018년 대비 25%, 하반기 매출액은 상반기 대비 30% 증가했다.

요약

지금까지 다이슨, 불스원샷, 티젠, 낫소의 사례를 통해 데이터를 활용한 창의적 문제 해결 과정을 알아봤다. 다이슨과 티젠의 경우, 시장에 적합한 제품을 만드는 과정에서 소비자의 니즈를 파악하기 위해 데이터를 활용했고, 그 결과 소비자들의 높은 관심과 만족도를 이끌어낼 상품을 개발할 수 있었다. 또한 불스원샷과 낫소의 경우, 제품에 대한 소비자의 인식을 정확히 판단하는 단계에서 데이터를 적용했고, 데이터에 근거한 마케팅 전략 실행으로 매출이 증대됐다. 이와 같이 디자인씽킹 과정에서 데이터는 필수적이다. 이제는 여러분의 차례다. 주변에서 발생하는 문제 상황이나 불편한 점에서 데이터를 활용할 준비가 돼 있는가?

디자인씽킹의 프로세스별 활용 방안

공감, 정의, 아이디어 도출, 테스트 단계에서의
데이터 활용 방안

이번 장에서는 1장에서 학습했던 데이터 드리븐 디자인씽킹 과정에서 데이터를 활용하는 방안에 대해 살펴보겠다. 기존 디자인씽킹 과정에 데이터를 융합하여 문제를 가장 빠르고 객관적으로 분석함으로써 데이터의 중요성을 인식하는 것이 최종 목표다.

이번 '디자인씽킹의 프로세스별 활용 방안' 편에서는 공감, 정의, 아이디어 도출, 프로토타입, 테스트 단계에서 데이터를 활용할 수 있는 여러 분석 방법 및 사례를 살펴본다. 공감을 위한 이슈 트리와 소셜 분석에 대해 알아본 후, 상관 및 회귀 분석을 통해 문제를 정의할 것이다. 그뿐만 아니라 데이터 시각화로 다양한 아이디어를 도출하고, 그로스해킹을 활용하여 테스트하는 방법을 학습한다.

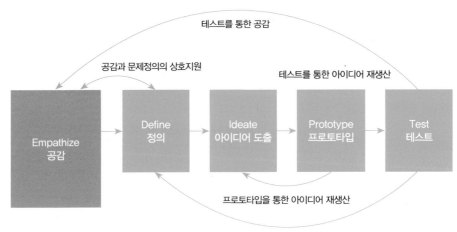

그림 2.1 데이터 드리븐 디자인씽킹 5단계

1장의 데이터 드리븐 디자인씽킹에서는 각 단계에 사용된 용어의 개념과 프로세스를 알아봤다. 데이터 드리븐 디자인씽킹이란 디자인씽킹의 핵심인 '공감'을 통한 고객 중심의 사고와 정성적인 고객 조사 방법론 및 정량적인 데이터 분석 방법론을 더한 창의적인 문제해결 방법이다. 또한, 기존의 디자인씽킹 프로세스에 정량적인 통계 자료인 '데이터'를 활용하여 문제를 가장 빠르고 객관적으로 분석할 수 있다는 특징이 있다. 그렇다면 데이터 드리븐 디자인씽킹의 각 프로세스인 '공감, 정의, 아이디어 도출, 프로토타입, 테스트'에 데이터를 활용할 수 있는 방안에는 무엇이 있을까? 각 프로세스에 사용되는 분석 기법의 사례를 통해 데이터의 중요성을 알아보자.

공감을 위한 데이터 활용

먼저 '공감' 단계를 살펴볼 것이다. 우리가 문제 상황을 더욱 잘 공감할 수 있는 방법은 무엇일까? 바로 여러 가지 공감 스킬을 활용하는 것이다. 여기서는 데이터로 적절히 문제 상황을 공감한 월마트의 사례를 통해 데이터의 중요성을 파악해볼 것이다. 그다음, 공감 스킬인 이슈 트리와 소셜 분석을 활용하여 문제 탐색과 트렌드에 공감할 수 있는 방법을 알아보자.

데이터로 공감한다는 것

데이터와 정량적 분석 기법을 통해 문제를 이해하는 데이터 기반의 공감(Empathy)을 실행하기 위해서는 무엇이 필요할까? 대부분은 데이터를 활용한다는 목적 달성을 위해 '데이터 분석 스킬'이 필요하다고 말할 수 있다. 그러나 더 나은 그림을 그리기 위해서는 다양한 물감과 도구를 이용해 화려한 색채를 채우는 일보다 그리고자 하는 대상을 관찰하고 간결하고 명확하게 그림의 구도를 잡는 일이 선행되어야 한다. 즉, 해결하고자 하는 문제를 데이터로 보고 공감하는 방법인 데이터 기획과 설계가 선행되어야 한다. 이러한 데이터 기획 및 설계를 위해서는 비즈니스의 핵심 가치를 판단하여 데이터 사용의 목적과 목표를 명확히 수립하는 것이 중요하다. 또한 기업의 방향성과 같은 핵심 가치를 잘 반영하면서도 현재 단계의 서비스 수준과 밀접한 핵심 지표를 선정해야 한다.

이러한 데이터에 대한 공감을 잘 실천한 기업은 어디일까? 바로 미국의 세계 최대 소매유통 체인이자 유통 강자인 월마트이다. 월마트는 매출을 증가시키기 위한 목적으로 이커머스 전략 중 '누가 어떤 상품을 구매할 것인지를 예측'하는 것에 최우선 가치를 두었다.

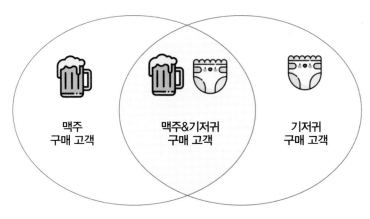

맥주
구매 고객

맥주&기저귀
구매 고객

기저귀
구매 고객

그림 2.2 월마트의 장바구니 분석

월마트는 데이터를 통해 그 해답을 찾았다. 먼저, 장바구니 판매 아이템 데이터를 바탕으로 가장 잘 팔리는 품목이 '기저귀'라는 것을 알 수 있었다. 그다음 기저귀를 산 사람들이 같이 구매한 아이템을 알아내기 위하여 기저귀가 계산된 장바구니 영수증을 분석한 결과, '맥주'를 함께 구매하는 비중이 높게 나온 것을 파악했다. 즉, 기저귀와 맥주를 동시에 진열하면 소비자들이 더 편하고 빠르게 구매가 가능하며, 따라서 구매율도 높일 수 있다는 인사이트를 도출한 것이다. 따라서 분석한 데이터를 토대로 '기저귀를 사가는 고객은 맥주까지 구매할 확률이 높다'는 가설을 설정했고, 더 깊게 탐색한 결과 '아이가 있는 20~30대 남자는 저녁 6~8시 사이에 기저귀를 구매하는 경우 맥주도 함께 구매한다'는 현상을 찾을 수 있었다. 이러한 상품 간 연관성을 활용한 장바구니 분석에 사용된 핵심 지표는 바로 **지지도(Support), 신뢰도(Confidence), 향상도(Lift)**다. 이 3개의 평가 지표를 이용하여 최적의 연관 규칙을 찾을 수 있었고, 고객의 구매 패턴을 더잘 이해함으로써 매출의 증대로 이어질 수 있었다.

이처럼 월마트는 '누가 어떤 상품을 구매하는지'와 같은 데이터 사용의 목적과 목표를 명확히 설정했고, 현재 단계의 서비스 수준과 밀접한 핵심 지표인 '지지도, 신뢰도, 향상도'를 적절히 사용했다. 그 결과, 전혀 연관성이 없어 보이는 맥주와 기저귀의 연결고리를 알게 됨으로써 마케팅 전략을 새롭게 구성할 수 있었다.

이슈 트리를 통한 문제 탐색과 우선 순위 설정

앞선 사례를 통해 월마트는 '어떤 상품을 누구에게 팔아야 할지'에 대한 문제 상황을 적절히 파악한 후 장바구니 분석 방법을 활용하여 매출의 증대를 이뤄낼 수 있었다. 이와 같이 현재 상황에 대한 문제 정의는 매우 중요하다. 이때, 문제를 정의한다는 것은 곧바로 문제에 대해 언급하는 것이 아니라, 실제로 우리가 데이터를 통해 해결하고 싶은 것을 정의하는 과정 자체를 이야기한다. 이번에는 흔히 데이터를 기획하고 설계할 때 가장 놓치기 쉽고 익숙하지 않은 문제 탐색과 우선순위를 설정하는 과정을 알아볼 것이다.

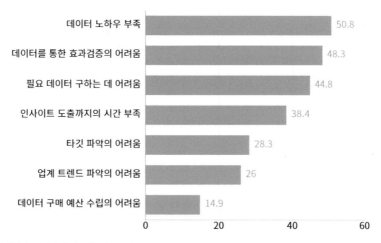

데이터 관련 고충

데이터 노하우 부족	50.8
데이터를 통한 효과검증의 어려움	48.3
필요 데이터 구하는 데 어려움	44.8
인사이트 도출까지의 시간 부족	38.4
타깃 파악의 어려움	28.3
업계 트렌드 파악의 어려움	26
데이터 구매 예산 수립의 어려움	14.9

그림 2.3 다이티의 데이터 관련 고충 설문조사

많은 사람이 데이터 활용이 중요하지만 그 시작이 어렵다고 말한다. 우리나라의 고객 데이터 통합 플랫폼인 다이티가 조사한 "실제 현업자들의 데이터 활용 현실"(다이티, 2022)[1] 설문조사 결과, 실제 현직자들 역시 데이터에 대한 노하우 부족으로 고충을 겪는다는 사실을 확인할 수 있었다. 이렇듯 데이터를 활용하거나 분석한다는 의미에 치우쳐 데이터에 관해 고충을 느끼는 경우가 많다. 하지만 데이터는 그 자체로 목적이나 메시지가 될 수 없다는 것을 명심해야 한다. 즉, 데이터로 분석 및 해석을 진행하기 위해서는 자신이 데이터로 어떤 문제를 해결하고 싶은지에 대한 목표 및 방향을 설정하는 것이 우선이다. 설계나 기획이 제대로 되지 않은 상태에서 기능적인 스킬만 익힌다면 많은 어려움을 느낄 수밖에 없다. 따라서 문제의 목적에 알맞은 데이터를 선택하고 이해하는 역량이 반드시 필요하다.

진정한 데이터 분석을 시작하기 전에 먼저 그 의미를 짚어보자. 데이터 분석에서 '분석'은 무엇을 의미할까? 분석은 나눌 '분(分)', 쪼갤 '석(析)'으로 크고 복잡한 덩어리를 이해하기 쉽게 나누고 쪼갠다는 의미다. 해결하기 힘들어 보이는 복잡하고 커다란 문제를 해결 가능하게 작고 단순한 세부 이슈로 나누어 쪼개는 과정인 것이다. 따라서 데이터 분석을 위해 문제 상황을 보다 작은 단위로 나눠서 파악해 볼 필요가 있다.

---

1   내용 출처: https://bit.ly/3cbO4dT

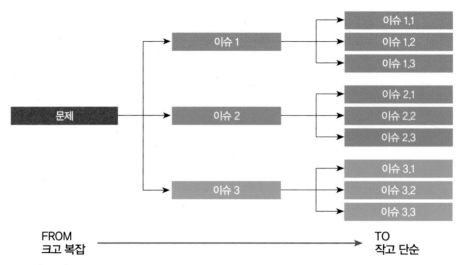

그림 2.4 이슈 트리

이같이 문제 상황을 작은 단위로 쪼개서 파악할 수 있는 방법이 있다. 바로 이슈 트리(로직 트리)다. 이슈 트리란 문제의 시작에서부터 문제를 해결하기 위한 이슈로 나누고, 이슈 단위별로 세부적인 가지를 뻗어 나가는 방식이다. 크고 복잡한 문제를 단순하고 작은 단위로 쪼갤 수 있다는 것이 바로 이슈 트리의 장점이다. 충분히 문제를 쪼개본 이후에는 문제 상황을 데이터로 해결 가능한지에 따라 쪼개진 이슈를 해결 가능 또는 불가능으로 분류한다. 이때, 데이터로 해결 가능한 문제는 데이터 과학으로 볼 수 있는 정량적으로 치환 가능한 문제이며, 데이터로 해결할 수 없는 문제는 정량적인 치환이 불가능한 막연한 미래를 예측하는 문제다. 데이터로 해결이 가능한 부분과 해결이 불가능한 부분을 명확히 알아야 이후 데이터로 할 수 있는 다양한 액션에 대해서도 체계적인 계획을 세울 수 있다. 최종적으로는 가설을 수립하여 구체적인 분석 계획을 세울 수 있다.

이제 주어진 문제 상황에 알맞은 이슈 트리를 함께 작성해보는 시간을 가져보자. 문제 상황을 철근의 가격 상승이라고 가정해보겠다.

2021년은 유독 대표적인 건설 자재인 철근의 가격이 가파르게 상승했다. "다시 불붙은 철근값… 일주일만에 9% 상승해 톤당 120만 원"(조선일보, 2021)[2]에 따르면, 2021년 2분기의 철근 유통 대리점의 철근 판매 가격은 톤당 110만 원으로 연초에 비해 약 31% 급등했다고 한다.

---

2 그림 및 내용 출처: https://bit.ly/3QT9wCN

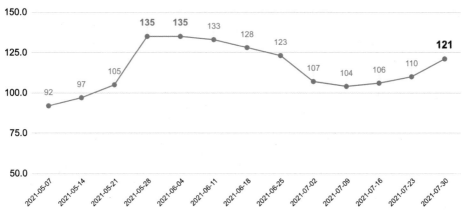

그림 2.5 상승하는 철근 가격

문제 상황이 발생한 주요 원인으로는 철근의 주원료인 철 스크랩 가격 상승이 있었다. 2020년 기준 톤당 30만 원 초반대였던 철 스크랩이 현재 톤당 40만 원대 중반까지 올랐고, 이러한 가격 상승은 고스란히 철근 제조기업의 원가 부담으로 이어졌다. 또한 수요에 비해 현저히 부족한 공급량 역시 철근 가격 인상의 주요 원인 중 하나다. 국내에 가장 철근을 많이 수출하는 국가는 중국이다. 이러한 중국 정부가 환경 규제를 위해 수출 시 금액의 일부를 환급해주는 혜택인 철강 수출 증치세를 없앰으로써 중국산 철근의 공급이 굉장히 귀해진 것이다. 현재 국내 철근 제조업체들이 최대 가동을 하고 있지만, 여전한 수급 불균형으로 당분간 품귀 현상은 지속될 가능성이 높은 상황이다.

이러한 문제 상황인 철근의 품귀 현상을 해결하기 위한 이슈 트리를 함께 작성해보자. 철근을 구하기 어렵다는 문제를 해결하기 위해서는 철근의 공급을 확보할 수 있는 곳을 찾거나 철근을 미리 많이 만드는 방법이 있을 것이다. 또한 중국 업체와 제휴를 맺거나 철 스크랩 가격을 안정화할 방법도 고민해봐야 한다. 먼저, 공급을 확보할 방안을 생각해보자. 철강의 공급 확보를 위해서는 기존 공급처에서 벗어나 새로운 해외 공급처를 확보하거나 교체 및 확대하는 방법이 있다. 이를 위해 재고 확보를 위한 공급처를 발굴하고, 제3국의 공급처를 확보하는 과정을 거쳐야 한다. 또한 철근을 조기에 많이 생산하기 위해 우리나라의 현대제철 당진 공장의 생산을 가속화하는 방법도 있을 것이다. 하지만 당진 제철소의 경우, 매년 안전사고로 인명피해가 끊이지 않는 문제가 발생하고 있다. 따라서 국내 동종업계의 안전 방침 사항을 바탕으로 당진 제철소의 설비에 대한 출입 절차 및 일상적인 점검 체계를 강화할 필요가 있다. 이번에는 중국 업체와 제휴할 방법을 고민해보자. 만약 중국 정부가 철강 수출 증치세를 부활시킨다면 중국산 철근의 공급이 원활해질 수 있다. 따라서 수출 증치세 부활 관련 국민청원을 할 수도 있을 것이다. 마지막으로 철근의 주원료인 철 스크랩의 가격을 안정화하는 방법도 존재한다. 이를 위하여 정부가 스크랩 시장에 개입하여 철근을 한시적으로 고정가에 판매하는 등의 제도를 추진할 수 있다. 지금까지 철근의 품귀 현상을 막을 방안을 이슈 트리 형태로 생각해봤다. 해당 방안을 이슈 트리로 작성한 결과는 다음과 같다.

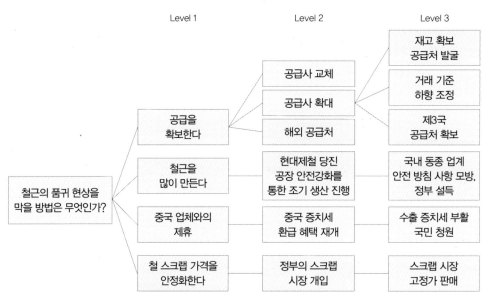

그림 2.6 철근의 품귀 현상 해결을 위한 이슈 트리

이처럼 이슈 트리는 복잡한 비즈니스 문제를 간단하게 해결하는 노하우를 제공한다. 또한 누락이나 중복된 데이터를 사전에 확인할 수 있으며, 문제의 원인이나 해결책을 구체적으로 찾아낼 수 있다. 어떤 문제 상황이 발생한다면 이슈 트리를 활용하여 문제를 세분화한 후, 아이디어에 논리적인 구조와 순서를 만들어보자. 이슈 트리를 통해 생각치도 못한 해답을 발견할 수도 있다.

소셜 분석을 통한 트렌드 공감하기

월마트 사례를 통해 기업이 인기 제품인 기저귀를 판매하는 과정에서 영수증을 기반으로 데이터를 분석했음을 알 수 있었다. 이 외에도 월마트가 자사의 기저귀에 대한 소비자 또는 대중의 인식을 조사하기 위한 방법에는 무엇이 있을까? 많은 사람의 생각을 파악할 수 있는 소셜 미디어를 활용하는 것이다. 지금부터 소셜 데이터 분석을 통해 트렌드를 공감하는 방법에 대해 알아보자.

오늘날 우리는 SNS와 블로그, 커뮤니티와 같은 다양한 온라인상의 소셜 미디어를 통해 세상과 소통한다. 소통의 결과로 생성된 사람들의 수많은 흔적은 데이터 형태로 남는다. 이같이 많은 사람이 일상에서 느끼는 경험이나 인식으로 생성된 데이터는 소비자의 라이프 스타일과 심리를 포착할 수 있는 잠재력을 가진 데이터로 활용될 수 있다. 즉, 기업 제품이나 브랜드에 대한 소비자의 인식인 소셜 데이터를 바탕으로 시각화 및 통계화 과정인 소셜 분석을 거치면 시장의 '트렌드'를 파악할 수 있으며, 대중의 생각에 '공감'할 수 있다. 여기 소셜 데이터를 활용하여 밀키트 트렌드에 적절한 공감을 한 사례를 통해 더 자세한 내용을 살펴보자.

홈술부터 캠핑 · 홈추석까지… 최신 밀키트 트렌드는 '이색 · 맞춤형'

[재택플러스] 달라진 밥상…실버세대도 '밀키트'

레스토랑 대신 집에서 외식?...밀키트 '폭발적 성장'

물가 상승에 서민 장바구니 '비상'… 밀키트 성장 탄력받을까

전북서도 밀키트 전성시대…전 연령층 사로잡았다

그림 2.7 밀키트 시장에 대한 높은 관심

식품업계에 따르면 코로나바이러스가 장기화되면서 밀키트(Meal Kit)가 폭풍 성장하고 있다고 한다. 2017년부터 2021년까지 3년간 시장 규모가 100배가량 성장했는데, 전문가들은 앞으로도 밀키트 시장이 높은 성장 가능성이 있다고 전망했다. 이에 스타트업 S사는 성장하는 밀키트 시장의 고객을 파악하기 위해 데이터를 기반으로 이상적인 고객인 페르소나를 분석했다.

먼저 S사는 연령대별 키워드 검색 및 언급량 비교를 통해 밀키트를 많이 찾는 연령대를 파악했다. 네이버 데이터랩(datalab.naver.com)에서 약 6개월치의 주제어(밀키트)와 동의어(반조리, 간편식) 데이터를 수집했다. 분석 결과, 밀키트에 대한 검색량은 전체 연령대에서 모두 상승 추이를 보였으나, 최근 급격한 하락세가 나타났음을 알 수 있었다. 또한, 10대 미만을 제외하고 20대부터 60대까지 언급량에 따른 관심 추이가 꾸준히 늘어나고 있으며, 그중에서도 상대적으로 관심도가 증가하는 연령대는 19~24세, 50~54세로 추정되었다.

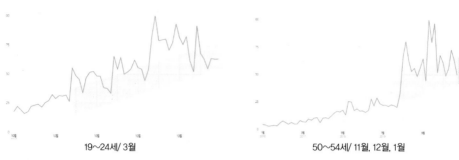

그림 2.8 밀키트 화제성 분석 결과

화제성 분석은 연령대에 따른 데이터뿐만 아니라 가장 많은 검색량을 보인 시기를 보여준다. 19~24세의 경우 3월, 50~54세의 경우 11월, 12월, 1월 등 겨울철에 급증하는 것을 확인했다. S사는 그중에서도 20대 초반 연령대는 다른 모든 연령군과 달리 최근 관심도가 꾸준히 유지되며 장기적으로 증가하는 추세라는 분석 결과를 도출했다. 따라서 19~24세 연령대가 밀키트를 많이 찾고 관심도가 급증하는 이유를 알아보기 위해 맥락 분석을 실시했다.

19~24세 연령대를 '대학생'으로 정의하고 '대학생+밀키트' 또는 '대학생+밀키트인기'에 대해 구글에 검색함으로써 그 동향을 살펴봤다. 검색 결과는 다음과 같다.

- 소소한 성취를 중시하는 MZ 세대에게 밀키트를 통한 요리는 뿌듯함이라는 의미를 가진다.
- SNS에 요리 인증샷을 남기면서 경험을 나누고 정서적 안정을 얻는다.
- 요리법을 알려주는 유튜브 콘텐츠의 영향으로 밀키트의 접근도가 높다.
- MZ 세대에게 요리는 여가활동이며 즐기는 콘텐츠다.
- 코로나19 때문에 계속 집에 있어야 해서 외식 대신 집에서 음식을 쉽고 빠르게 조리할 수 있어 활용성이 높다.
- 배달 음식의 경우 배달비, 남은 음식 처리, 조리 시 재료 값 등의 비용 걱정을 덜어준다.

S사는 검색 결과 이외에 19~24세의 특정 상품군(냉동/간편조리 식품)에 대한 데이터를 네이버 데이터랩에서 수집해 분석했다. 그 결과 모바일 중심의 여성 사용자가 높은 관심도를 보임을 알 수 있었다.

기기별 / 성별 / 연령별 비중 (기간합계) 2020.10. ~ 2021.09.

그림 2.9 밀키트에 대한 기기별, 성별별 관심도 결과

또한, 카카오데이터 트렌드(datatrend.kakao.com)를 통해 모바일 사용자, 여성, 20대에 대한 밀키트 검색량을 분석했을 때 1위 경기도, 2위 서울 지역임을 확인했다.

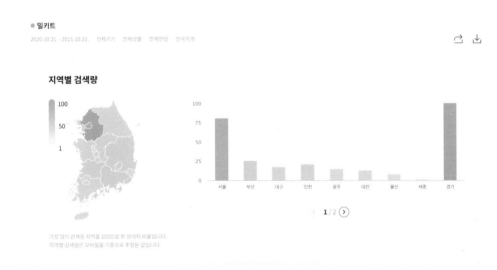

그림 2.10 밀키트에 대한 지역별 관심도 결과

S사는 소비자의 속성 분석에 이어 밀키트를 구매하는 이유를 알아보기 위해 소셜 데이터를 분석했다. 소셜 데이터 분석 툴인 썸트렌드에서 '밀키트'라는 키워드를 검색했으며, 모바일 중심 환경을 고려하여 채널은 인스타그램으로, 일상생활 속에서 밀키트를 찾는 이유를 알기 위해 '사회' 카테고리로 한정했다. 그러고 나서 20대 초반의 사람을 대상으로 가장 많은 검색량을 차지한 매해

3월 연관어 리스트를 비교했다. 최종적으로 2019년부터 2021년까지 최근 3년간 연관어 랭킹 분석 결과, 다음과 같은 결과가 도출됐다.

- '집밥'을 대체하거나 '요리'를 하기 위해 구매하는 개념이 아니라, 일상의 식사인 '점심' 또는 '저녁'으로 자리 잡았다.

- 요리스타그램, 먹스타그램, 쿡스타그램 등과 같은 SNS 활동을 통한 인증, 공유 등이 트렌드가 되었다.

- 단순히 식사를 하기 위해서가 아니라 '파티', '홈파티' 등 모임 문화를 위해 사용된다.

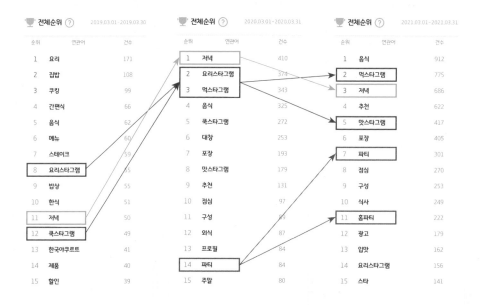

그림 2.11 밀키트에 대한 연도별 관심도 변화 결과

S사는 일련의 과정을 통해 19~24세 고객의 밀키트 관심도 및 언급량이 매해 3월을 기점으로 고점을 기록하며, 장기적으로 꾸준히 늘어나고 있음을 확인했다. 특히 20대 초반(대학생 그룹으로 특정) 연령대의 경우 다른 연령군과 달리 밀키트에 대한 관심도가 꾸준히 유지됐다. 이러한 분석 결과를 바탕으로 S사는 다음과 같은 페르소나(이상적인 고객)를 설정했다.

- 이름: 김서현
- 성별: 여
- 나이: 22세
- 직업: 대학생
- MBTI: ENFP
- 사용 기기: 아이폰
- SNS 채널: 인스타그램, 유튜브, 틱톡
- 라이프 스타일
  - 학교 근처 자취방에서 혼자 생활함
  - 요리를 하고 싶지만 재료비나 남은 음식 처리 측면에서 걱정됨
  - 대학 동기들과 함께 근교로 글램핑을 가거나 MT를 자주 감
  - 밀키트 사용에 대해 최근 관심이 높아짐

그림 2.12 소셜 분석을 통해 도출한 밀키트 페르소나

위와 같은 페르소나를 도출한 후, S사는 20대를 위한 홈파티 밀키트 세트를 제안했다. 이는 네이버 데이터랩의 전체 시간대, 20대 검색 결과 밀키트와 관련한 이벤트 단어 중에서도 '밀키트 홈파티', '밀키트 캠핑'이 가장 높았기 때문이다.

정리하자면, 스타트업 S사는 인스타그램과 같은 소셜 미디어를 통해 밀키트가 인증과 공유의 수단으로 자주 사용되며, 20대들의 홈파티를 위한 모임 문화를 위해 소비된다는 것을 파악할 수 있었다. 즉, 소셜 분석을 통해 사람들의 라이프 스타일을 파악할 수 있었고, 각 소비자의 특성에 알맞은 상품인 '홈파티 밀키트 세트' 상품을 출시할 수 있었다. 이처럼 소셜 분석을 활용하면 소비자들의 브랜드에 대한 인식을 파악할 수 있으며, 각 타깃 소비자의 특성에 알맞은 특징을 발견해 개인화된 마케팅적 인사이트를 도출할 수 있다.

문제정의를 위한 데이터 활용

이번에는 '문제정의' 단계를 살펴보자. 이 절에서는 실제 사례를 통해 데이터 기반의 문제를 정의하는 방법과 프로세스를 낱낱이 파헤쳐 보고자 한다. 이를 테면 두 변수의 선형적 관계와 관련한 문제 상황을 정의하고 상관분석을 활용하여 그 해답을 얻을 수 있다. 또한, 특정 변수가 다른 변수에 유의미한 영향을 주는지에 대한 문제 상황을 회귀분석을 통해 알아볼 수 있다. 이렇게 상관분석과 회귀분석을 바탕으로 도출된 '진짜 문제'를 통해 다양한 아이디어를 수립할 수 있다. 해당 프로세스를 명확히 파악한다면 최종적인 차별화 전략 기획을 위한 프로토타입과 실험 방법을 설계하는 단계까지 효과적으로 나아갈 수 있을 것이다. 추후 4장의 엑셀 데이터 분석 과정에서 더 자세한 통계 개념을 학습할 예정이므로 이번 장에서는 상관분석과 회귀분석을 통해 문제 정의가 가능하다는 사실만 참고하고 넘어갈 것이다.

상관/회귀분석을 위한 데이터 설명

이번에는 상관분석과 회귀분석을 활용하여 적절한 문제를 정의하고 그 해답을 찾은 사례를 살펴보자. 다음 표는 "자원 최적화 AI 데이터셋"(인공지능 중소벤처 제조 플랫폼, 2022)[3]의 전력 사용량 예측을 위한 생산 데이터를 가공한 결과다. 해당 분석을 더 잘 이해하기 위해 여러분이 한국전력공사의 연구원이 되었다고 가정해보자.

표 2.1 전력 사용량 예측을 위한 생산 데이터

항목명	샘플 데이터
날짜	20210101
평균 최대 수요 전력	61
생산량	0
기온	−3.2
풍속	2.4
습도	71
전기 요금(계절)	109.8

연구원인 여러분은 최대 피크 전력으로 인한 제조 비용 증가를 방지하기 위해 전력 사용량을 예측하기 위한 데이터를 조사했다. 데이터에는 날짜, 평균 최대 수요 전력, 생산량, 기온, 풍속, 습도, 계절 전기 요금 정보가 포함되어 있다. 해당 정보를 활용하여 생산량과 기온, 풍속, 습도, 계절 전기 요금이 원인이 되었을 때 평균 최대 수요 전력의 결과가 어떻게 나올지에 대한 궁금증을 가지고 있다. 이러한 궁금증을 해결하기 위해 여러분은 크게 2가지 문제를 도출했다. 첫 번째는 5가지 원인 변수 중 평균 최대 수요 전력과의 선형 관계가 가장 높은 데이터를 찾는 것이다. 두 번째는 각각의 원인 변수가 평균 최대 수요 전력에 유의미한 영향을 미치는지에 대한 여부다. 이러한 두 문제에 대한 해답은 상관분석과 회귀분석을 통해 해결이 가능하다.

---

3   데이터 출처: https://bit.ly/3K4cqm0

상관분석을 통한 데이터 관계 파악하기

먼저, 첫 번째 문제인 평균 최대 수요 전력과 선형 관계가 높은 데이터가 무엇인지 찾아보겠다.
여기서 의미하는 '선형 관계'는 통계학적으로 '상관 관계'로 불린다. 우리가 관심 있는 두 변수로
산점도를 그려보면 직선이나 곡선 등의 여러 형태로 나타날 수 있다. 여기에서 가장 큰 관심사는
직선 형태로, 산점도에서 점들이 얼마나 선형적인 형태에 가까운지에 대한 상관 정도를 상관계
수라고 말한다. 즉, 상관계수란 변수 간 관계의 정도와 방향을 하나의 수치로 요약해주는 지표로
−1에서 1 사이의 값을 가진다. 또한 상관계수는 0에 가까울수록 낮아지고, 절댓값 1에 가까워질
수록 높아진다는 특징을 지닌다.

그렇다면 5가지 원인 변수 중 평균 최대 수요 전력과 선형적 관계가 가장 높은 데이터는 무엇일
까? 엑셀의 데이터 분석 기능을 활용해 상관분석을 한 결과, 생산량과 평균 최대 수요 전력의 상
관계수는 0.51794로 중간 정도의 직접적 상관관계가 있음을 파악할 수 있다. 즉, 생산량과 평균
최대 수요 전력은 함께 증가하는 경향을 띤다.

	평균 최대수요전력	생산량	기온	풍속	습도	전기요금(계절)
평균 최대수요전력	1					
생산량	0.517947916	1				
기온	0.052996345	0.117780416	1			
풍속	0.119399109	0.1154427	-0.1917919	1		
습도	-0.086508423	-0.109503018	0.401552747	-0.439910519	1	
전기요금(계절)	0.058096012	0.068929613	0.809825431	-0.254309397	0.525520324	1

그림 2.13 최대 수요 전력과 원인 변수의 상관분석

그렇다면 상관계수가 가장 높은 생산량과 평균 최대 수요 전력의 관계를 한눈에 파악할 수 있는
방법이 있을까? 앞에서 언급한 것과 같이 산점도를 활용하면 두 연속형 변수 사이의 관계를 알
수 있다. 산점도를 작성하는 방법은 한 변수를 X축에, 다른 변수를 Y축에 배치하는 것이다. 이
렇게 하면 두 변수의 관계를 시각적으로 파악할 수 있다. 이번에는 산점도를 활용하여 생산량과
평균 최대 수요 전력의 관계를 알아보자.

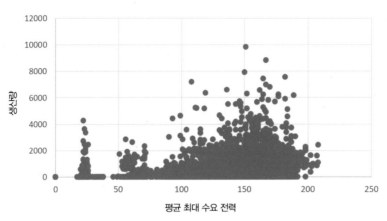

그림 2.14 최대 수요 전력과 생산량의 산점도

엑셀의 분산형 차트 기능을 활용해 제작한 산점도를 보면 강한 직선의 관계는 아니지만, X축(평균 최대 수요 전력)과 Y축(생산량)이 함께 증가하는 형태를 확인할 수 있다. 즉, 산점도를 통해서도 생산량과 평균 최대 수요 전력이 중간 정도의 직접적 상관관계가 있음을 확인할 수 있다.

회귀분석을 통한 원인 파악하기

이번에는 두 번째 문제인 각각의 원인 변수가 평균 최대 수요 전력에 유의미한 영향을 미치는지를 확인해보겠다. 이때, 총 5가지 원인 변수인 생산량, 기온, 풍속, 습도, 계절 전기 요금 정보가 각각 평균 최대 수요 전력에 유의미한 영향을 미치는지를 확인하는 것이 주요 목표다. 따라서 여러 원인 변수를 사용한다는 의미의 '다중' 회귀분석을 활용한다.

해당 원인 변수가 평균 최대 수요 전력에 유의미한 영향을 미치는지를 판단할 수 있는 방법은 바로 P-value(피-벨류)를 이용하는 것이다. P-value에 대한 자세한 개념과 원리는 4장의 엑셀 데이터 분석에서 살펴볼 예정이며, 이번 장에서는 간단한 해석 방법에 대해 훑고 넘어갈 것이다. P-value는 원인 변수가 결과 변수에 유의미한 영향을 주는지 판단할 수 있는 지표다. 이때, 사용되는 기준점은 0.05다. 따라서 P-value가 기준점인 0.05보다 작으면 해당 원인 변수는 결과 변수에 유의미한 영향을 준다고 해석하며, P-value가 기준점인 0.05보다 크면 해당 원인 변수는 결과 변수에 유의미한 영향을 주지 못한다고 해석한다.

다중회귀분석
요약 출력

회귀분석 통계량	
다중 상관계수	0.525664835
결정계수	0.276323519
조정된 결정계수	0.27573631
표준 오차	48.81201608
관측수	6168

분산 분석

	자유도	제곱합	제곱 평균	F 비	유의한 F
회귀	5	5605941.716	1121188.343	470.5709168	0.0000000000
잔차	6162	14681660.77	2382.612914		
계	6167	20287602.49			

	계수	표준 오차	t 통계량	P-값	하위 95%	상위 95%	하위 95.0%	상위 95.0%
Y 절편	48.78114406	4.853915343	10.04985473	1.39674E-23	39.26577576	58.29651236	39.26577576	58.29651236
생산량	0.033969481	0.000743548	45.68567187	0.0000000000	0.032511868	0.035427094	0.032511868	0.035427094
기온	-0.495787591	0.116367971	-4.260515905	0.0000206993	-0.723909432	-0.267665751	-0.72390943	-0.26766575
풍속	2.980730517	0.59675766	4.994876002	0.0000006050	1.810877209	4.150583825	1.810877209	4.150583825
습도	-0.090958275	0.03454116	-2.633330098	0.0084763291	-0.158671004	-0.023245546	-0.158671	-0.02324555
전기요금(계절)	0.226591464	0.037068453	6.112784527	0.0000000010	0.153924358	0.299258569	0.153924358	0.299258569

그림 2.15 최대 수요 전력과 원인 변수의 회귀분석

5가지의 원인 변수 중 평균 최대 수요 전력에 유의미한 영향을 주는 데이터는 무엇일까? 엑셀의 데이터 분석 기능을 활용해 회귀분석을 한 결과, 생산량과 기온, 풍속, 습도, 전기 요금(계절)의 P-value인 P-값이 모두 0.05보다 작은 것을 확인할 수 있다. 즉, 각각의 원인 변수인 생산량, 기온, 풍속, 습도, 계절 전기 요금의 추가적인 설명력은 평균 최대 수요 전력에 유의미한 영향을 미친다고 해석할 수 있다.

요약

데이터 드리븐 디자인씽킹의 문제 정의 단계에서 상관분석과 회귀분석을 활용하여 문제와 관련한 데이터에서 인사이트를 찾아봤다. 그 결과, 생산량과 평균 최대 수요 전력은 중간 정도의 직접적 상관관계가 있다는 사실을 파악할 수 있었다. 또한 각 원인 변수가 결과 변수에 유의미한 영향을 미치는가에 대한 문제에서는 생산량, 기온, 풍속, 습도, 계절 전기 요금의 추가적인 설명력이 평균 최대 수요 전력에 유의미한 영향을 미친다는 결론을 도출할 수 있었다. 이같이 문제 정의를 통해 얻은 데이터의 사전 지식을 바탕으로 앞으로 진행되는 '진짜 문제'에 대한 다양한 아이디어를 수립해볼 수 있다.

아이디어 도출을 위한 데이터 활용

이번에는 '아이디어 도출'을 살펴보자. 앞선 단계에서는 해결하고자 하는 문제를 데이터로 기획하고 설계하는 **공감** 과정을 거쳤다. 또한 문제를 **정의**하고 상관분석과 회귀분석을 활용하여 데이터의 사전 지식을 얻을 수 있었다. 이제는 문제 상황을 해결할 수 있는 번뜩이는 아이디어를 도출해 볼 차례다. 아이디어를 도출한다는 것은 사용자가 원하는 바를 파악하거나 핵심 문제를 해결하기 위해 다양하고 창의적인 아이디어를 구하는 작업이다. 다양한 생각을 공유하기 위해서는 팀원들이 함께 모여 이야기하는 방법 이외에도 팀 단위 또는 외부 사람들이 참여하는 워크숍을 진행하는 방법도 있다. 아이디어 도출의 최종적인 목표는 가급적 많은 아이디어를 도출하는 것이다.

수많은 아이디어를 도출할 수 있는 효과적인 방법이 있을까? 그것은 바로 적절한 문제를 정의한 후, 마인드 스크라이빙의 마음가짐으로 생각의 도구들을 활용하는 것이다. 즉 '문제 발견 및 정의', '마인드 스크라이빙', '생각 도구들'을 사용하여 많은 아이디어를 도출할 수 있다.

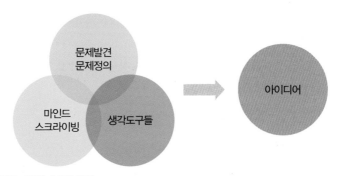

그림 2.16 아이디어를 도출하기 위한 방법

아이디어 도출을 위한 문제 정의 및 발견

'문제 발견 및 정의'가 아이디어 창출에 어떻게 도움이 되는 것일까? 벨 연구소의 초대 소장인 프랭크 볼드윈 주잇(Frank Baldwin Jewett)은 "과학자들은 항상 더 좋은 아이디어를 찾으려 노력하는데, 좋은 아이디어는 널려 있다. 다만 정확한 문제를 찾지 못했을 뿐이다."라고 말했다. 즉, 아이디어가 없는 것은 문제가 잘 정의되지 못했기 때문이며, 아이디어 도출 과정에서 가장 중요한 것은 문제를 정의하는 것이라는 의미다. 따라서 올바른 문제를 발견하고 정의하기 위한 노력을 해야 한다.

아이디어 도출을 위한 마인드 스크라이빙

두 번째 방법인 '마인드 스크라이빙(Mind Scribing)' 과정 역시 중요하다. 마인드 스크라이빙은 할 수 있다는 마음가짐이다. 이러한 마음가짐이 아이디어 도출에도 영향을 미칠까? 여러분이 가지고 있는 마음 상태는 말과 생각, 믿음, 행동에 영향을 미친다. 작은 마음가짐은 여러분의 특성과 습관이 될 수 있으며, 심지어 생활 방식까지도 변화시킬 수 있다. 즉, 불가능이나 실패와 같은 부정적인 마음보다는 할 수 있다는 긍정적인 생각을 바탕으로 새로운 아이디어의 공유를 두려워하지 않는 것이 중요하다.

아이디어 도출을 위한 생각 도구들

마지막 방법인 '생각 도구들'에는 번뜩이는 아이디어를 떠올릴 수 있도록 도와주는 7가지 다양한 방법이 있다. 바로 브레인스토밍(Brainstorming), 브레인라이팅(Brainwriting), 혁신 부트 캠프(Innovation Boot Camp), 불스 아이(Bull's eye), 랜덤 링크(Random Link), 스캠퍼 기법(SCAMPER), 6가지 생각 모자 기술(Six Thinking Hats Technique)이 그것이다. 이해를 돕기 위해 가상의 A회사 신규 상품 및 서비스 기획 시나리오와 실제 기업 사례를 통해 각각의 생각 도구 방법을 알아볼 것이다. 7가지 생각 도구를 모두 살펴본 후, 여러분에게 가장 적합한 아이디어 도출 방법을 선택해보자.

① 브레인스토밍(Brainstorming)

첫 번째는 브레인스토밍이다. 브레인스토밍은 두뇌(Brain)와 폭풍(Storming)이 합쳐진 용어로 두뇌에서 폭풍이 휘몰아치듯이 생각나는 아이디어를 많이 내놓는 아이디어 기법이다. 즉, 일정한 테마에 관하여 회의 형식을 채택하고, 구성원의 자유 발언을 통해 아이디어를 제시하게 촉구하여 발상을 찾아내는 것이다. A회사는 올해 가장 판매량이 좋았던 상품에 대하여 자유롭게 이야기하는 브레인스토밍 시간을 가졌다. 이와 관련하여 구성원들이 자유롭게 손을 들고 해당 상품의 판매량 증가에 영향을 준 다양한 요인을 이야기하는 시간을 가졌다.

② 브레인라이팅(Brainwriting)

두 번째는 브레인라이팅이다. 해당 기법은 말을 하는 브레인스토밍 방식과는 달리, 기록지에 해결할 주제에 대해 아이디어를 기록하고 다른 팀원과 기록지를 교환하여 검토하는 방식으로 이루어진다. 즉, 개인의 아이디어를 다른 사람이 보고 그 아이디어에 착안하여 또 다른 아이디어를 발상하는 침묵의 기법이다. 이번에는 A회사의 올해 판매량 1위 상품에 대해 브레인라이팅 시간을 가졌다. 이야기하는 것보다 글을 작성하는 방식으로 진행되었기 때문에 타인의 시선에 대한 부담 없이 모든 팀원의 참여도를 높일 수 있었다. 또한, 모든 사람의 의견을 유도했기 때문에 특정인의 의견에 치우치지 않아 브레인스토밍보다 더욱 혁신적인 아이디어를 얻을 수 있었다.

③ 혁신 부트 캠프(Innovation Boot Camp)

세 번째는 혁신 부트 캠프다. 해당 기법은 서로 다른 배경 및 비즈니스를 가진 사람이 모여 협업을 통해 다양한 관점에서 아이디어 도출하는 것이 특징이다. A회사는 현재 새로운 어플 출시를 기획하고 있다. 이러한 기획 관련 회의의 경우, 기획자와 개발자만 참여할 수도 있지만, A회사는 전문성이 다른 인사팀과 해외 영업팀과도 협업하여 회의를 진행한다. 다른 업종의 전문가는 해당 어플을 다른 관점에서 바라보고, 색다른 아이디어를 제시해줄 수 있기 때문이다.

④ 불스 아이(Bull's eye)

네 번째는 불스 아이다. 불스 아이는 유사 산업 또는 이종 산업에서 영감을 받는 방법이다. 즉, 현재 산업과 이종/유사 산업을 접목시켜 새로운 인사이트를 도출하는 것이다. 이러한 불스 아이를 잘 실천한 기업은 후지필름이다. 디지털 시대로 인하여 필름의 소비가 감소했고, 이러한 상황에 발맞춰 필름의 제조 공정 과정을 화장품에 적용했다. 후지필름은 필름과 화장품의 가공기술이 유사하다는 점을 바탕으로 불스 아이 전략을 채택했고, 글로벌 화장품 기업으로의 변신에 성공했다.

⑤ 랜덤 링크(Random Link)

다섯 번째는 랜덤 링크다. 창의적 아이디어를 얻기 위해서는 선입견과 고정관념에서 벗어나는 것이 중요하지만, 그것이 쉽지만은 않다. 이러한 상황에서 전혀 관련이 없어 보이는 대상을 조합함으로써 의외의 창의적인 아이디어를 도출할 수 있다. 이것이 바로 임의(Random)로 대상을 연결(Link)하는 과정이다. A기업은 신규 상품을 기획하기 위해 랜덤 링크 방법을 활용해 보았다. 이때 연관성이 없는 '시계'를 무작위로 선정하고, 시계의 특징인 알림이나 시간 측정을 나열했다. 이후 해당 특징과 신제품을 강제로 연결 지어 생각한 후, 새로운 아이디어를 발견할 수 있었다.

⑥ 스캠퍼 기법(SCAMPER)

여섯 번째는 스캠퍼 기법이다. 스캠퍼는 기존 방법에 대체하기(Substitute), 결합하기 (Combine), 응용하기(Adapt), 변형하기(Modify), 다른 용도로 사용하기(Put to other use), 제거하기(Eliminate), 반대로 하기(Reverse)와 같은 7가지 질문을 하여 새로운 아이디어를 떠 올리는 데 도움을 얻는 방법이다. 앞에서 살펴본 A기업의 사례를 가져오면, 신규 상품을 제작하 기 위해 기존 자사 제품 2가지를 결합하여 새로운 제품을 탄생시킬 수도 있으며, 해당 제품을 다 른 용도로 사용하여 마케팅 전략을 펼칠 수도 있다.

표 2.2 스캠퍼 기법(SCAMPER)

SCAMPER	질문	아이디어
대체하기 (Substitute)	기존의 것을 다른 것으로 바꿔 보면 어떨까?	나무젓가락은 젓가락의 재질을 나무로 대체한 것
결합하기 (Combine)	A와 B를 합쳐 보면 어떨까?	복합기는 복사와 팩스, 스캔 등의 기능이 결합되어 만들어진 것
응용하기 (Adapt)	A에서 사용되던 원리를 B에도 적용할 수 있을까?	벨크로(찍찍이)는 식물의 씨앗이 옷에 붙는 원리를 응용한 것
변형하기 (Modify)	A를 더 크게 키우거나 줄일 수 있을까?	태블릿 PC는 컴퓨터와 노트북을 간소화해 휴대하기 쉽게 만든 것
다른 용도로 사용하기 (Put to other use)	A를 B 이외에 C로도 사용할 수 있을까?	라면을 스낵으로 만든 오뚜기의 뿌셔뿌셔
제거하기 (Eliminate)	A를 구성하는 요소의 일부분을 없애면 어떨까?	자동차의 지붕을 제거한 오픈카
반대로 하기 (Reverse)	A에 대한 전제를 거꾸로 뒤집어 보는 것은 어떨까?	라면 국물은 빨갛다는 편견을 뒤집은 꼬꼬면이나 나가사키 짬뽕

⑦ 여섯 색깔 모자 사고(Six Thinking Hats Technique)

마지막으로 여섯 색깔 모자 사고다. 해당 기법은 한 번에 한 가지 유형으로만 사고함으로써 발생 하는 편향을 막고, 다양한 측면에서 폭넓게 이야기를 나누는 기법이다. 이때, 서로 다른 사고의 유형을 상징하는 사고 모자는 흰색, 검정, 빨강, 파랑, 노랑, 초록의 색상으로 구성되어 있으며,

각각의 색상에는 정보, 감정, 창의력, 논리 등 사고의 형태와 역할이 지정되어 있다. 한 색상의 모자는 여러 번 사용이 가능하며 진행 중 수시로 바꾸어 가며 진행할 수 있다.

정보   느낌, 직관, 감정   위험, 문제, 모험

이점, 타당   새 아이디어, 가능성   사고의 관리

그림 2.17 각 모자 색깔의 의미

이러한 방식은 하나의 현상에 대해 다양한 관점에서 바라보게 하여 새로운 아이디어를 창출해 내거나 기존 아이디어를 더 깊게 생각할 수 있게 해준다. 즉, A회사의 신규 상품 기획 단계에서 하얀 모자를 쓰고 해당 상품과 관련된 시장의 상황 및 트렌드를 객관적으로 이야기한다. 또한, 초록색 모자를 통해 트렌드나 문제 상황에 알맞은 창의적인 방법을 떠올린 후, 노란 모자를 바탕으로 기획한 아이디어의 실현 가능성이나 긍정적인 측면을 검토할 수 있다.

아이디어 정리를 위한 데이터 시각화

지금까지 올바른 문제를 발견하고 정의한 후, 할 수 있다는 마음가짐으로 다양한 생각 도구들을 활용하여 아이디어를 도출해 보았다. 이렇게 도출한 아이디어를 한눈에 파악하기 위해서는 어떠한 작업이 필요할까? 바로 데이터를 시각화하는 것이다. 데이터 시각화는 데이터 분석 결과를 쉽게 이해할 수 있게 시각적으로 표현하고 전달하는 과정[4]을 말한다. 데이터 시각화를 활용하면 앞에서 도출한 아이디어를 효과적으로 정리하고 요약할 수 있다.

이러한 시각화의 또 다른 유용점은 무엇일까? 데이터 시각화는 데이터와 정보를 실시간으로 탐색하는 방법이다. 따라서 보고 있는 데이터나 아이디어를 변경해 문제의 근본 원인을 발견할 수 있다. 또한, 시각적 분석 과정을 통해 뜻밖의 답을 얻을 수도 있다. 그뿐만 아니라, 관심 가는 데이터나 아이디어를 자유롭게 탐색하며 의미 있는 인사이트를 훨씬 빨리 얻을 수 있다는 장점이 있다. 시각화를 통해서 아이디어를 효과적으로 정리하고 요약한 사례를 살펴보자.

---

4 내용 출처: 위키백과(https://ko.wikipedia.org/wiki/데이터_시각화)

첫 번째 사례는 "고양이와 강아지는(나디 브레머[Nadieh Bremer], 2018)[5] 시각화다. 반려동물을 키운다면 강아지나 고양이의 이해할 수 없는 행동을 본 경험이 있을 것이다. 많은 사람이 반려동물의 이상 행동을 보고, 그들을 더 잘 이해하기 위해 "왜 강아지와 고양이는 이렇게 행동하나요?"와 같이 구글링한다. 이러한 특성을 반영하여 위 프로젝트에는 구글 트렌드와 협력하여 사람들이 구글 검색에서 '왜'라는 단어로 시작하는 강아지와 고양이에 대해 많이 묻는 질문 4,400개를 조사했고, 결과는 다음과 같이 나타났다.

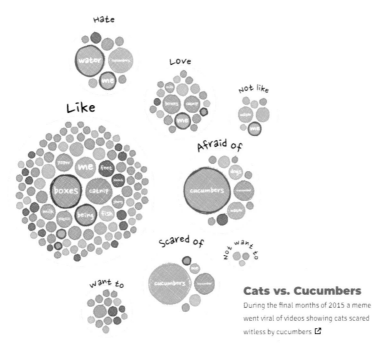

그림 2.18 고양이들이 좋아하거나 싫어하는 것

이 그림은 고양이가 좋아하는 것과 싫어하는 것을 시각화한 것이다. 많은 고양이가 박스(boxes)와 캣닢(catnip)을 사랑하고 좋아하는 것을 알 수 있었다. 실제로 고양이들이 상자를 좋아하는 이유는 안정감과 평온함을 느낄 수 있는 공간이기 때문이라고 한다. 고양이에게 상자란 포식자로부터 숨어서 먹이를 먹을 수 있는 장소로 인식된다는 것이다. 반대로, 고양이들이 싫어하고 두려워하는 것은 오이(cucumbers)라는 사실을 알 수 있다. 고양이는 유전적으로 뱀을 피하려는

---

5 그림 및 내용 출처: https://whydocatsanddogs.com/

본능을 타고 났으며, 오이는 뱀에 대한 고양이의 본능적인 두려움을 불러일으킬 수 있기 때문이다. 이러한 재미있는 시각화를 통하여 사람들이 검색한 강아지와 고양이의 이상 행동에 대하여 흥미롭고 재미있는 통찰력을 얻을 수 있었다.

두 번째 사례는 "NBA에서 가장 자주 슛하는 위치"(라이언 수아레스[Ryan Soares] 2020)[6] 시각화로 농구에서 게임 양상이 변화한 것을 보여준다. 미국은 야구, 미식축구와 더불어 농구가 3대 스포츠로 불릴 만큼 두터운 팬층을 보유하고 있다. 이러한 팬심을 반영하듯, 농구와 관련된 시각화도 발전되어 왔다. 이와 관련된 시각화를 더 잘 이해하기 위해서 먼저 농구의 득점 종류에 대해 알아보자.

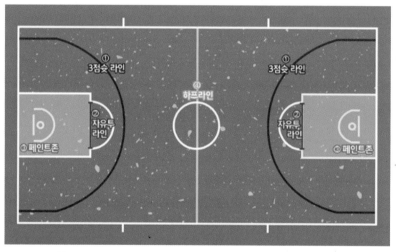

그림 2.19 농구 득점 종류[7]

농구에서 점수를 내는 방법에는 자유투, 2점슛, 3점슛이 있다. 그림에 보이는 ❶3점슛 라인 밖에서 슛을 던져 들어가면 3점, 3점슛 라인을 밟거나 그 안에서 슛을 성공시키면 2점이 인정된다. 상대방의 파울로 인해 자유투를 얻는 경우에는 ❷자유투 라인에서 혼자 슛을 던질 수 있으며 슛 하나당 1점이 인정된다.

---

6   내용 출처: https://bit.ly/3ca4tiU
7   그림 출처: "일반 상식: 당신은 농구에 관해 알고 있는가?"(나라셈도서관, 2019) (https://bit.ly/3QzWdHH)

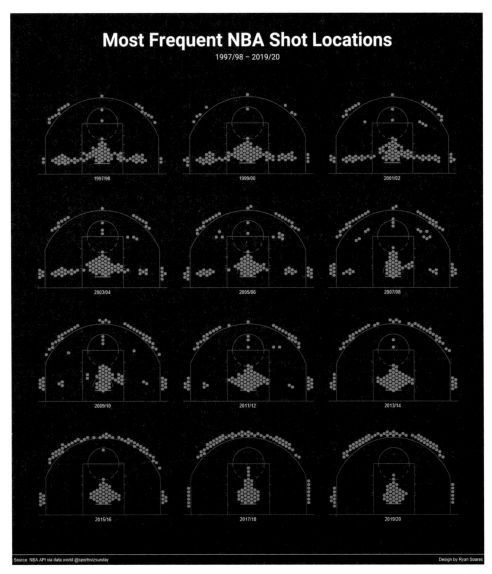

그림 2.20 NBA 농구의 게임 양상 변화

그렇다면 본격적으로 미국의 프로농구인 NBA 게임의 양상 변화를 살펴보자. 이 시각화는 NBA 1997–1998 농구 시즌부터 2018–2019 시즌까지 약 5백만 개의 슛을 기록한 결과다. 가장 주목할 만한 점은 주변 사격이 크게 증가했다는 것이다. 1997년부터 2002년 사이의 슛을 집중적으로 보면 골대 중심으로 슛이 집중된 것을 볼 수 있고, 3점 라인 안쪽의 2점 슛이 자주 등장하는 것을 볼 수 있다. 그러나 지난 5년 동안 2점 슛은 3점 라인의 밖으로 이동해 3점 슛이 더욱 자주 등장했다. 즉, 시간이 지날수록 농구 게임은 더 빠르고, 그 범위가 넓어진 것이다. 이러한 NBA 농구 게임의 변화된 양상을 시각화함으로써 지난 20년 동안 프로 농구 게임 발전 과정을 쉽게 이해할 수 있다. 또한 농구를 잘 이해하지 못하거나 관심이 없는 사람들의 관심을 끌고 매료시킬 수 있다.

세 번째 사례는 용도를 다한 플라스틱의 운명을 알 수 있는 시각화다. 마트에서 장을 보고 구매한 물건을 가져오기 위하여 비닐봉투를 사용한 경험이 있을 것이다. 우리가 자주 사용하는 비닐봉투는 사실 비닐이 아닌 플라스틱 필름(plastic film)으로 만들어졌다. 이러한 비닐봉투의 평균 사용 시간은 25분이지만, 이를 처리하기 위해서는 약 1000년의 긴 세월을 보내야 한다. 그렇다면 비닐봉투를 포함한 모든 플라스틱은 어떻게 사용되며, 어떠한 운명을 맞이하는 걸까? 이 과정을 쉽게 알 수 있는 시각화 자료를 살펴보자.

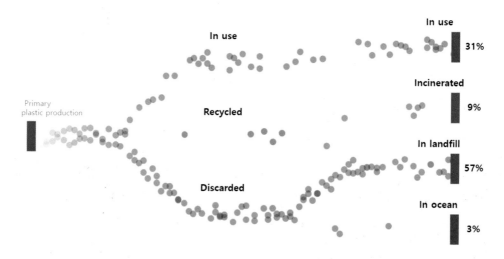

그림 2.21 용도를 다한 플라스틱의 운명

위 시각화는 1950년에서 2015년 사이에 생산된 총 83억 톤 플라스틱의 운명을 보여준다. 해당 차트는 애니메이션 기능으로 움직이기 때문에 참조된 링크인 "모든 플라스틱은 결국 어디에서 끝날까?"(게이어, 잼벡, 2021)[8]에서 더 정확하게 확인할 수 있다. 차트를 살펴보면, 전체 기간 동안 6억 톤(또는 지금까지 생산된 모든 플라스틱의 약 7%로 파란색 동그라미)이 재활용되었다.

---

8 그림 및 내용 출처: https://bit.ly/3pw8DEB

이러한 재활용 플라스틱 중 일부는 결국 다시 사용했고 일부는 다시 재활용되기도 했지만, 결국 재활용 플라스틱의 약 2/3가 폐기되거나 소각되었다. 결국(현재 사용 중이거나 재활용 중인 플라스틱 제외) 모든 플라스틱의 86%는 매립지에 버려져 수명이 다했고 14%는 소각되었다. 해당 자료를 통해 사람들이 많은 양의 플라스틱을 재활용하지 않으며, 엄청난 양의 플라스틱이 매립지나 바다에 버려지는 것을 알 수 있다. 이러한 시각화를 통해 플라스틱 사용량을 줄이거나 가지고 있는 플라스틱을 여러 번 재사용하겠다는 새로운 마음가짐을 가질 수도 있을 것이다.

요약

지금까지 강아지와 고양이의 행동과 NBA 농구의 게임 양상의 변화, 용도를 다한 플라스틱의 운명과 관련된 다양한 시각화 사례를 살펴봤다. 이러한 시각화 과정을 통해 흥미롭고 재미있는 통찰력을 얻을 수 있었으며, 의미 있는 인사이트나 해결 방안을 빠르게 파악할 수 있었다. 이러한 시각화 과정을 우리가 도출한 아이디어에 적용하면 복잡하게 얽혀 있는 생각들을 효과적으로 정리하고 요약할 수 있다.

테스트를 위한 데이터 활용

마지막으로 '테스트' 단계를 살펴보자. 테스트는 프로토타입을 활용하여 모니터링한 후 피드백을 통해 개선해가는 단계다. 이때 수정/보완이 필요하면 앞 단계로 다시 돌아가 해결책을 찾는 과정을 거친다. 즉, 디자인씽킹의 마지막 단계로 최선의 결과가 나올 때까지 개선하는 작업을 반복하는 것이다. 이러한 테스트 단계는 사용자의 경험을 꾸준히 반영하여 최고의 만족감을 주거나 문제 상황을 해결해주는 것을 최우선 목표로 삼고 있다. 그렇다면 '데이터'를 활용해 문제 상황에 더 좋은 피드백을 받을 수 있는 방법은 무엇일까? 바로 그로스해킹의 기법 중 하나인 AARRR을 활용하는 것이다. AARRR은 지금 해야 할 것이 무엇인지를 명확히 정의해줌으로써 재빠른 의사결정을 도와준다. 이 절에서는 그로스해킹의 개념과 AARRR 기법을 살펴본다.

그로스해킹이란?

먼저 그로스해킹이 무엇인지 간단히 살펴보자. 일반적인 제품의 최종 목표는 사용자들의 앱 또는 웹의 체류시간을 늘려 그들의 일상에 들어가는 것이다. 이러한 목표를 달성하기 위해서는 모바일이나 제품을 디자인하는 것도 중요하지만, 어떠한 방법으로 비즈니스 목표를 함께 달성할 수 있는지를 고민하는 것도 중요하다. 즉, 이제는 디자인뿐만 아니라 그로스PM 혹은 그로스마케터 등 사업 전략과 기획 측면 역시 함께 고려해야 한다는 의미다.

그로스해킹이라는 용어를 처음 만든 사람은 실리콘밸리 최고의 마케터이자 그로스해커인 션 엘리스(Sean Ellis)다. 그는 그로스해킹을 창의적이고 분석적인 사고를 이용하여 제품을 판매하고 노출시키는 마케팅 방법이라고 정의했다. 이는 성장을 뜻하는 growth와 해킹의 hacking이 결합된 단어로, 고객의 반응에 따라 제품 및 서비스를 수정하여 제품과 시장의 궁합을 높인다는 의미다. 현재 그로스해킹과 관련된 전문기업은 다양한 형태의 마케팅을 활용해 전환율을 높이고 빠른 성장을 이뤄내고 있다.[9]

테스트를 위한 AARRR

이러한 그로스해킹 방법 중 해야 할 일을 명확히 정의해 재빠른 의사 결정을 도와주는 AARRR 방법을 알아보자. AARRR은 데이브 맥클루어(Dave McClure)가 개발한 분석 프레임으로, 고객 유입부터 활동, 재방문, 추천, 구매에 이르는 여정인 각 단계를 효과적으로 관리할 수 있다. AARRR의 단계는 다음과 같이 5가지로 나누어지며, 각 과정을 통해 유의미한 결과를 얻을 수 있다. 다음 표와 설명을 통하여 각 단계를 자세히 알아보자.

표 2.3 AARRR의 5단계

1 단계	고객 유치 (ACQUISITION)	사용자가 어떤 경로로 유입했는가?
2 단계	활성화 (ACTIVATION)	어떻게 처음으로 회원가입이나 제품 사용이 이루어지는가?
3 단계	유지 (RETENTION)	한 번 사용해본 사람이 계속 이용하는가?
4 단계	수익화 (REVENUE)	사용자의 활동이 매출로 이어지는가?
5 단계	추천 (REFERRAL)	사용자들이 주변에 제품을 소개하는가?

---

9 내용 출처: 위키백과(https://ko.wikipedia.org/wiki/그로스_해킹)

고객 유치 (ACQUISITION)

첫 번째 단계인 '고객 유치'는 사용자가 어떤 경로로 유입되었는지 확인하는 단계다. 서비스 혹은 제품이 타깃으로 하는 사용자들이 어느 채널에서 광고를 접하고 방문하는지, 어떤 광고를 보고 방문하는지 등을 파악하여 보다 많은 유입이 일어날 수 있게 도와준다. 예를 들어 서비스를 방문하는 유저들의 채널인 페이스북이나 유튜브 광고 또는 인스타그램 등을 알아내거나, 어떤 형태의 광고를 본 유저들이 그것을 클릭하여 서비스로 유입되는지 등을 파악하여 유저의 유입율을 개선할 수 있다는 의미다.

활성화 (ACTIVATION)

두 번째는 '활성화' 단계다. 활성화 단계의 주요 목적은 제품이 전달하는 가치를 사용자가 최대한 빠르게 느낄 수 있게 돕는 것이다. 이와 관련한 온보딩은 유저의 데이터를 받는 과정으로, 사용자가 제품에 전달하는 가치를 인지하고, 잘 적응하게 만들기 위한 활동이다. 사용자들이 제품의 가치를 이해하도록 돕는 커뮤니케이션이나 제품 사용 방법을 익힐 수 있게 돕는 교육 등이 이 부분에 속한다. 예를 들어 넷플릭스나 애플뮤직 등에서 좋아하는 장르를 고르거나 좋아하는 아티스트를 선택하는 과정이 바로 사용자 온보딩 과정이다. 해당 단계에서 가장 중요한 것은 이 서비스 혹은 제품이 무엇을 하기 위한 것인가를 명확하게 보여주는 것이다. 또한 이 서비스 혹은 제품을 사용하면 좋은 점인 '아하 모먼트'를 심어주는 것이 중요하다.

유지 (RETENTION)

세 번째 단계인 '유지'는 광고를 보고 회원가입까지 한 방문자가 내일도 들어오거나 일주일 뒤에도 들어오는지를 알아보는 것이다.

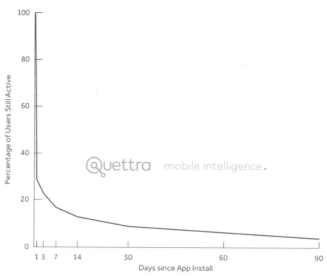

그림 2.22 안드로이드 앱의 평균 리텐션 곡선[10]

위 차트를 보면, 안드로이드 앱의 약 77%가 첫 3일 내에 대부분의 DAU(Daily Active User, 일간 순수 이용자)를 잃는다는 것을 알 수 있다. 시중에는 수많은 앱이 존재하기 때문에 대부분의 사용자는 3~7일 내에 해당 앱에 흥미를 잃고 사용하지 않게 된다. 이렇듯 첫 30일 이내에는 90%의 DAU를 잃을 수 있기 때문에 초기에 유지하는 것이 매우 중요하다. 그렇다면 유저들의 앱 방문을 유지시킬 수 있는 방법은 무엇일까? 바로 앱을 처음으로 사용한 날의 다음날 혹은 일주일 안에 재방문하도록 유도하는 것이다. 재방문율이 높아지면 이를 위해 사용되는 기업의 리소스를 아껴서 신규 유저를 위해 쓸 수 있으며, 기업의 이익이 향상되는 선순환이 이루어진다.

수익화 (REVENUE)

다음은 '수익화' 단계다. 수익화는 사용자의 활동이 매출로 이어지는가를 확인하는 단계로, ARPU와 ARPPU 값을 확인하는 것이 중요하다.

---

10 그림 출처: "새로운 데이터에 따르면 모바일 사용자의 80%가 손실되는 것은 정상이다. 그렇다면 최고의 앱이 더 잘 작동하는 이유는 무엇일까?"(@andrewchen, 2015)(https://bit.ly/3dKtl0M)

먼저, ARPU는 Average Revenue Per User의 줄임말로, 가입한 유저 1인당 평균 결제 금액을 뜻한다. ARPU를 계산하려면 총 매출액을 유저 수로 나누면 된다. 총 매출액이 100만 원이 나왔는데, 유저의 수가 100명이면 ARPU는 1만 원이 되며 한 유저당 가치가 1만 원을 낸다는 의미로 해석하는 것이다.

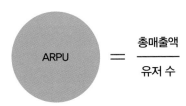

그림 2.23 ARPU 공식

여기서, 유저의 수가 100명이지만 실제로 그중 1명이 100만 원을 모두 결제한 경우라면 ARPPU를 사용해야 한다. ARPPU는 Average Revenue Per Paying User의 줄임말로, 실제로 지출한 유저 1인당 평균 결제 금액을 뜻하며, 결제를 한 유저로부터 발생한 평균 매출액을 측정한 것이다. 즉, 100만 원의 총 매출액을 1명의 유저가 모두 결제한 것이라면 ARPPU는 100만 원이 되는 것이다. 해당 지표는 얼마나 죽은 유저가 많고 플랫폼 안에 있는 유저들이 실제로 얼마만큼의 가치를 내는지, 매출로 책정된 값이 실제로 얼마나 유의미한 값인지 확인할 때 주로 사용한다.

그림 2.24 ARPPU공식

추천 (REFERRAL)

마지막으로 '추천' 단계를 알아보자. 추천은 의미 그대로 사용자들이 주변에 제품을 소개하는가에 대한 것으로, 사용자들이 입소문을 통해 확장되는 과정을 뜻한다. 이때, 그로스해킹에서는 단순한 입소문이 아니라 입소문을 통한 선순환 구조를 구축하는 구조적 문제로 접근해야 한다. 수동적 입소문에만 의지해서는 사업 성장 속도가 느려지기 때문에 적극적인 추천 마케팅 체계를 구축해야 한다.

지금까지 AARRR의 단계별 핵심 지표를 살펴봤다. 이 5가지 단계는 꼭 순서대로 진행하지 않아도 되며, 리소스가 부족한 조직이라면 2단계인 활성화나 3단계인 유지에 먼저 집중하고, 그다음에 1단계인 고객 유치와 5단계인 추천, 마지막으로 4단계인 수익화를 단계별로 관리하는 편이 효과적이다. 그렇다면 각 기업의 실제 사례를 통해 AARRR이 실무에서 적용되는 방법을 살펴보겠다.

테스트를 위한 AARRR의 사례

먼저, 고객 유치를 잘 실천한 제품으로 불닭볶음면이 있다. 이전에 없었던 새로운 종류의 라면으로 특히 불같이 매운 맛 덕분에 사랑을 받은 불닭볶음면은 한국의 대표 콘텐츠 중 하나인 먹방 영상에 주로 소비되었다. 그 결과, 유튜브의 먹방 영상을 통해 불닭볶음면은 전 세계로 뻗어나가는 입소문 마케팅 효과를 일으켰다.

그림 2.25 고객 유치를 잘 실천한 불닭볶음면[11]

여성 패션 플랫폼인 에이블리는 활성화와 유지 단계를 잘 실천한 기업 중 하나다. 에이블리는 신규 가입자에게 제품의 가치를 전달하기 위한 '개인화 추천 서비스'를 제공한다. 먼저 처음 가입한 유저에게 여러 패션 사진을 보여준 후, 자신의 스타일인 상품을 3개 이상 고르도록 유도한다. 이렇게 선택된 사진을 바탕으로 빅데이터를 분석해 취향을 파악하는 온보딩 과정을 거치는 것이다. 이후, 앱을 시작할 때 미리 파악된 내 취향의 제품으로부터 요즘 유행하는 아이템을 추천받을 수 있다. 또한, '6만원 쿠폰팩'이나 '꽝 없는 100% 당첨 복권' 등의 문자 알림을 통해 핵심 고객의 재방문을 유도한다.

---

11 그림 출처: "제2 전성기를 맞은 불닭볶음면, 글로벌 인기 비결은?"(이코노믹 리뷰, 2019)(https://bit.ly/3PuzjjK)

그림 2.26 활성화와 유지를 잘 실천한 에이블리[12]

한국의 대표적인 배달 중개 어플인 배달의민족은 수익화와 추천 단계를 잘 활용한 기업이다. 먼저 배달의민족은 수익화를 위하여 '특정한 테마'를 통해 음식 구매를 유도한다. 배달이 빠른 가게를 모아 소개해주거나 요일별로 다른 카테고리의 브랜드를 할인하는 방식이다. 이러한 전략은 메뉴 선정에 어려움을 겪는 고객을 위해 더 빠르고 편한 선택을 할 수 있게 유도한다는 공통점이 있다. 또한 배달의민족 추천을 위해 사용자들이 주변에 제품을 소개할 수 있게 '사이좋게 만 원 할인' 이벤트를 제공한다. 이때까지 배민을 한 번도 사용해보지 않은 친구를 초대하면 친구에게 1만 원 쿠폰을 제공하며, 이후 친구가 첫 주문을 완료하면 추천한 사람 역시 1만 원 할인쿠폰을 받을 수 있는 구조다. 또한, 사용자들의 자발적 공유 활성화를 위해 '선물하기' 기능을 활용한다. 지인에게 배민 상품권이나 특정 브랜드의 상품권을 선물해줌으로써 배달의민족 앱의 사용을 자연스럽게 독려하는 것이다.

---

12 그림 출처: 에이블리(https://a-bly.com/)

그림 2.27 수익화와 추천을 잘 실천한 배달의민족[13]

요약

지금까지 테스트 단계에서 데이터를 활용할 수 있는 방법인 AARRR의 개념과 활용 사례를 살펴
봤다. 이를 통해 불닭볶음면은 먹방 영상을 통해 큰 바이럴 효과를 얻었으며, 에이블리는 소비자
의 앱에 대한 빠른 적응을 위해 취향을 질문했고, 그 결과 개인화 추천 서비스를 제공할 수 있었
다. 또한, 배달의민족은 특정한 테마를 활용하거나 해당 앱의 사용 경험이 없는 사람을 초대하는
이벤트를 개최함으로써 배달의 앱 사용을 자연스럽게 독려했다. 이러한 AARRR을 잘 활용한다
면 각 단계별 질문을 통해 고객이 원하는 것이 무엇인지와 앞으로의 성장을 위해 갖춰야 할 서비
스는 무엇이 있는지를 파악할 수 있다. 이러한 AARRR 분석을 통해 빠르게 발전하는 시대의 흐
름에 발 맞춰보는 것은 어떨까?

---

13 그림 출처: 배달의 민족(https://www.baemin.com/)

소셜 데이터 분석

고객의 생각과 문제에 공감하기 위한 소셜 데이터 분석

이번 장에서는 실제로 사용되는 노코드 데이터 분석법 중에서 고객의 생각과 문제에 공감하기 위해 가장 일반적으로 사용되는 소셜 데이터 분석을 살펴보겠다. 가장 쉬우면서도 일반 대중의 숨은 니즈를 공감하기에 가장 강력한 효과가 있는 데이터인 소셜 데이터를 활용하여 OTT 서비스와 관련된 트렌드와 고객의 생각을 알아보자.

이번 '소셜 데이터 분석' 편에서는 포털사이트 내의 검색량 등을 통해 얻은 핵심 키워드로 OTT 서비스에 대한 관심의 흐름을 알아보는 언급량 분석, 여러 OTT 서비스 플랫폼에 대한 키워드를 알 수 있는 연관어 분석, 각 OTT 브랜드와 관련한 긍·부정어 감성 분석을 알아본다. 언급량 분석, 연관어 분석, 감성 분석을 실시한 후 그 안에서 인사이트를 추출하는 방법론을 살펴본다.

분석 키워드 정의 – OTT란 무엇일까?

OTT 관련 소셜 데이터 분석을 하기 위해서는 OTT와 관련된 지식이 필요하다. OTT의 사전적 개념은 무엇일까? **OTT 서비스**는 'Over The Top'의 약자로, 기존의 통신 및 방송 사업자와 더불어 제3 사업자들이 인터넷을 통해 드라마나 영화 등의 다양한 미디어 콘텐츠를 제공하는 서비스[1]를 말한다.

---

1 내용 출처: 네이버 국어사전(https://bit.ly/3dOzHwu)

사전적 의미가 아닌 대중적인 의미로 봤을 때 사람들은 OTT를 어떻게 인식하고 있을까? 대중적 의미의 OTT는 인터넷을 사용하여 언제 어디서든 미디어 콘텐츠를 시청할 수 있다는 점에서 사용자 중심 서비스[2]로 인식된다. Over the Top은 '셋톱박스(Top)를 넘는다'는 의미를 함축하고 있으며, 이것은 셋톱박스라는 하나의 플랫폼에만 종속되는 것이 아니라 PC, 스마트폰, 태블릿 컴퓨터, 콘솔 게임기 등 다양한 플랫폼을 지원한다는 의미이기도 하다. 정리하자면, OTT 서비스란 하나의 콘텐츠를 여러 가지 플랫폼에서 시청할 수 있는 실시간 방송과 VOD를 포함한 차세대 방송 서비스를 말한다. 넷플릭스의 대성공 이후 아마존닷컴, Apple, 디즈니 같은 전 세계의 거대 기업이 OTT를 미래 핵심 서비스로 인식했고 시장 선점을 위해 경쟁하는 중이다.

지금까지의 설명을 바탕으로 주요 내용이라고 생각하는 'Over The Top', '미디어 콘텐츠', '플랫폼', '넷플릭스'를 핵심 키워드로 추출해봤다. 이렇게 추출한 핵심 키워드를 트렌드 툴인 네이버, 카카오, 구글, 썸트렌드에서 검색어로 입력하면 관련 키워드를 쉽게 살펴볼 수 있다. 먼저 구글 연관 검색어와 네이버 검색광고로 사람들이 많이 검색하는 OTT 연관 키워드를 살펴본 후, 썸트렌드를 활용하여 앞서 언급한 4개의 단어와 관련된 연관어를 알아보겠다.

- 구글 연관 검색어
- 네이버 검색광고
- 썸트렌드

연관 검색어 살펴보기 – 구글 연관 검색어

키워드 조사 도구인 구글 연관 검색어는 Google 검색(https://www.google.com/)에서 작동하는 기능으로 입력 중인 검색어를 더 빨리 완성할 수 있게 도와준다. 검색어의 언어/입력 위치/인기 관심사/지난 검색 기록 등을 바탕으로 사용자가 의도한 검색어를 빠르게 완성하여 시간을 절약해 주는 장점이 있다. 그렇다면 구글 연관 검색어를 활용하여 사람들이 OTT와 함께 검색하는 키워드는 무엇인지 알아보자.

---

2   내용 출처: 나무위키(https://namu.wiki/w/Over the top/)

구글 연관 검색어를 통한 관련 키워드 확인

그림 3.1 구글 연관 검색어

여기서 몇 가지 인사이트를 찾을 수 있다. 먼저 'OTT' 자체 검색어가 많이 등장하는 것을 봐서 OTT에 대해 잘 알지 못하는 사람들이 그 개념 자체를 검색해서 알아보려고 한다는 것을 추측할 수 있다. 또한, 'OTT 순위'와 같은 키워드가 언급되는 것은 비슷한 OTT 서비스 중에서 더 나은 서비스나 혜택을 찾는 사람들이 있다는 것을 암시한다. 마지막으로 'OTT 공유' 키워드를 바탕으로, 일반적으로 구독 방식으로 진행되는 OTT 계정을 공유하고 비용을 절감하고자 하는 이슈가 있다는 것을 파악할 수 있다.

관련 키워드 살펴보기 – 네이버 검색광고 도구

네이버 검색광고 도구(https://searchad.naver.com/)는 정보를 찾기 위해 검색하는 이용자에게 검색어와 관련한 상품/서비스 정보를 노출하는 타겟팅형 광고다. 네이버 검색광고에서는 사람들이 가장 많이 찾는 키워드와 관련한 연관 키워드의 정량적인 클릭 수(율)를 확인할 수 있다.

이러한 점을 활용하여 사업자 입장에서 소비자들이 주로 검색하는 키워드를 파악할 수 있다는 장점이 있다. 그렇다면 네이버 검색광고 도구에서 OTT와 관련된 키워드를 조회해보자.

01. 우선 네이버 검색광고 플랫폼에서 [네이버 아이디로 로그인]한다.

그림 3.2 네이버 검색광고 플랫폼에 로그인

02. 로그인 후 나오는 화면의 오른쪽 상단 [키워드 도구]를 선택한다.

그림 3.3 키워드 도구 선택

03. ❶ [키워드] 입력란에 'OTT'를 넣고 ❷ [조회하기]를 눌러 결과를 확인한다.

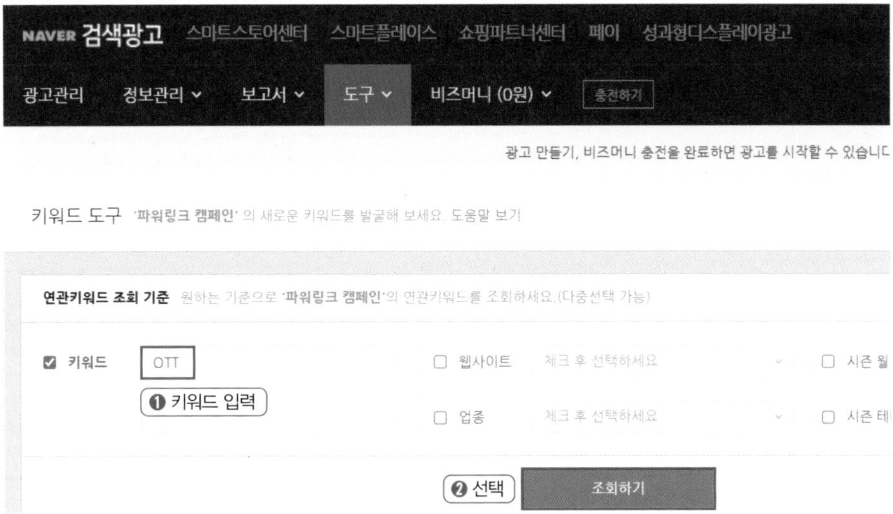

그림 3.4 OTT 키워드로 조회

04. OTT 검색 결과를 확인해보자. 결과에서 최근 OTT와 관련된 키워드의 검색량을 알 수 있다.

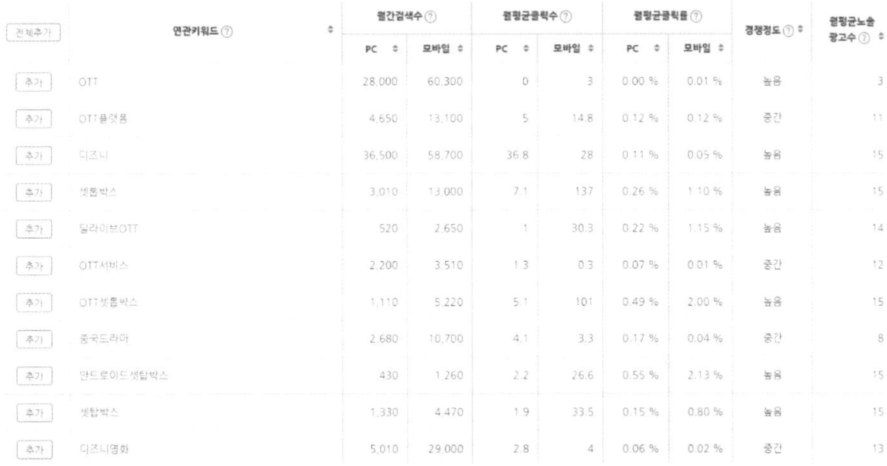

전체추가	연관키워드	월간검색수		월평균클릭수		월평균클릭률		경쟁정도	월평균노출 광고수
		PC	모바일	PC	모바일	PC	모바일		
추가	OTT	28,000	60,300	0	3	0.00 %	0.01 %	높음	3
추가	OTT플랫폼	4,650	13,100	5	14.8	0.12 %	0.12 %	중간	11
추가	디즈니	36,500	58,700	36.8	28	0.11 %	0.05 %	높음	15
추가	셋톱박스	3,010	13,000	7.1	137	0.26 %	1.10 %	높음	15
추가	딜라이브OTT	520	2,650	1	30.3	0.22 %	1.15 %	높음	14
추가	OTT서비스	2,200	3,510	1.3	0.3	0.07 %	0.01 %	중간	12
추가	OTT셋톱박스	1,110	5,220	5.1	101	0.49 %	2.00 %	높음	15
추가	중국드라마	2,680	10,700	4.1	3.3	0.17 %	0.04 %	중간	8
추가	안드로이드셋탑박스	430	1,260	2.2	26.6	0.55 %	2.13 %	높음	15
추가	셋탑박스	1,330	4,470	1.9	33.5	0.15 %	0.80 %	높음	15
추가	디즈니영화	5,010	29,000	2.8	4	0.06 %	0.02 %	중간	13

그림 3.5 OTT 키워드의 검색 결과

OTT를 키워드로 검색한 결과, 네이버 검색광고에서도 몇 가지 눈에 띄는 키워드가 보인다. 먼저 사람들은 OTT를 'OTT'라고도 부르지만, 'OTT플랫폼' 또는 'OTT서비스'라고도 부른다는 사실을 확인할 수 있다. 또한 '중국드라마'나 '디즈니' 같은 키워드가 언급되었는데, 이는 사람들이 〈황제와 딸〉, 〈진정령〉과 같은 중국 드라마와 〈어벤져스〉, 〈겨울왕국〉 등의 디즈니 애니메이션과 같은 다양한 콘텐츠에 많은 관심을 보이는 것을 추측할 수 있다. 마지막으로 '딜라이브OTT/ OTT셋톱박스/셋탑박스' 등의 키워드를 바탕으로, 일반적으로 OTT 서비스를 TV로 이용하기 위해 많은 사람이 단말기를 설치하고 있다는 사실을 짐작할 수 있다.

관련 키워드 살펴보기 - 썸트렌드

소셜 빅데이터 분석 플랫폼인 썸트렌드(https://some.co.kr/)는 유튜브, 인스타그램, 커뮤니티, 트위터, 블로그, 뉴스의 텍스트 데이터를 수집/분석/시각화하여 인사이트를 제공하는 빅데이터 툴이다. 썸트렌드에는 소셜 빅데이터 분석을 통해 빠르게 변해가는 사람들의 생각과 트렌드를 가시적으로 보여주는 트렌드 분석이 있다. 썸트렌드를 활용하면 기업의 자사 분석과 경쟁사 분석은 물론 즉각적인 소비자의 반응을 확인하여 마케팅 효과를 얻을 수 있다. 썸트렌드는 유료 소셜 빅데이터 분석 플랫폼이며, 관련 내용은 뒤에서 자세히 알아보겠다.

이번에는 썸트렌드를 활용하여 연관어를 확인해보자. 앞에서 OTT 개념을 통해 추출했던 4개의 키워드인 'Over The Top', '미디어 콘텐츠', '플랫폼', '넷플릭스'를 사용하여 OTT 서비스의 특성을 알아보자.

💬 **썸트렌드를 통한 관련 키워드 확인**
TIP

- 동의어/ 포함어/ 제외어 등 다양한 검색어 수식 조건 설정이 가능하다.
- 검색 기간을 1일부터 말일로 설정할 경우, 월별 네이터를 보기에 용이하다.

01. 우선 썸트렌드에 접속한 후, 오른쪽 상단의 [로그인]을 누른다.

그림 3.6 썸트렌드 로그인

02. [네이버 계정으로 로그인]한다.

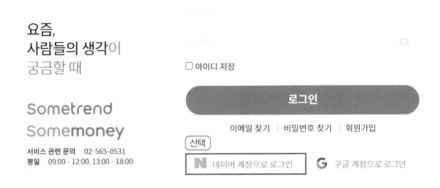

그림 3.7 썸트렌드 네이버 계정으로 로그인 기능

03. 썸트렌드는 최근 3개월의 자료는 무료지만, 그 이상의 자료는 유료로 제공된다. [자세히보기]를 선택하여 나에게 알맞은 요금제를 선택한다. BASIC은 월 29,700원으로 최근 1년 동안의 데이터를 무제한으로 분석할 수 있다. STANDARD는 월 49,500원으로 동의어, 포함어, 제외어를 사용해서 원하는 결과를 빠르게 얻을 수 있다. 마지막으로 PREMIUM은 월 99,000원으로 7,000여 개 커뮤니티부터 엑셀 파일까지의 결과를 커스터마이징할 수 있다. 이 책에서는 PREMIUM을 사용하여 소셜 데이터 분석을 진행했다.

그림 3.8 썸트렌드 요금제 확인

04. 이제 본격적으로 소셜 데이터 분석을 시작해 볼 것이다. 먼저, 첫 번째 키워드인 'Over the top'의 연관어를 살펴볼 것이다. 상단의 [소셜분석]을 선택한다.

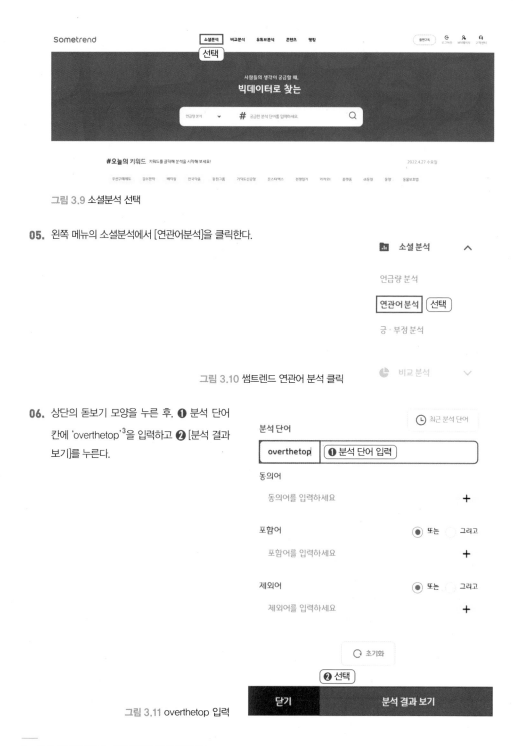

그림 3.9 소셜분석 선택

05. 왼쪽 메뉴의 소셜분석에서 [연관어분석]을 클릭한다.

그림 3.10 썸트렌드 연관어 분석 클릭

06. 상단의 돋보기 모양을 누른 후, ❶ 분석 단어 칸에 'overthetop'[3]을 입력하고 ❷ [분석 결과 보기]를 누른다.

그림 3.11 overthetop 입력

---

3 참고: 썸트렌드에서는 띄어쓰기가 적용되지 않음

07. 2021년 한 해 동안의 'overthetop' 연관어를 확인하기 위해 기간을 다음과 같이 설정한다. 또한 다양한 채널을 통해 여러 사람의 인식을 확인하기 위해 커뮤니티, 인스타, 블로그, 뉴스, 트위터를 모두 [ON]으로, 리트윗 제거를 '체크'로 설정한 후 [채널적용]을 선택한다.

그림 3.12 기간과 SNS 설정

08. 카테고리의 스크롤을 아래로 내려 ❶ [경제/사회] 부분만 체크, ❷ [적용하기]를 누른다.

그림 3.13 경제/사회 체크

09. 결과를 확인한다.

그림 3.14 overthetop 검색 결과

'Over The Top'의 연관 키워드 탐색 결과, 다음과 같은 인사이트를 얻을 수 있다. 먼저, '배우', '서비스', '리얼리티'의 검색어가 등장하는 것을 봐서 사람들이 OTT를 선택할 때 고려하는 요인으로 그러한 키워드가 있다는 것을 파악할 수 있다. 또한 '보편적 시청권'이라는 키워드가 눈에 띈다. 보편적 시청권은 올림픽이나 월드컵과 같이 국민적 관심이 높은 체육경기대회 및 주요 행사를 국민 누구나 시청할 수 있는 권리를 말한다. 시청자들은 큰 스포츠 이벤트는 누구나 무료로 봐야 한다고 생각하지만, 방송사들은 콘텐츠는 대가를 지불하고 즐겨야 콘텐츠 창작자들이 생존 가능하며 양질의 콘텐츠를 공급한다고 말하며 양측 간의 대립이 있는 상황이다. 이러한 문제에 대해 사람들은 특정 방송사에 국한되지 않는 OTT 서비스를 이용하여 보편적 시청권을 보장받고 있다는 이슈를 파악할 수 있다.

10. 이번에는 두 번째 키워드인 '미디어 콘텐츠'를 살펴보자. ❶ [분석 단어]를 '미디어콘텐츠'로 수정한다. 국립국어원에 따르면 '콘텐츠'가 올바른 표현이지만, 대부분의 사람들이 '컨텐츠'를 혼용하여 사용하기 때문에 ❷ [동의어]에 '미디어컨텐츠'도 입력해준다. 앞의 분석과 동일하게 기간과 SNS를 설정한 후, ❸ [분석 결과 보기]를 눌러 결과를 살펴보자.

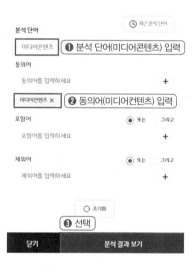

그림 3.15 미디어콘텐츠 검색

11. 카테고리의 스크롤을 아래로 내려 [경제/사회] 부분만 체크한 후 확인한 결과는 다음과 같다.

그림 3.16 미디어콘텐츠 검색 결과

먼저, '고객'이라는 키워드를 바탕으로 미디어 콘텐츠가 고객 중심의 경영 활동과 고객 중심의 서비스에 초점을 맞추고 있다는 사실을 짐작할 수 있다. 또한 '신규'라는 키워드를 유심히 살펴볼 필요가 있다. "넷플릭스가 어떻게 성공을 측정할까"(비즈니스 인사이더, 2016)[4]에 따르면, 보통 미디어 콘텐츠의 성공을 시청률, 관객 수, 조회 수와 같이 얼마나 많은 사람이 시청했는지로 평가한다고 한다. 하지만 넷플릭스는 '구독자들이 얼마나 각 콘텐츠를 가치 있게 보았는지'를 측정한다고 말한다. 즉, 넷플릭스는 특정 콘텐츠가 신규 가입을 얼마나 유도했는지 또는 기존 가입자가 다음 달 구독을 유지하는 데 얼마나 기여하는지를 평가하며, 이것이 바로 넷플릭스의 성공을 이끌었다고 한다.

12. 이번에는 세 번째 키워드인 '플랫폼'에 대해 살펴볼 것이다. [분석 단어]에 '플랫폼'을 입력한다. 이때 분석 기간과 SNS 채널은 위와 동일하며, 한 가지 다른 점은 [문화/여가] 카테고리를 선택한다는 것이다.

그림 3.17 플랫폼 검색 결과

플랫폼을 검색한 결과는 다음과 같다. '작품', '콘텐츠', '이벤트', '음악/뮤직/음원', '주제', '디자인', '스토리' 등의 연관어가 언급되는 것으로 봐서 사람들이 플랫폼을 선택할 때는 다음과 같은 다양한 요인을 고려하여 자신에게 가장 잘 맞는 플랫폼을 선택한다고 추측할 수 있다. 또한 '스트리밍/라이브'라는 키워드를 바탕으로 일부 사람은 실시간으로 소통하는 플랫폼에 관심을 가진다는 것을 확인할 수 있다.

13. 마지막으로 네 번째 키워드인 '넷플릭스'에 대해 살펴보자. ❶ [분석 단어]에 '넷플릭스'를, ❷ [동의어]에 'netflix'를 입력한 후, ❸ [분석 결과 보기]를 누른다.

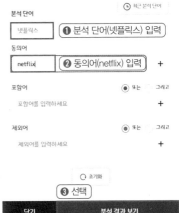

그림 3.18 넷플릭스 검색

14. 분석 기간과 SNS 채널, 카테고리까지 앞서 검색한 '플랫폼'과 동일하게 설정한 후 확인한 결과는 다음과 같다.

그림 3.19 넷플릭스 검색 결과

먼저, '스위트홈', '승리호', '오징어게임', '킹덤' 등과 같은 콘텐츠가 많이 등장하는 것으로 봐서 많은 사람이 넷플릭스의 다양한 콘텐츠에 많은 관심을 갖고 있다는 것을 짐작할 수 있다. 또한 '로맨스', '스릴러', '예능', '액션', '애니메이션' 등의 연관어를 바탕으로 사람들이 넷플릭스의 다양한 장르에 관심을 보인다고 생각할 수 있다.

지금까지의 데이터 분석 내용을 정리하면, OTT 서비스는 특정 방송사에 국한되지 않아 사람들의 보편적 시청권을 보장해주며, 고객에 초점을 맞춘 다양한 서비스를 제공한다. 또한 사람들은 OTT 서비스를 선택할 때 작품이나 콘텐츠, 음원, 주제, 디자인, 스토리, 장르에 많은 관심을 가진다는 정보를 도출할 수 있다.

언급량 분석: OTT에 대한 사람들의 관심은 어떻게 달라지고 있을까?

OTT 서비스에 대한 언급량 분석을 하기 전에 관련 보고서를 통해 트렌드를 알아보겠다.

첫 번째 트렌드는 **영화 산업 쇠퇴**다. "한국 영화산업 결산 보고서"(영화산업진흥위원회, 2021)[5]에 따르면 한국 영화 관객 점유율이 30.1%로 급락했다고 한다. 이것은 2020년 대비 37.9%p 감소한 숫자이며, 점유율이 50% 미만으로 떨어진 건 11년 만이다. 관객 한 사람이 1년에 영화관에 가는 횟수는 코로나19 직전이던 2019년 4.37회에서 2021년 1.17회로 하락했으며, 2021년 순

---

5 내용 출처: https://bit.ly/3AFVqzF

제작비 30억 원을 상회하는 상업영화 17편의 평균 추정 수익률은 −47.3%인 것으로 나타났다. 사람들은 왜 영화관에 가지 않을까? 사회적 거리두기로 상영시간 제한과 '띄어 앉기' 조치가 시행되었고, 사람들의 발길이 끊기기 시작했다. 이러한 상황으로 인해 CGV는 2년간 누적 영업적자 6,300억 원을, 롯데시네마는 영업적자 2,600억 원을 기록했다고 한다.

두 번째 트렌드는 **OTT 구독자 증가**다. 사회적 거리두기로 집에 있는 시간이 늘면서 스마트폰 사용도 함께 증가했다. 특히, 영화관에 가지 않아도 집에서 언제나 즐길 수 있는 OTT와 같은 홈 시네마 관련 수요가 폭발적인 관심을 받았다. "한국의 사회동향"(통계청, 2021)[6]에 따르면 OTT 이용 비중이 66.3%로 전 국민의 3분의 2가 OTT를 이용하고 있는 것으로 조사되었으며, "최근 3개월 OTT 서비스 이용 경험 여부 조사"(정보통신정책연구원, 2022)[7]에 따르면 MZ 세대의 90% 안팎이 최근 3개월 내 OTT를 한 번이라도 이용한 것으로 나타났다.

소셜 빅데이터 분석 플랫폼인 네이버 데이터랩(https://datalab.naver.com/)은 분야별 인기 검색어, 실시간 급 상승 검색어, 검색어 트렌드, 지역별/분야별 인기 등의 다양한 시사점을 찾아볼 수 있는 검색어 빅데이터 서비스 플랫폼이다. 네이버 데이터랩을 통해 급상승한 검색어 추이를 연령대, 시간대별로 확인할 수 있기 때문에 트렌드에 대한 자세한 자료를 검색할 때 유용하다. 또한 기간/범위/성별/연령 등의 자세한 인사이트를 도출할 수 있어 세분화된 검색 자료가 필요할 때 주로 사용된다. 이번에는 네이버 데이터랩을 통해 OTT 서비스에 대한 사람들의 관심을 확인해 볼 것이다. 앞서 살펴본 영화 산업의 쇠퇴와 OTT 구독자의 증가를 살펴보자.

TIP 네이버 데이터랩을 통한 검색어 동향 분석

- 네이버 데이터랩 검색어 트렌드를 통해 주제어와 하위 주제어를 입력한다.
- 앞서 조사한 키워드 목록에서 핵심 키워드 및 동의어를 활용한다.
- 비교 대상이 있는 경우 주제어1, 주제어2에 각 대상을 입력한다.

---

6   내용 출처: https://bit.ly/3QHgXxx
7   내용 출처: https://bit.ly/3QHDvOp

그림 3.20 네이버 데이터랩 검색어 트렌드 설정 화면

여기서는 코로나 시작 연도인 2020년을 포함한 3개 년도인 2019년 1월부터 2022년 1월까지를 분석 기간으로 설정했다. 더 많은 데이터로 OTT와 영화관의 언급량을 비교하기 위해 각각의 하위 주제어를 포함했다.

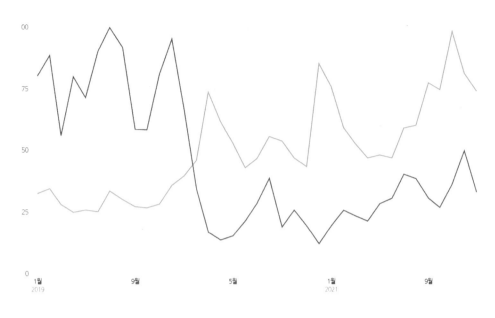

그림 3.21 OTT VS. 영화관

OTT와 영화관을 키워드로 검색한 결과, 다음과 같은 인사이트를 얻을 수 있었다. OTT 언급량은 점차 상승하는 모습이 나타났으며, 영화관 언급량은 점차 하락하는 모습이 나타났다. 2020년 2월 코로나 팬데믹 사태가 본격화한 이후 영화관과 OTT 언급량의 교차가 나타났고, OTT 언급량이 영화관 언급량을 앞서 나간 것을 확인할 수 있다.

그렇다면 OTT를 중점으로 성별과 연령대에 따른 OTT에 대한 관심을 알아보자. 네이버 데이터랩의 성별 필터를 이용하여 각 성별에 대한 언급량, 연령 선택 필터를 이용하여 각 연령대별 언급량을 비교할 수 있다.

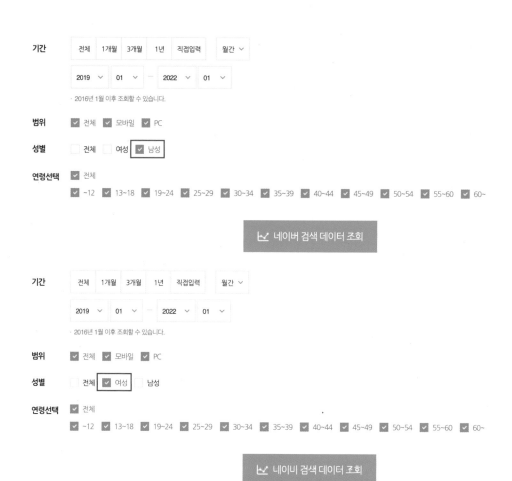

그림 3.22 성별 비교 설정 화면

먼저, 성별에 따른 OTT 언급량을 확인해보자. 앞에서 작성했던 OTT 주제어, 기간, 범위, 연령 필터는 동일하게 적용하고 성별 필터만 '남자/여자'로 구분하여 적용한다.

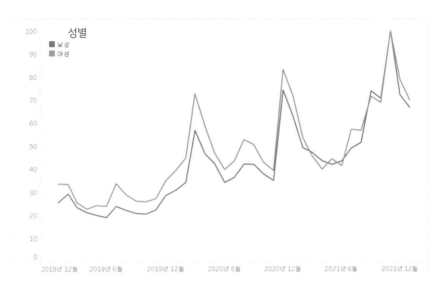

그림 3.23 OTT 성별 비교

네이버 데이터랩에서는 각각의 성별에 해당하는 단일 결과만 나온다. 그림의 결과는 여성과 남성을 분석한 결과를 태블로[8]로 합쳐 재구성한 차트. OTT 서비스에 관한 남녀의 언급량은 다음과 같다. 남성과 여성이 OTT 서비스에 관해 같은 흐름의 관심을 보이고 있지만, 여성이 남성에 비해 언급량이 더 높은 것을 확인할 수 있다. 즉, 여성이 남성보다 OTT 트렌드를 더욱 민감하게 받아들인다고 해석할 수 있다.

그림 3.24 연령대 비교 설정 화면

---

8 참고: 데이터 시각화 도구로 주로 BI에서 비즈니스 시각화 도구로 사용한다.

이번에는 연령대에 따른 OTT 언급량을 확인해보겠다. 앞에서 작성했던 OTT 주제어, 기간, 범위, 성별 필터는 동일하게 적용하고 연령 선택 필터만 '19~24'와 '25~29'를 합친 20대, '30~34'와 '35~39'를 합친 30대, '40~44'와 '45~49'를 합친 40대, '50~54'와 '55~60'과 '60~'을 합친 50대 이상으로 구분하여 각각 적용한다.

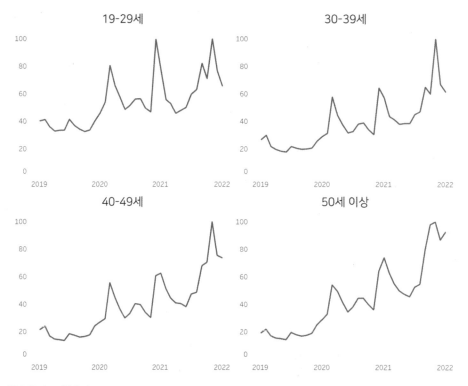

그림 3.25 OTT 연령 비교

네이버 데이터랩에서는 각각의 연령 선택에 해당하는 단일 결과만 나오는데, 이를 한눈에 파악하기 위하여 20대/30대/40대/50대 이상의 차트를 태블로의 대시보드로 합쳐 재구성했다. OTT 서비스에 관한 각 연령대의 언급량은 어떨까? 각 연령대별로 살펴본 결과, 관심의 흐름이 유사한 형태를 보이는 것을 살펴볼 수 있다. 19~29세인 20대가 가장 큰 언급량을 보였으며, 40~49세인 40대가 가장 낮은 언급량을 보이는 것을 포착할 수 있다.

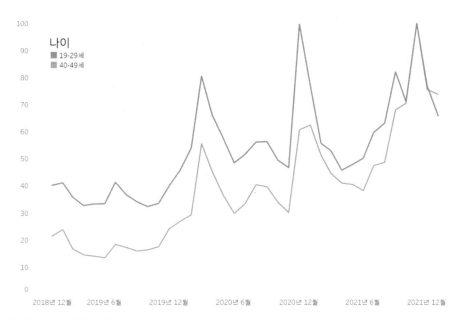

그림 3.26 OTT 20대와 40대 비교

네이버 데이터랩에서는 선택 연령에 대한 단일 결과만 나오므로 위 그림은 실제 20대와 40대를 분석한 결과를 바탕으로 재구성한 차트다. 다음 그래프를 통해 가장 큰 언급량을 보인 20대와 가장 낮은 언급량을 보인 40대의 편차를 알 수 있다.

TIP 네이버 데이터랩 활용 추천 조건

- 해당 주제에 대해 포털 사이트에서 사람들이 주로 검색하는 행위가 충분하다고 판단될 때
- 키워드에 대해 1년 이상의 전반적인 동향을 필요로 할 때
- 여러 주제어와 동시에 비교분석 할 때
- 데이터 분석 결과에 따른 검색량 원본 데이터를 얻고 싶을 때
- 주로 알고 싶은 정보의 유형이 '얼마나 많이 언급됐을까', '언제 많이 언급됐을까'와 같은 것일 때

연관어 분석: OTT 플랫폼별로 사람들의 관심을 끄는 키워드는 무엇일까?

OTT 서비스에 대한 연관어 분석을 하기 전에 "국내외 OTT 플랫폼 동향 분석"(DMC리포트, 2021)[9]을 통해 총 5개의 OTT 플랫폼을 알아보겠다. 현재 글로벌 OTT 시장에서 두각을 나타내고 있는 Netflix, Disney+와 국내 주요 구독형 OTT 플랫폼인 Wavve, TVING, 왓챠에 대해 살펴볼 것이다.

표 3.1 넷플릭스(Netflix)의 동향 분석

NETFLIX		서비스명	사업자	시작일
		Netflix	Netflix	2007.01
		기본 가격 (단위: 원)	국내 이용자 수 (단위: 천 명)	주요 경쟁 플랫폼
		9,500	8,520	각 국가별 OTT
독점 콘텐츠	글로벌 서비스	광고 요금제	3rd-Party 콘텐츠	실시간 콘텐츠
○	○		○	

첫 번째 플랫폼은 Netflix(넷플릭스)다. Netflix는 기존에 확보해둔 거대한 규모의 유료 가입자와 다수의 오리지널 콘텐츠가 주요 강점으로 꼽힌다. 또한, 'OTT 플랫폼의 대명사'로 압도적인 글로벌 인지도와 빅데이터 기반의 맞춤형 서비스 등을 통해 선도적이고 긍정적인 브랜드 이미지를 보유하고 있다.[10] 2022년 2월 기준, 넷플릭스의 국내 이용자 수는 852만 명이며 기본 가격의 경우 베이직 요금제 9,500원, 스탠다드 요금제 12,000원, 프리미엄 요금제 17,000원이다.

표 3.2 디즈니플러스(Disney+)의 동향

Disney+		서비스명	사업자	시작일
		Disney+	Disney	2019.11
		기본 가격 (단위: 원)	국내 이용자 수 (단위: 천 명)	주요 경쟁 플랫폼
		9,900원	1,240	Netflix
독점 콘텐츠	글로벌 서비스	광고 요금제	3rd-Party 콘텐츠	실시간 콘텐츠
○	△		묶음 요금제 (Hulu / ESPN+)	

---

9 표 출처: https://bit.ly/3QPKrta
10 내용 출처: "넷플릭스 독주 흔들…OTT는 춘추전국시대"(매일경제, 2022)(https://bit.ly/3wkQuh6)

두 번째 플랫폼은 Disney+(디즈니플러스)다. 디즈니 컴퍼니는 픽사 애니메이션 스튜디오와 마블 엔터테인먼트 등의 유명한 회사들을 인수 합병했고, 그 결과로 얻은 방대한 콘텐츠 라이브러리가 주요 강점으로 언급된다. '디즈니', '마블', '픽사', '스타'의 핵심 브랜드명이 카테고리로 눈에 띄게 배치되어 콘텐츠를 분류하는 체계를 마련해주며, 유명한 브랜드를 많이 보유한 디즈니라는 브랜드 이미지를 가지고 있다. 2022년 2월 기준, Disney+의 국내 이용자 수는 124만 명이며 기본 가격의 경우 월 9,900원, 연 99,000원이다.

표 3.3 국내 OTT 플랫폼의 동향

	▶ wavve	TVING	WATCHA
서비스명	Wavve	TVING	왓챠
사업자	콘텐츠웨이브 (지상파+SKT)	티빙 (CJ ENM+JTBC)	왓챠
시작일	2019.09	2010.05	2016.01
기본 가격 (단위: 원)	베이직 7,900 스탠다드 10,900 프리미엄 13,900	베이직 7,900 스탠다드 10,900 프리미엄 13,900	베이직 7,900 프리미엄 12,900
국내 이용자 수 (천 명)	3,410	2,670	780
독점 콘텐츠	○	○	○
번들 요금제	FLO, Bugs, KB	네이버 멤버십	

세 번째 플랫폼은 Wavve(웨이브)다. Wavve는 지상파 3사 다시보기 서비스인 푹(POOQ)에 뿌리를 둔 플랫폼으로 시작했기 때문에 지상파 콘텐츠를 주로 공급한다는 인식이 강하다. 하지만 중국 드라마와 옛날 일본 드라마, HBO의 유명 시리즈물까지 폭넓은 콘텐츠를 보유한 것이 시청자들의 마음을 사로잡았다. 또한 〈순풍 산부인과〉, 〈웬만해선 그들을 막을 수 없다〉와 같이 '레전드 시트콤'을 공개하여 '옛드'(옛날 드라마)를 역주행시킨 것이 다른 플랫폼과 차별화된 웨이브만의 특징이다. 2022년 2월 기준, Wavve의 국내 이용자 수는 341만 명이며 기본 가격의 경우 베이직 요금제 7,900원, 스탠다드 요금제 10,900원, 프리미엄 요금제 13,900원이다.

네 번째 플랫폼은 TVING(티빙)이다. TVING은 다른 OTT에 비해 예능 콘텐츠 분야에서 연이은 화제성을 보이고 있다. 특히, 연애 리얼리티 프로그램인 〈환승연애〉는 아시아 최대의 콘텐츠

시상식 〈2021 AACA(Asian Academy Creative Awards)〉에서 '최고의 OTT 오리지널 콘텐츠' 부문 최종 후보에 올랐다. 또한 TVING은 스타 예능 〈스트릿 우먼 파이터〉의 스페셜 비하인드 영상을 독점 공개하며 시청자들의 채널 유입을 독려했다. 2022년 2월 기준, TVING의 국내 이용자 수는 267만 명이며 기본 가격의 경우 베이직 요금제 7,900원, 스탠다드 요금제 10,900원, 프리미엄 요금제 13,900원이다.

다섯 번째 플랫폼은 왓챠다. 왓챠는 실제 영상을 클릭하거나 감상하지 않고, 왓챠와 연계된 왓챠피디아 앱에서 10~30개의 별점만 남겨도 개인화된 취향을 파악해 작품을 다양한 테마로 추천해준다는 특색이 있다. 또한 영화 팬들 사이에서 화제가 된 단편 영화나 다양성 영화들을 보유하고 있으며, 왓챠만의 한영 동시자막 서비스를 제공한다. 2022년 2월 기준, 왓챠의 국내 이용자 수는 78만 명이며 기본 가격은 베이직 요금제 7,900원, 프리미엄 요금제 12,900원이다.

소셜 빅데이터 분석 플랫폼인 구글 트렌드(https://trends.google.co.kr/trends/?geo=KR)는 전 세계 사용자들의 검색어 동향을 살펴볼 수 있는 검색어 빅데이터 서비스 플랫폼이다. 구글을 통해 검색하는 검색량을 기반으로 트렌드 및 관심도 추이를 비교/분석하고 예측해준다는 특징이 있다. 하나의 키워드에 대한 언급량을 지역별로 확인할 수 있을 뿐만 아니라 관련 주제에 대한 키워드를 비교 분석할 수 있다는 특징을 가지고 있다. 이번에는 구글 트렌드를 통해 각 OTT 플랫폼별로 사람들의 관심을 끄는 키워드를 확인해볼 것이다. 앞서 살펴본 Netflix, Disney+, Wavve, TVING, 왓챠의 연관어를 살펴보겠다.

TIP 구글 트렌드를 통한 검색어 동향 분석

- 구글 트렌드를 통해 검색어를 입력한다.
- 관심을 가지는 국가, 기간, 카테고리, 검색 범위를 선택한다.

그림 3.27 구글 트렌드 설정 화면

먼저 Netflix와 관련된 연관어를 확인해보겠다. 검색어에는 'Netflix'와 '넷플릭스'를 입력한다. 최근 1년간 우리나라 사람들이 관심을 가지는 연관어를 확인하기 위하여 분석 기간을 '지난 12 개월'로, 국가를 '대한민국'으로 설정했다. 또한 특정 카테고리에 치우치지 않고 모든 카테고리에 대한 웹 검색 기록을 살펴보고자 한다. 돋보기 모양 아이콘을 누른 후 스크롤을 내려 왼쪽 하단 의 관련 주제를 확인해보자.

관련 검색어 ⑦	급상승 ▾				관련 검색어 ⑦	급상승 ▾			
1 squid game netflix					1 모가디슈 넷플릭스				
2 squid game					2 랑종 넷플릭스				
3 all of us are dead					3 스파이더 맨 노 웨이 홈 넷플릭스				
4 netflix sexlife					4 검은 태양 넷플릭스				
5 juvenile justice netflix	+4,150%				5 베놈 2 넷플릭스				
‹ 25개 검색어 중 1-5번 표시 중 ›					‹ 25개 검색어 중 1-5번 표시 중 ›				

그림 3.28 Netflix+넷플릭스 검색 결과

Netflix/넷플릭스 검색 결과를 통해 다음의 인사이트를 찾을 수 있다. 〈오징어 게임(squid game)〉, 〈지금 우리 학교는(all of us are dead)〉, 〈섹스라이프(sexlife)〉, 〈소년심판(juvenile justice Netflix)〉, 〈모가디슈〉, 〈랑종〉 등과 같은 키워드가 언급되는데, 이는 넷플릭스에서 유행 중인 드라마와 영화 콘텐츠가 많은 사람의 관심을 받고 있다고 해석할 수 있다. 이때, 〈스파이더맨 노웨이 홈〉이나 〈베놈2〉의 경우에는 넷플릭스에 없는 콘텐츠지만, 사람들이 해당 콘텐츠를 넷플릭스와 연관하여 많이 검색했다는 사실을 알 수 있다.

관련 검색어 ⑦	급상승 ▾			
1 노 웨이 홈 디즈니 플러스				
2 디즈니 플러스 스파이더 맨 노 웨이 홈				
3 디즈니 엔 칸토				
4 엔 칸토				
5 디플				
‹ 25개 검색어 중 1-5번 표시 중 ›				

그림 3.29 디즈니플러스 검색 결과

디즈니플러스를 검색했을 때는 다음 결과를 얻을 수 있었다. 앞에서 설정한 국가, 기간, 카테고리, 검색은 동일하게 적용하고, 검색어만 '디즈니플러스'로 수정한다. 〈엔칸토〉, 〈디플〉 등의 키워드를 바탕으로, 사람들이 디즈니플러스의 애니메이션과 영화 콘텐츠에 많은 흥미를 느끼고 있는 것을 추측할 수 있다. 또한 넷플릭스와 마찬가지로 〈스파이더맨 노웨이 홈〉이 디즈니플러스에 없는 콘텐츠지만, 사람들이 해당 콘텐츠를 디즈니플러스와 연관하여 많이 검색했다는 사실을 알 수 있다. 실제로 넷플릭스와 디즈니플러스는 〈스파이더맨 노웨이 홈〉과 관련하여 신작 상영 논쟁을 펼치는 중이다. 통상 마블 시리즈의 경우에는 디즈니플러스의 독점 상영이지만, 다른 마블 히어로물과 달리 〈스파이더맨〉은 판권 소유자가 소니픽처스로 넷플릭스에서 먼저 상영할 수도 있는 상황이기 때문이다.[11]

관련 검색어 ⑦	급상승 ▾ ⬇ <> ◁
1 우주 패스	급등
2 우주 패스 웨이브	급등
3 검은 태양 웨이브	급등
4 웨이브 hbo	급등
5 피의 게임	급등
‹ 23개 검색어 중 1-5번 표시 중 ›	

그림 3.30 웨이브 검색 결과

웨이브를 검색한 결과는 조금 색다르다. 앞에서 설정했던 국가, 기간, 카테고리, 검색은 동일하게 적용하고, 검색어만 '웨이브'로 수정한다. '검은 태양', '피의 게임' 등의 키워드가 언급되는 것으로 봐서 사람들이 웨이브의 서바이벌 예능과 드라마 콘텐츠를 좋아한다는 것을 알 수 있다. 또한 사람들은 웨이브와 관련된 통합 요금제인 '우주패스'에 많은 관심을 보였다. 지상파 3사와 SK 텔레콤이 만든 OTT 서비스 웨이브 요금제인 '우주패스'는 mini 요금제(4,900원)를 사용하면 웨이브 라이트 이용권을, all 요금제(9,900원)를 사용하면 웨이브 이용권을 제공한다. 마지막으로 'HBO'라는 연관어를 바탕으로 웨이브가 글로벌 콘텐츠 제작사인 HBO와의 콘텐츠 공급 계약에 성공했으며, 이로 인해 국내 OTT의 독점 콘텐츠 확보 경쟁이 심화될 것임을 추측할 수 있다.

11 내용 출처: "흥행보증 스파이더맨 넷플릭스에 뺏긴다? 디즈니 굴욕"(헤럴드 뉴스, 2021)(https://bit.ly/3R1GpNY)

관련 검색어 ⑦	급상승 ▾ ⬇ ⟨⟩ ⪪
1　환승 연애	급등
2　스프링 캠프	급등
3　티빙 스프링 캠프	급등
4　티빙 술꾼 도시 여자들	급등
5　신 서유기 스프링 캠프	급등

⟨ 22개 검색어 중 1·5번 표시 중 ⟩

그림 3.31 티빙 검색 결과

티빙 검색 결과는 위 그림과 같다. 앞에서 설정했던 국가, 기간, 카테고리, 검색은 동일하게 적용하고, 검색어만 '티빙'으로 수정한다. '환승 연애', '술꾼 도시 여자들', '스프링 캠프' 등의 검색어가 등장하는 것을 봐서, 많은 사람이 티빙에서 유행 중인 리얼리티 예능과 리얼리티 드라마 콘텐츠에 매력을 느끼고 있음을 짐작할 수 있다.

관련 검색어 ⑦	급상승 ▾ ⬇ ⟨⟩ ⪪
1　우주 전쟁 왓챠	급등
2　우주 전쟁	급등
3　명탐정 코난 비색 의 탄환 왓챠	급등
4　명탐정 코난 비색 의 탄환	급등
5　좋 좋소 시즌 4	급등

⟨ 22개 검색어 중 1·5번 표시 중 ⟩

그림 3.32 왓챠 검색 결과

마지막으로 **왓챠** 검색 결과로는 다음의 인사이트를 파악할 수 있다. 앞에서 설정했던 국가, 기간, 카테고리, 검색은 동일하게 적용하고, 검색어만 '왓챠'로 수정한다. '우주 전쟁', '명탐정 코난 비색의 탄환', '좋 좋소 시즌' 등의 키워드를 바탕으로, 왓챠에서는 사람들의 관심을 끌기 위해 웹드라마와 드라마, 영화 등의 다양한 콘텐츠를 제작하고 있음을 확인할 수 있다. 특히, 좋좋소의 경우, 대한민국의 웹드라마로 재미, 공감, 디테일, 연기, 서사, 캐릭터 등 다양한 부분에서 구독자들의 대호평을 받으며 대한민국 웹드라마의 새로운 포문을 열었다는 평가를 받았다.

TIP 구글 트렌드 활용 추천 조건

- 유튜브 검색 트렌드를 알고 싶을 때
- 키워드 또는 주제에 대해 전 세계가 검색하는 내용 탐색이 필요할 때
- 일일 검색 동향을 알고 싶을 때
- 일정 기간, 위치별로 구글 검색어와 주제를 비교하고 싶을 때
- 지역별로 검색어를 비교하고자 할 때
- 이미지, 웹, 뉴스, 구글 쇼핑, 유튜브 검색 등 다양한 채널에 대한 비교를 하고 싶을 때

소셜 빅데이터 분석 플랫폼인 카카오 데이터 트렌드(https://datatrend.kakao.com/)는 카카오가 빅데이터를 참고할 수 있도록 제작한 빅데이터 서비스 플랫폼이다. 카카오 트렌드는 주제별/성별/연령별/지역별 검색량을 제공하고 있어 각 분야별 세분화된 사항을 확인하기에 유리하다. 또한 거시적 관점에서 다양한 분야의 트렌드를 손쉽게 확인할 수 있고 인사이트를 얻게 도와준다. 그렇다면 앞서 살펴보았던 언급량 분석을 복습해보자. 각 OTT 플랫폼별, 남자/여자와 각 연령대별 관심도는 어떨까? 카카오 데이터 트렌드를 통해 넷플릭스, 디즈니플러스, 왓챠, 티빙, 웨이브에 대한 관심을 성별과 연령대로 세분화하여 알아보자.

TIP 카카오 데이터 트렌드를 통한 검색어 동향 분석

- 카카오 데이터 트렌드를 통해 최대 5개의 주제어를 동시에 분석할 수 있다.
- 하위 주제어는 포함할 수 없지만, 기타 검색 옵션을 상세히 조정할 수 있다.

그림 3.33 성별 비교 설정 화면

먼저, 성별에 따른 각각의 OTT 플랫폼의 언급량을 확인해보겠다. 여러 OTT 플랫폼 비교를 위하여 '넷플릭스', '디즈니플러스', '왓챠', '티빙', '웨이브'를 검색어로 설정했다. 또한 최신 트렌드를 확인하기 위해 2021년을 분석 기간으로 설정한 후, 성별 필터만 '남자/여자'로 구분하여 적용했다. 카카오 데이터 트렌드는 검색어로 입력한 5개의 OTT 플랫폼에 대한 남성의 언급량과 여성의 언급량을 각각 보여준다. 우리가 알고 싶은 것은 성별에 따른 각 OTT 플랫폼에 대한 관심량의 비교다. 이어서 소개하는 5개의 차트는 각 OTT 플랫폼별 남성과 여성의 분석 결과를 태블로로 재구성한 결과다.

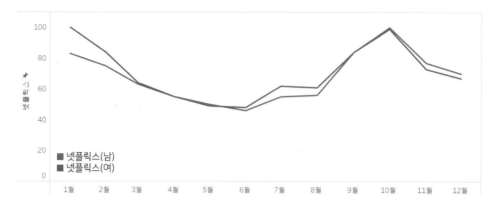

그림 3.34 넷플릭스 성별 비교 결과

성별에 따른 **넷플릭스** 언급량을 도출했다. 넷플릭스의 언급량은 최저 46, 최고 100으로, 다른 OTT 서비스와 비교할 때 가장 높다. 또한 남성과 여성의 넷플릭스 언급량 추이는 1월을 제외하고 거의 비슷한 양상을 보이는 것을 파악할 수 있다. 즉, 남성과 여성의 넷플릭스에 대한 관심은 유사하다고 해석할 수 있다.

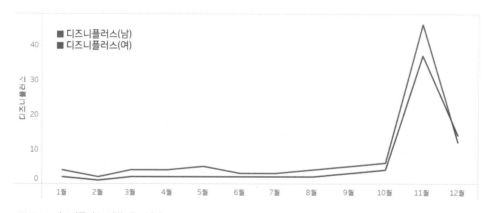

그림 3.35 디즈니플러스 성별 비교 결과

성별에 따른 **디즈니플러스** 언급량을 분석한 결과다. 디즈니플러스의 언급량은 최저 1, 최고 46으로, 넷플릭스에 비해 낮은 편이지만 11월에 급상승한 것을 확인할 수 있다. 또한 남성과 여성의 디즈니플러스 언급량 추이는 거의 비슷한 양상을 보이며, 대부분 남성의 관심이 더 높은 것이 그래프상에 나타난다. 즉, 남성과 여성의 디즈니플러스에 대한 관심은 유사하며, 남성이 조금 더 높은 관심이 있다고 추측할 수 있다.

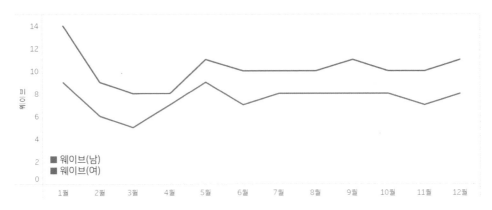

그림 3.36 웨이브 성별 비교 결과

성별에 따른 **웨이브** 언급량을 그래프로 나타낸 결과다. 웨이브의 언급량은 최저 5, 최고 14로, 넷플릭스에 비해 낮은 편이다. 또한 남성과 여성의 웨이브 언급량에 대한 추이는 거의 비슷한 양상을 보이며, 2021년에는 여성의 관심이 더 높은 것을 관찰할 수 있다. 즉, 남성과 여성의 웨이브에 대한 관심은 유사하며, 여성이 조금 더 높은 관심이 있다고 생각할 수 있다.

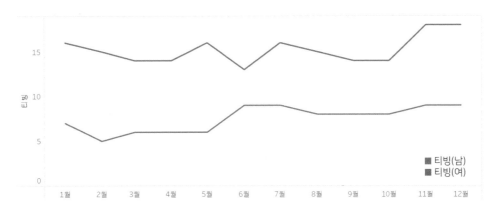

그림 3.37 티빙 성별 비교 결과

성별에 따른 **티빙** 언급량은 다음과 같이 나타난다. 티빙의 언급량은 최저 5, 최고 18로, 넷플릭스에 비해 낮은 편이다. 또한 남성과 여성의 티빙 언급량에 대한 양상은 약간씩 다르며, 2021년에는 여성의 관심이 더 높은 것을 파악할 수 있다. 즉, 남성과 여성의 티빙에 대한 관심은 조금씩 다르며, 여성이 조금 더 높은 관심이 있다고 도출할 수 있다.

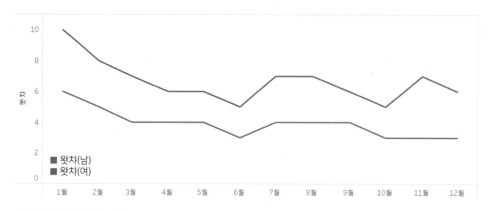

그림 3.38 왓챠 성별 비교 결과

마지막으로 성별에 따른 **왓챠** 언급량이다. 왓챠의 언급량은 최저 3, 최고 10으로, 넷플릭스에 비해 낮은 편이다. 또한 남성과 여성의 왓챠 언급량에 대한 추이는 거의 비슷한 양상을 보이며, 2021년에는 여성의 관심이 더 높은 것을 확인할 수 있다. 즉, 남성과 여성의 왓챠에 대한 관심은 비슷하며, 여성이 조금 더 높은 관심이 있다고 짐작할 수 있다.

그림 3.39 연령대 비교 설정 화면

그렇다면 이번에는 연령대에 따른 각 OTT 플랫폼의 언급량을 확인해보자. 미리 분석해 본 결과, 넷플릭스의 경우 모든 연령대에서 높은 언급량을 차지했다. 따라서 나머지 OTT 플랫폼을 세부적으로 비교하기 위해 넷플릭스를 제거한 후 분석하기로 한다. 또한, 연령대를 10대+20대, 30대+40대, 50대+60대 이상으로 분류할 경우, 더 명확한 언급량 차이를 보였다. 그에 따라 다음과 같은 검색 조건을 만들었다. 먼저 '넷플릭스'를 검색어에서 제외한 후, '디즈니플러스', '왓챠', '티빙', '웨이브'를 검색어로 설정한다. 다음으로 최신 트렌드 확인을 위하여 2021년을 분석 기간으로 설정한 후, 연령대 필터만 '10대+20대', '30대+40대', '50대+60대이상'으로 구분하여 각각 적용한다.

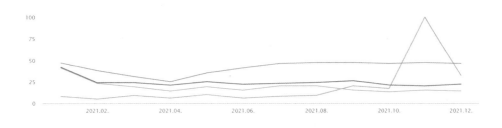

그림 3.40 10대+20대 결과

10대+20대의 각 OTT 플랫폼 언급량은 그림과 같이 도출되었다. 9월까지는 OTT 플랫폼의 언급량 순위가 티빙, 웨이브, 왓챠, 디즈니플러스 순으로 유지된다. 또한 다른 연령대와 비교했을 때 각각의 OTT 플랫폼별 언급량의 편차가 있어 보인다. 2021년 11월에는 디즈니플러스의 출시로 인하여 디즈니플러스 언급량이 급상승했음을 짐작할 수 있다.

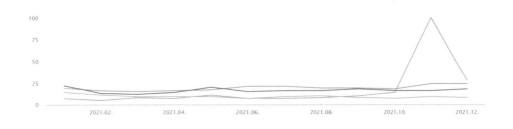

그림 3.41 30대+40대 결과

다음은 **30대+40대**의 각 OTT 플랫폼 언급량 그래프다. 10월까지는 OTT 플랫폼의 언급량 순위가 계속 변동하는 모습을 볼 수 있다. 특히, 티빙과 웨이브, 왓챠와 디즈니플러스가 경쟁 구도를 이루며, 서로 언급량이 교차되는 순간이 많이 보인다. 또한 다른 연령대와 비교했을 때 각각의 OTT 플랫폼별 언급량의 편차가 작은 것으로 도출된다. 마지막으로 2021년 11월에는 디즈니 플러스의 출시로 인해 디즈니플러스 언급량이 급상승한 이슈가 있었다.

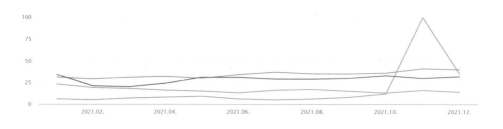

● 디즈니플러스 평균 17   ● 왓챠 평균 16   ● 티빙 평균 34   ● 웨이브 평균 29

그림 3.42 50대+60대 이상 결과

50대+60대 이상의 각 OTT 플랫폼 언급량에서는 다음의 인사이트를 찾을 수 있다. 10월까지는 OTT 플랫폼의 언급량 순위가 티빙, 웨이브, 왓챠, 디즈니플러스 순으로 유지되며, 특히 웨이브 의 경우 5월에 반등한 이후로 상승세를 유지하는 경향을 보였다. 또한 30-40대와 비교했을 때 각각의 OTT 플랫폼별 언급량의 편차가 큰 것을 파악할 수 있다. 2021년 11월에는 디즈니플러 스의 출시로 인해 디즈니플러스의 언급량이 급상승한 것을 확인할 수 있다.

🔵 카카오 데이터 트렌드 활용 추천 조건

- 연령별/성별/지역별로 자세한 검색 조건을 원하는 경우
- 조사하고자 하는 데이터가 2018년 이후로 충분한 양이 쌓였다고 판단될 경우
- 데이터 분석 결과에 다른 원본 데이터를 얻고 싶을 때
- 주로 알고 싶은 정보의 유형이 '누가 많이 언급했을까', '어디서 많이 언급됐을까'와 같은 경우

감성 분석: OTT 플랫폼과 콘텐츠에 대한 사람들의 생각, 어떻게 분석할까?

지금까지 성별과 연령대별 OTT 플랫폼의 언급량을 살펴봤다. 그 결과, 넷플릭스는 모든 성별과 연령대에서 꾸준히 1위를 차지하며, 큰 사랑을 받고 있는 것을 확인할 수 있었다. 그렇다면 사람 들이 넷플릭스를 선호하는 이유는 무엇일까? 넷플릭스에 대한 사람들의 인식을 확인한 후 넷플 릭스와 다른 OTT 플랫폼을 비교해 볼 것이다.

앞서 살펴본 썸트렌드를 사용하여 사람들에 대한 넷플릭스의 인식을 살펴보자.

01. 상단의 [소셜분석]을 선택한다.

그림 3.43 소셜 분석 선택

02. 왼쪽 메뉴에서 소셜분석의 [긍 · 부정분석]을 클릭한다.

그림 3.44 긍 · 부정 분석 선택

03. 상단의 돋보기 모양을 누른 후, ❶ [분석 단어] 칸에 '넷플릭스'를, ❷ [동의어] 칸에 'netflix'를 입력한 후, ❸ [분석 결과 보기]를 선택한다.

그림 3.45 넷플릭스 입력

04. 2021년의 넷플릭스 감성어를 확인하기 위해 기간을 다음과 같이 설정한다. 또한 다양한 채널을 통해 여러 사람의 인식을 확인하기 위해 커뮤니티, 인스타, 블로그, 뉴스, 트위터를 모두 [ON]으로, 리트윗 제거를 '체크'로 설정한 후, [채널적용]을 선택한다.

그림 3.46 기간과 SNS 설정

05. 결과를 확인한다.

그림 3.47 넷플릭스 감성어 결과

넷플릭스의 긍·부정 감성 분석 결과를 통해 다음과 같은 인사이트를 도출할 수 있다. 먼저, 가장 많이 언급된 '희망'은 넷플릭스의 드라마인 '조용한 희망'으로부터 도출된 것임을 확인할 수 있었다. 그 외의 긍정어인 '인기끌다/화제/전세계적/세계적/1위/흥행/호평'을 통해 넷플릭스는 특정 국가가 아닌 전 세계 사람들이 좋아하는 1위 OTT 플랫폼이라는 것을 짐작할 수 있다. 또한 '극호/좋다/좋아하다/최고'가 많이 등장하는 것을 보아 대부분의 사람들이 넷플릭스의 서비스에 만족을 보이는 것을 파악할 수 있다. 더불어 '웃음/공감/재미있다/재밌다/매력적/사랑'이라는 키워드를 바탕으로 사람들이 넷플릭스의 다양한 콘텐츠를 통해 웃음과 공감, 재미를 느끼고 있음을 추측할 수 있다. 마지막으로 부정어로 인식된 '괴물/체포/범죄'를 자세히 살펴본 결과, 〈범죄와의 전쟁〉, 〈괴물〉과 같은 콘텐츠 제목이나 드라마 장르와 관련되어 있었다. 따라서 넷플릭스에 대한 부정어는 특별히 없다고 해석할 수 있다.

그렇다면 이번에는 넷플릭스와 다른 OTT 플랫폼을 비교해보겠다. 비교를 위해 선정한 OTT 플랫폼은 '디즈니플러스'와 '티빙'이다. 디즈니플러스는 현재 글로벌 넷플릭스와 함께 OTT 시장 내에서 두각을 나타내는 중이며, 앞에서 살펴본 연령대 비교에서 급상승한 모습이 나타났기 때문에 비교 플랫폼으로 선정했다. 또한 티빙은 국내 주요 구독형 OTT 플랫폼이며, 앞선 연령대 비교에서도 모든 연령대에서 높은 언급량을 확인할 수 있었기에 비교 플랫폼으로 선택했다. 먼저, 사람들의 관심을 끄는 넷플릭스와 디즈니플러스의 키워드를 비교한 후 감성 분석을 해보겠다. 그다음, 넷플릭스와 티빙도 같은 순서로 비교해 본다.

06. 이번에는 비교분석을 해 볼 것이다. 왼쪽 메뉴의 ❶ [비교 분석]을 클릭한 후, ❷ [연관어 비교]를 선택한다.

그림 3.48 연관어 비교 선택

07. 상단의 돋보기 모양을 누른 후, ❶ [분석 단어] 칸에 '넷플릭스'를, ❷ [동의어] 칸에 'netflix'를 입력한다. ❸ [비교단어]에는 '디즈니플러스'를, ❹ [동의어] 칸에는 'disneyplus', '디즈니+', 'disney+'를 넣어준다.

그림 3.49 넷플릭스와 디즈니플러스 입력

08. 2021년 넷플릭스와 디즈니플러스의 감성어를 확인하기 위해 기간을 다음과 같이 설정한다. 또한 다양한 채널을 통해 여러 사람의 인식을 확인하기 위해 커뮤니티, 인스타, 블로그, 뉴스, 트위터를 모두 [ON]으로, 리트윗 제거를 '체크'로 설정한 후, [채널적용]을 선택한다.

그림 3.50 기간과 SNS 설정

09. 카테고리의 스크롤을 아래로 내려 [문화/여가] 부분만 체크해준다.

그림 3.51 문화/여가 체크

10. 결과를 확인한다.

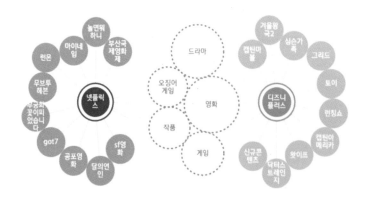

그림 3.52 넷플릭스와 디즈니플러스 연관어 비교

넷플릭스와 디즈니플러스에 관련된 주요 키워드는 다음과 같다. 먼저, 두 OTT 플랫폼의 공통 키워드인 '드라마/영화/작품/게임'을 바탕으로 사람들이 글로벌 OTT를 선택할 때 해당 요인을 고려한다는 것을 알 수 있다. 또한 넷플릭스의 경우 '마이네임/런온/무브투헤븐/오징어게임(무궁화꽃이피었습니다)/달의연인'과 같은 드라마 콘텐츠가 많았지만, 디즈니플러스는 '캡틴마블/겨울왕국2/심슨가족/토이스토리/캡틴아메리카/닥터스트레인지'의 검색어가 등장하는 것을 봐서 애니메이션이나 마블 장르가 많다고 추측할 수 있었다. 즉, 넷플릭스는 드라마와 관련된 콘텐츠를, 디즈니플러스는 애니메이션 콘텐츠를 주력으로 홍보하고 있음을 도출할 수 있다. 또한 넷플릭스의 경우 '부산국제영화제'라는 키워드를 통해 넷플릭스의 작품인 〈지옥〉, 〈마이 네임〉이 영화제에서 소개될 만큼 완성도 높은 작품이라는 이슈를 확인할 수 있었으며, 디즈니플러스는 새로운 신규 콘텐츠를 통해 신입 유저를 확보하려는 노력을 하고 있음을 파악했다.

11. 이번에는 넷플릭스와 디즈니플러스의 감성어를 비교해보겠다. 왼쪽 메뉴의 [긍 · 부정 비교]를 선택한다. 이때, 긍 · 부정을 평가하는 속성 선택은 처음과 같이 유지한다.

그림 3.53 긍 · 부정 비교 선택

12. 결과는 다음과 같다.

그림 3.54 넷플릭스와 디즈니플러스 감성 비교 (왼쪽: 넷플릭스, 오른쪽: 디즈니플러스)

넷플릭스는 앞서 살펴본 감성어 분석에서와 같이 전 세계적으로 사랑받는 넷플릭스라는 결과가 나온 것을 확인할 수 있다. 디즈니플러스는 '기대/즐기다/좋다' 등의 키워드를 바탕으로, 많은 사람이 디즈니플러스를 긍정적으로 인식하고 있음을 파악할 수 있었다. 또한 '무료'를 통해 디즈니플러스는 다른 OTT 플랫폼과 다르게 자체적으로 무료 체험을 제공하고 있지 않아, 'KT 한달 무료', 'SC 제일은행 신규계좌 설계'와 같이 다른 회사와 협약을 통한 무료 이벤트를 진행하면 폭발적인 관심을 받는 모습을 보였다. 마지막으로 디즈니플러스는 OTT 플랫폼 중 굉장히 저렴한 비용으로 이용할 수 있어 사람들이 이러한 최저가에 긍정적인 반응을 보인다는 이슈를 확인할 수 있었다.

13. 그렇다면 이번에는 사람들의 관심을 끄는 넷플릭스와 티빙의 키워드를 비교한 후, 감성 분석을 해보겠다. 앞서 했던 방법과 마찬가지로 [비교 분석]의 [연관어 비교]를 선택한다. 상단의 돋보기 모양을 누른 후, ❶ [분석 단어]

칸에 '넷플릭스'를, ❷ [동의어] 칸에 'netflix'를 입력한다. 그리고 이번에는 ❸ [비교단어]에 '티빙'을, ❹ [동의어] 'tving'을 넣어준다.

그림 3.55 넷플릭스와 티빙 입력

14. 앞선 비교와 동일하게 검색 기간과 검색 채널을 설정한다. 그다음, 카테고리를 [문화/여가]로 체크한 후 결과를 확인한다.

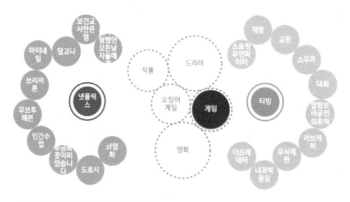

그림 3.56 넷플릭스와 티빙 연관어 비교

넷플릭스와 티빙과 관련된 주요 키워드는 다음과 같다. 먼저, 두 OTT 플랫폼의 공통 키워드인 '드라마/영화/작품/게임'을 바탕으로 사람들이 글로벌 OTT와 토종 OTT를 선택할 때 해당 요인을 고려한다는 것을 알 수 있다. 또한 넷플릭스의 경우 '내가사랑했던모든남자들에게/보건교사안은영/오징어게임(달고나,무궁화꽃이피었습니다)/마이네임/브리저튼/무브투헤븐/인간수업'과 같은 시리즈 영화나 장기 콘텐츠가 많았지만, 티빙은 '스트릿우먼파이터/스우파/알함브라궁전의추억/러브캐쳐/내과박원장/더프레데터'의 검색어가 등장하는 것을 봐서 드라마, 영화, 서바이벌, 예능과 같은 다양한 콘텐츠의 프로그램이 많다고 추측할 수 있다. 즉, 넷플릭스는 장기 시리즈 영화 콘텐츠를, 티빙은 서바이벌, 예능, 드라마 등 다방면의 콘텐츠를 주력으로 홍보하고 있음을 도출할 수 있다. 또한 티빙의 재방송 키워드를 통해 오리지널부터 tvN, JTBC, Mnet, OCN 등 최신 인기 드라마와 예능, 독점 영화를 제공하는 티빙의 이슈를 확인할 수 있다. 마지막으로 티빙은 스릴러나 액션을 소재로 해서 폭력 · 선정성 등의 이유로 안방극장에서 미처 공개되지 못한 드라마 분량을 '무삭제판' 버전으로 새롭게 공개하면서 시청자들의 호기심을 자극하고 있다는 사실을 파악했다.

15. 이번에는 넷플릭스와 티빙의 감성어를 비교해보겠다. 왼쪽 메뉴의 [긍 · 부정 비교]를 선택한 결과는 다음과 같다.

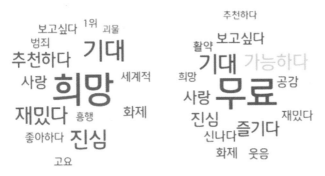

그림 3.57 넷플릭스와 티빙 감성어 비교 (왼쪽: 넷플릭스, 오른쪽: 티빙)

넷플릭스는 앞서 살펴본 감성어 분석에서와 같이 전 세계적으로 사랑받는 넷플릭스라는 결과가 나온 것을 확인할 수 있다. 티빙은 '즐기다/신나다' 등의 키워드를 바탕으로, 많은 사람이 티빙을 긍정적으로 인식하고 있다는 것을 파악할 수 있다. 또한 '기대/보고싶다/사랑/화제'가 많이 등장하는 것으로 봐서 대부분의 사람이 티빙의 서비스와 콘텐츠에 만족을 보이는 것을 파악할 수 있다. 마지막으로 티빙의 경우 네이버 멤버십을 사용하거나 '2주 티빙 무료 정주행'과 같은 이벤트를 제공하며, 이러한 행사가 많은 사람의 관심을 받고 있다는 이슈를 확인할 수 있다.

지금까지 넷플릭스에 관한 사람들의 인식을 알아본 후, 넷플릭스와 디즈니플러스, 넷플릭스와 티빙의 비교를 위해 관련 연관어와 긍 · 부정어를 도출해봤다. 그 결과, 넷플릭스는 전 세계 사람들이 좋아하는 1위 OTT 플랫폼이라는 것을 확인할 수 있었다. 또한, 넷플릭스는 드라마나 장기 시리즈인 영화 콘텐츠를, 디즈니플러스는 애니메이션 콘텐츠를, 티빙은 서바이벌, 예능과 같은 다방면의 콘텐츠를 주력으로 홍보한다는 이슈를 파악할 수 있었다. 그렇다면 사람들은 많은 OTT 중에서 자신에게 알맞은 플랫폼을 선택하기 위해 어떠한 요인을 고려할까? 자료를 통해 사람들이 OTT 플랫폼을 선택할 때 고려하는 요인을 알아보자.

먼저 관련된 설문조사를 살펴보자. 디지털 미디어랩인 메조미디어가 이달 OTT 시청자 402명을 대상으로 실시한 "OTT 업종 분석 리포트"(메조미디어, 2022)[12]에 따르면 응답자들의 42%는

---

12 내용 및 그림 출처: https://bit.ly/3PHcidE

OTT 가입 시 고려 요인(복수 응답 가능)으로 '서비스 이용 요금'을 꼽았다. 그 뒤를 '최신 · 인기 콘텐츠 유무(38%)', '보유한 오리지널 콘텐츠(37%)'가 따랐고, 특히 오리지널 콘텐츠에 대해서는 30대의 관심이 가장 높았다. 오리지널 콘텐츠는 OTT 선택의 중요한 기준이었다. '오리지널 콘텐츠는 OTT 선택 · 이동의 중요한 기준이다'라는 질문에 75%가 '그렇다'고 답했고, '오리지널 콘텐츠 시청 후에도 멤버십을 유지한다'는 질문에 90%가 긍정했다. '오리지널 콘텐츠가 기성 콘텐츠보다 재미있다'거나 '트렌디하다'는 질문에는 각각 67%, 75%가 그렇다고 답했다. 이러한 설문 조사를 통해 사람들은 OTT 서비스를 선택할 때 오리지널 콘텐츠에 많은 비중을 둔다는 사실을 파악할 수 있다.

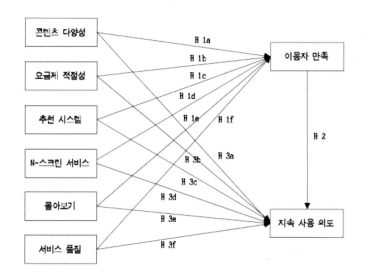

그림 3.58 OTT 서비스의 특성이 이용자 만족과 지속 사용 의도에 미치는 영향 연구 모형

이번에는 정용국, 장위의 〈구독형 OTT 서비스 특성이 이용자 만족과 지속 사용 의도에 미치는 영향: 넷플릭스 이용자를 대상으로〉(한국콘텐츠학회논문지, 2020)[13]를 통해 OTT 플랫폼을 선

---

13 그림/표 및 내용 출처: 해당 논문의 123–135쪽 참고

택할 때 고려하는 요인을 살펴보자. 해당 논문에서는 넷플릭스가 OTT 플랫폼의 대표로 선정됐으며, 넷플릭스의 특성 요인인 콘텐츠 다양성, 요금제 적절성, 추천 시스템, N-스크린 서비스, 몰아보기, 서비스 품질 등의 6개 차원에 따른 이용자 만족과 지속 사용 의도에 미치는 영향을 알아봤다.

표 3.4 논문_넷플릭스의 특성이 이용자 만족에 미치는 직접효과

가설경로	채택여부
다양성 → 이용만족	O
요금제 → 이용만족	X
추천 → 이용만족	O
N-스크린 → 이용만족	X
몰아보기 → 이용만족	O
서비스 → 이용만족	O

위 조사를 위해 넷플릭스를 이용한 지 1년 이하인 신규 가입자 202명을 대상으로 설문조사를 시행했고, 분석을 한 결과는 다음과 같이 나타났다. 채택 여부에 O표시가 되어있는 경우 해당 변수가 이용만족에 유의미한 영향을 미쳤다는 의미이며, 채택 여부에 X표시가 되어있는 경우 해당 변수가 이용만족에 유의미한 영향을 미치지 못했다는 의미로 해석한다. 표를 해석해보면 넷플릭스 서비스의 콘텐츠 다양성, 추천 시스템, 몰아보기 기능, 서비스 품질은 이용자 만족에 영향을 미치는 것으로 나타났다. 즉, 사람들은 OTT 플랫폼을 선택할 때 콘텐츠를 매우 중요시 여긴다고 설명할 수 있다.

표 3.5 메조미디어_2021 주요 오리지널 콘텐츠 시청 경험 설문조사

순위	콘텐츠	OTT	전체	20대	30대	40대
1	오징어게임	넷플릭스	79%	76%	79%	83%
2	지옥	넷플릭스	49%	51%	48%	45%
3	D.P.	넷플릭스	48%	56%	51%	30%
4	마이네임	넷플릭스	37%	37%	31%	45%
5	술꾼 도시 여자들	티빙	33%	29%	33%	39%

순위	콘텐츠	OTT	전체	20대	30대	40대
6	고요의 바다	넷플릭스	31%	30%	30%	33%
7	솔로지옥	넷플릭스	26%	31%	25%	18%
8	SNL코리아 시즌2	쿠팡플레이	25%	28%	26%	19%
9	유미의 세포들	티빙	22%	21%	20%	28%
10	트레이서	웨이브	16%	14%	12%	23%
11	여고추리반	티빙	15%	19%	15%	11%
12	좋좋소	왓챠	12%	11%	13%	13%
13	이렇게 된 이상 청와대로 간다	웨이브	7%	9%	6%	7%
14	언프레임드	왓챠	1%	2%	0%	2%

사람들이 가장 많이 시청한 콘텐츠는 무엇일까? 앞서 살펴본 메조미디어의 2021년 주요 오리지널 콘텐츠 시청 경험 설문조사 결과를 보면, 응답자들이 2021년 가장 많이 본 오리지널 콘텐츠는 대부분 넷플릭스에 포진해 있었다. 응답자 10명 중 8명은 '오징어게임(1위)'을 시청했다고 답했고, '지옥', 'D.P.', '마이네임' 등 넷플릭스 오리지널 콘텐츠가 상위 2~4위를 차지하는 것을 확인할 수 있었다. 티빙에서는 '술꾼 도시 여자들(5위)', 쿠팡플레이에서는 'SNL코리아 시즌2(8위)', 웨이브에서는 '트레이서(10위)', 왓챠에서는 '좋좋소(12위)'의 콘텐츠가 분포했고, 이를 통해 넷플릭스를 따라잡기 위해 다른 OTT 플랫폼들이 콘텐츠에 많은 노력을 기울이고 있음을 추측할 수 있었다.

그림 3.59 숫자로 보는 넷플릭스

독보적 1위를 차지하는 넷플릭스는 콘텐츠와 관련하여 어떤 노력을 했을까? 앞에서 넷플릭스 연관어 분석에서 〈오징어 게임〉, 〈지금 우리 학교는〉, 〈아케인〉, 〈모가디슈〉, 〈랑종〉을 통해 넷플릭스의 다양한 드라마와 영화를 살펴볼 수 있었다. 또한, "숫자로 보는 넷플릭스"(조선일보, 2022)를 통해 콘텐츠에 대한 넷플릭스의 열정을 확인할 수 있다. 2022년 넷플릭스의 한국 작품은 25편 이상으로, 이는 2021년 대비 10편 증가한 수다. 또한 지금까지 넷플릭스가 처음으로 해외에 공개한 한국 작품은 130편 이상이며 글로벌 시청 시간 역시 6배가량 증가했다고 한다.

넷플릭스의 콘텐츠와 관련된 주요 키워드와 인식도 알아보자. 분석을 위해 선정한 콘텐츠는 〈오징어 게임〉과 〈마이 네임〉이다. 오징어 게임은 앞서 살펴본 메조미디어의 설문조사에서 응답자들이 2021년 가장 많이 본 오리지널 콘텐츠로 선정되었으며, 미국 독립영화 시상식인 '고담 어워즈'에서 한국 드라마 최초로 수상의 영예를 거둔 이슈로 분석 플랫폼으로 선정했다. 또한 〈마이 네임〉은 메조미디어의 설문조사에서 응답자들이 2021년 4번째로 많이 본 오리지널 콘텐츠로 선정되었으며, 미리 분석해본 결과 다른 고유명사의 의미를 가진 〈지옥〉, 〈D.P.〉보다 유의미한 결과가 도출되는 것을 확인했기 때문에 분석 플랫폼으로 선택했다. 분석하기 전에 〈오징어 게임〉과 〈마이 네임〉에 대해 간단히 살펴보겠다.

그림 3.60 오징어 게임

〈오징어 게임〉은 456억 원의 상금이 걸린 서바이벌 게임에 참가한 사람들이 최후의 승자가 되기 위해 목숨을 걸고 도전하는 이야기다. 변변한 직장도 없고 간혹 생기는 돈은 경마로 날려버리는 성기훈(이정재), 서울대 경영학과를 졸업한 수재에 여의도 투자회사에 다니며 성공한 줄 알았지만 잘못된 투자로 빚더미에 앉은 조상우(박해수)를 비롯해 탈북 브로커에게 돈을 사기당한 강새벽(정호연), 조직 보스의 돈을 도박으로 날려 먹은 장덕수(허성태) 등 다양한 인생 군상을 통해 극한에 처한 인간의 내면을 응시한 작품이다.

– 「더중앙」, "오징어 게임 46일 천하 끝났다… 전세계 1위 빼앗은 애니 보니" 기사 내용 발췌[14]

그림 3.61 마이네임

〈마이 네임〉은 지우(한소희)가 자신의 아버지를 죽인 범인을 찾기 위해 아버지가 몸담았던 마약 조직 '동천파'의 조직원으로 들어가는 내용으로 시작하는 액션 누아르 물이다. 지우는 아버지의 친구이자 동천파 보스인 무진(박희순)에게서 아버지를 죽인 사람이 경찰이라는 이야기를 들은 뒤 다시 경찰 마약수사대에 잠입하는 방식으로 복수를 하는 작품이다.

– 「동아일보」, "마이 네임, 제2의 오징어 게임 히트칠까" 기사 내용 발췌[15]

사람들은 넷플릭스의 오리지널 콘텐츠인 〈오징어 게임〉과 〈마이 네임〉에 어떤 매력을 느낀 것일까? 앞에서 사용했던 소셜 빅데이터 분석 툴인 썸트렌드에서 해당 키워드를 사용하여 연관어와 감성어 분석을 한 후, 〈오징어 게임〉과 〈마이 네임〉 콘텐츠의 인기 원인을 파헤쳐보자.

---

14 내용 출처: https://bit.ly/3wom2SZ
15 내용 출처: https://bit.ly/3dDNF3Y

01. 먼저 〈오징어 게임〉의 연관어를 분석해보자. 상단의 [소셜분석]을 선택한다.

Sometrend   [소셜분석] [선택]

그림 3.62 소셜 분석 선택

02. 왼쪽 메뉴에서 소셜분석의 [연관어 분석]을 클릭한다.

그림 3.63 연관어 분석 클릭

03. 상단의 돋보기 모양을 누른 후, ❶ [분석 단어] 칸에 '오징어 게임'을 입력하고, ❷ [분석 결과 보기]를 클릭한다.

그림 3.64 오징어게임 입력

04. 〈오징어 게임〉은 넷플릭스에서 2021년 9월 17일에 공개됐다. 따라서 콘텐츠 공개 후 약 3개월 동안의 사람들의 생각을 확인해보기 위해 공개된 월을 포함한 3개월로 기간을 설정한다. 또한 다양한 채널을 통해 여러 사람의 인식

을 확인하기 위해 커뮤니티, 인스타, 블로그, 뉴스, 트위터를 모두 [ON]으로, 리트윗 제거를 '체크'로 설정한 후, [채널적용]을 선택한다.

그림 3.65 기간과 SNS 설정

05. 카테고리의 스크롤을 아래로 내려 [문화/여가] 부분만 체크한다.

그림 3.66 문화/여가 체크

06. 결과를 확인한다.

그림 3.67 오징어게임 연관어 검색 결과

결과를 통해 몇 가지 인사이트를 찾을 수 있다. 먼저, '구슬치기/무궁화꽃이피었습니다/달고나게임/줄다리기'는 참가자들이 456억 원의 상금을 획득하기 위해 진행하는 게임과 관련된 키워드다. 이러한 게임은 한국의 전통놀이지만, 누가 봐도 30초 안에 이해가 가능하다는 점에서 세계적인 관심을 받을 수 있었다. 즉, 〈오징어 게임〉의 단순하고 다양한 게임은 외국인들에게 이색적으로 다가왔고, '무궁화꽃이 피었습니다'를 따라한 '레드 라이트, 그린 라이트'와 달고나 게임을 본딴 'DALGONA CANDY' 등의 K—놀이의 확산을 통해 그 인기를 확인할 수 있었다. 또한 최후의 승자가 되기 위해 자신의 생명을 걸고 도전하는 이야기라는 점에서 목숨이라는 단어가 등장한다. 생존을 위한 데스게임(Death Game) 콘텐츠는 미국이나 일본 등 해외에서는 오래전부터 보편적 소재였지만, 〈오징어 게임〉의 경우 게임이 벌어지는 공간과 계단 등 시각적 디자인이 기존의 살벌한 데스게임과는 차별화되며 아이들의 게임으로 목숨을 거는 싸움을 하는 설정이 세계인들을 매료시킨 것이다.

07. 이번에는 카테고리의 스크롤을 조금 위로 올린 후, [상품/품목] 부분만 체크한 후 결과를 살펴보겠다.

그림 3.68 오징어게임 연관어 검색 결과

상품/품목 연관어의 경우, 오징어 게임에서 주로 사용됐던 소품이나 게임용 도구가 많이 등장하는 것을 확인할 수 있다. 특히, '달고나세트/설탕/국자'가 등장하는 것으로 봐서 많은 사람이 오징어 게임의 달고나를 만들기 위해 필요한 재료를 검색해봤다고 추측할 수 있다. 또한 '트레이닝복/추리닝/츄리닝'을 바탕으로 참가자들이 착용한 녹색 트레이닝복에 많은 관심을 보였다는 사실을 파악할 수 있다. 실제로, 알바천국에서 진행한 할로윈 관련 설문조사에 따르면 10~20대가 예상하는 올해 할로윈 인기 코스튬 1위로 〈오징어 게임〉의 참가자와 진행요원, 술래인형의 코스튬이 선정됐다.

08. 〈오징어 게임〉에 관한 사람들의 반응을 감성 분석하기 위해 왼쪽 메뉴에서 소셜분석의 [긍·부정 분석]을 클릭한다.

그림 3.69 긍·부정 분석 클릭

09. 결과를 확인해본다.

그림 3.70 오징어 게임 감성어 검색 결과

〈오징어 게임〉의 긍·부정 감성 분석 결과를 통해 다음 인사이트를 도출할 수 있다. '세계적/1위/전세계적'의 키워드가 많이 등장하는 것으로 봐서 〈오징어 게임〉 시청자들이 한국뿐만 아니라 전 세계에 퍼져 있음을 추측해볼 수 있다. 또한, '화제/흥행/열풍/핫하다/인기끌다/재밌다' 등의 키워드를 바탕으로 대부분의 시청자들이 〈오징어 게임〉을 재미있게 시청했고, 긍정적인 평가를 주었다는 것을 짐작할 수 있다. 반면, 〈오징어 게임〉은 과도한 폭력성으로 국내 18세 이상 시청 연령 제한을 받은 만큼, 이를 지적하는 키워드인 '잔인하다/무섭다'를 확인할 수 있다. 또한, 게임 곳곳의 요소가 어디서 본 듯한 느낌으로 기존의 데스게임 장르물의 한 장면씩을 짜깁기했다는 의혹 때문에 '표절'이라는 부정어가 도출되기도 했다. 그뿐만 아니라 〈오징어 게임〉의 스토리 중 여성은 약한 존재로 '팀 구성'에 있어 불리한 조건 등으로 묘사되거나 외국인 노동자에 대한 시선 또한 '어눌한 말투'로 치부되는 등의 여성과 외국인 노동자 비하 논란 이슈가 있었다.

10. 이번에는 넷플릭스의 또 다른 콘텐츠인 〈마이 네임〉을 분석해보자. 먼저 〈마이 네임〉의 연관어 분석을 위해 소셜 분석의 [연관어 분석]을 클릭한다. 그다음, 상단의 돋보기 모양을 누르고 ❶ [분석 단어] 칸에 '마이네임'을 입력한 후, ❷ [분석 결과 보기]를 클릭한다.

그림 3.71 마이네임 검색

11. 〈마이 네임〉은 넷플릭스에서 2021년 10월 15일에 공개됐다. 따라서 콘텐츠 공개 후 약 3개월 동안의 사람들의 생각을 확인해보기 위해 공개된 월을 포함한 3개월로 기간을 설정한다. 또한 다양한 채널을 통해 여러 사람의 인식을 확인하기 위해 커뮤니티, 인스타, 블로그, 뉴스, 트위터를 모두 [ON]으로, 리트윗 제거를 '체크'로 설정한 후, [채널적용]을 선택한다.

그림 3.72 기간과 SNS 설정

12. 카테고리의 스크롤을 아래로 내려 [문화/여가] 부분만 체크한 결과는 다음과 같다.

그림 3.73 마이네임 연관어 검색 결과

여기서 몇 가지 인사이트를 찾아볼 수 있다. 먼저, 액션/느와르와 관련된 검색어가 많이 등장했고, 관련 배경을 살펴본 결과 〈마이 네임〉의 처절한 액션과 어두운 분위기, 감각적인 음악이 훌륭한 조화를 이뤄 시청자들의 마음을 사로잡은 것을 알 수 있었다. 또한 사람들이 〈마이 네임〉의 '스토리/연출/액션'과 같은 키워드를 많이 찾아봤는데, 이것은 해당 콘텐츠가 속도감 있는 전개로 관객들이 긴장의 끈을 놓치지 않게 끌고 간다는 점을 암시한다. 마지막으로 '부산국제영화제'라는 키워드를 바탕으로 〈마이 네임〉의 주연인 한소희가 관객들과 소통하는 '오픈토크'를 통해 작품을 널리 알리려는 노력을 하고 있음을 추측해볼 수 있다.

13. 이번에는 〈마이 네임〉에 대한 사람들의 반응을 살펴보겠다. 감성 분석을 하기 위해 왼쪽 메뉴의 소셜분석의 [긍 · 부정 분석]을 클릭하고, 결과를 확인해본다.

그림 3.74 마이네임 감성어 검색 결과

〈마이 네임〉의 긍·부정 감성 분석 결과를 통해 다음의 인사이트를 도출할 수 있다. '기대/흥행/화제/호평'의 키워드가 많이 등장하는 것으로 봐서 〈마이 네임〉이 출시됐을 때 많은 사람의 관심을 받았을 것으로 추측해볼 수 있다. 또한, '좋다/좋아하다/재밌다/사로잡다/사랑' 등의 키워드를 바탕으로 대부분 시청자가 해당 콘텐츠에 재미를 느끼고 좋아하고 있다는 것을 짐작할 수 있다. 다만, 주연 배우인 한소희와 관련하여 촬영 전에 베드신이 사전 공지되었는지의 여부에 대한 '의혹/오해'의 이슈가 있는 것도 확인할 수 있다.

TIP **썸트렌드 활용 추천 조건**

- 키워드의 감정을 긍정/중립/부정으로 분류하기를 원하는 경우
- 해당 콘텐츠의 화제성에 대해 알고 싶을 때
- 데이터 분석 결과에 따른 원본 데이터를 얻고 싶을 때
- 실질적인 시장 트렌드를 이해하거나 브랜드의 쟁점을 살펴보고 싶을 때
- 경쟁 브랜드와의 쟁점을 발견하고 마케팅 메시지를 구상하기를 원하는 경우

요약

지금까지 소셜 데이터를 활용하여 OTT 관련 트렌드와 고객의 생각을 알아볼 수 있었다. 우선, '언급량 분석'을 활용하여 성별과 연령대에 따른 OTT 관심의 차이를 분석해봤으며, '연관어 분석'을 적용해 OTT 플랫폼별 사람들의 관심을 끄는 키워드를 파악할 수 있었다. 마지막으로 '감성 분석'을 통해 주요 OTT 플랫폼인 넷플릭스에 대한 사람들의 인식을 알아본 후, 넷플릭스의 콘텐츠인 〈오징어 게임〉과 〈마이 네임〉의 반응과 인기 원인을 분석해보았다. 그 결과, 다음의 주목할 만한 인사이트를 얻을 수 있었다. 넷플릭스의 〈오징어 게임〉에 등장하는 다양한 게임은 한국의 전통놀이지만, 국적을 불문하고 전 세계 사람들이 30초만에 이해가 가능하다는 점에서 굉장히 쉽다는 특징이 있다는 것을 파악할 수 있었다. 이러한 단순함과 다양성을 가진 게임은 전 세계 사람들에게 이색적으로 다가왔으며, 〈오징어 게임〉 흥행에 큰 도움을 주었다. 이같이 기존에 우리의 단순한 생각만으로는 알기 어려웠던 내용을 많은 사람의 생각을 알 수 있는 소셜 데이터 분석을 통해 쉽게 파악할 수 있었다.

그러나 소셜 데이터 분석을 할 때는 유의할 점이 있다. 바로 숫자를 활용한 데이터 분석의 결과만으로는 트렌드나 사람들의 인식을 단정짓기가 어렵다는 점이다. 이러한 흐름에 맞춘 소셜 데이터 분석을 진행하기 위해서는 반드시 해당 주제에 대한 도메인 지식이 필요하다. 관련 배경 지

식이 있다면, 데이터 분석 과정에서 어떤 방향으로 나아갈지와 어떤 내용을 집중적으로 파악해야 하는지를 알 수 있기 때문이다. 따라서 이 책에서도 다양한 문맥 분석을 위해 기사나 리포트, 논문 등을 참고했다. 특히, 관련 기사를 통해 영화 산업의 쇠퇴와 OTT 구독자 증가 현황을 파악할 수 있었으며, 동향 분석 리포트를 바탕으로 넷플릭스와 디즈니플러스, 웨이브, 티빙, 왓챠에 대한 자세한 정보를 얻을 수 있었다. 또한 관련 뉴스 기사와 논문으로 사람들이 OTT 플랫폼을 구독할 때 콘텐츠를 주요한 선택 요인으로 두고 있다는 사실도 확인했다. 이같이 소셜 분석이 가능한 툴뿐만 아니라 해당 주제에 대한 배경지식 또한 고려해야 한다.

앞서 이야기한 것과 같이 소셜 데이터 분석의 결과와 해석은 우리의 추측일 뿐이며, 어떠한 결과도 완벽한 하나의 정답을 제시하지는 못한다. 따라서 이를 보완하기 위해서는 정량적인 분석 과정이 필요하다. 좀 더 명확한 데이터 기반의 사실 검증을 위해 여러 데이터 분석 기법을 이용해 이러한 문제를 해결해 보려고 한다. 다음 장에서는 엑셀을 통해 수행할 수 있는 데이터 분석 방법을 알아볼 것이다.

엑셀 데이터 분석

결과는 진짜일까? 데이터 기반의 검증을 위한
엑셀 데이터 분석

이번 장에서는 실전 활용을 위한 노코드 데이터 분석법 중 가장 정량적인 분석 과정인 엑셀 데이터 분석을 다룬다. 특히, 더 명확한 데이터 기반의 사실 검증을 위한 여러 분석 기법을 통해 3장에서 살펴본 소셜 데이터 분석 결과의 타당성을 높여보고자 한다.

'엑셀 데이터 분석' 편에서는 〈오징어 게임〉의 감성어와 연관어를 통해 해당 콘텐츠와 밀접한 관계를 가진 키워드를 알아보는 **상관 분석**, 사람들이 OTT 서비스를 선택할 때 콘텐츠를 중요 요인으로 생각하는지 확인해보는 **회귀 분석**, 나이와 플랫폼에 따른 OTT에의 관심 정도를 파악해보는 **분산 분석**이 핵심이다. 상관 분석, 회귀 분석, 분산 분석을 통해 소셜 데이터 분석의 결과를 검증하는 방법론을 살펴본다.

핵심 키워드 간 상관성 검증을 위한 상관 분석

먼저 상관 분석과 상관계수의 개념을 살펴본 후, 상관계수의 크기에 따른 일반적인 해석 방법을 자세히 알아본다. 또한 재미있는 예시를 통해 인과관계와 상관관계를 혼동하면 안 되는 이유를 살펴보겠다. 그 후, 〈오징어 게임〉의 감성어와 연관어 데이터를 상관 분석하여 해당 콘텐츠와 밀접한 관계를 가진 키워드를 파악해볼 것이다.

상관 분석 이론

상관 분석을 하기 전에 먼저 상관 분석이 무엇인지 살펴보자. 상관 분석은 **연속형 변수**로 측정된 두 변수 간의 **선형적 관계**를 분석하는 기법이다. **연속형 변수**는 산술 평균을 계산할 수 있는 숫자형의 데이터이며, 사람의 키, 몸무게, 나이 등이 그 예다. **선형적 관계**는 흔히 비례식이 성립되는 관계를 말한다. 예를 들어, A 변수가 증가함에 따라 B 변수도 증가하거나 감소하는 관계를 말한다.

상관 분석에서는 두 변수 사이의 선형적인 관계 정도를 나타내기 위해 상관계수를 사용한다. 상관계수란 두 변수 사이의 관계(상관관계)를 반영하는 수치로, 값의 범위는 −1과 +1 사이다. 일반적으로 상관계수는 '피어슨 상관계수'를 의미한다. 파스칼의 삼각형이나 드모르간의 법칙과 같이 저명한 수학자의 대부분은 자신이 발견한 수학 공식에 자신의 이름을 붙여왔다. 피어슨의 상관계수도 이와 같은 원리다. 수학자인 피어슨은 두 변수 사이의 선형적인 관계를 나타내는 상관계수를 개발했고, 피어슨의 이름을 딴 '피어슨 상관계수'가 사람들에게 널리 알려졌다.

지금까지 상관 분석과 상관관계에 대해 알아봤다. 이러한 상관관계는 변수 간 관계의 동적 성질을 반영한다. 동적 성질이란 측정변수가 변동한다는 의미로, 상관관계는 두 변수가 같은 방향으로 변하거나 서로 반대 방향으로 변한다. 만약 변수가 같은 방향으로 변하면 이들의 상관관계를 '직접 상관관계' 또는 '양의 상관관계'라고 하고, 두 변수가 서로 반대 방향으로 변하면 이 상관관계는 '간접 상관관계' 또는 '음의 상관관계'라고 말한다. 그렇다면 상관관계는 어떻게 해석할 수 있을까? 다음의 표를 통해 상관계수의 크기에 따른 일반적인 해석 방법을 알아보겠다.

표 4.1 상관계수의 크기에 따른 일반적인 해석 방법

상관계수 크기	일반적인 해석
±0.8 ~ 1.0	매우 강한 상관관계
±0.6 ~ 0.8	강한 상관관계
±0.4 ~ 0.6	중간 정도 상관관계
±0.2 ~ 0.4	약한 상관관계
±0.0 ~ 0.2	매우 약한 상관관계

대체로 상관계수의 절댓값이 0.8에서 1 사이라면 매우 강한 상관관계를 가지고 있다고 말하며, 0.6에서 0.8 사이라면 강한 상관관계, 0.4에서 0.6 사이라면 중간 정도의 상관 관계를 지녔다고 말한다. 또한 0.2에서 0.4 사이라면 약한 상관관계, 0.2에서 0 사이라면 매우 약한 상관관계를 가진 것으로 해석할 수 있다. 그렇다면 해당 표의 내용을 그래프를 통해 알아보자.

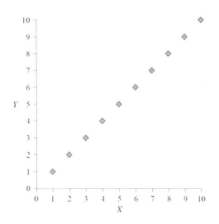

그림 4.1 매우 강한 양의 상관관계

다음 그래프는 우상향하는 모습을 하고 있다. 변수 X와 변수 Y의 선형적인 관계가 명확히 드러나며, 매우 강한 양의 상관관계가 있다고 해석 가능하다.

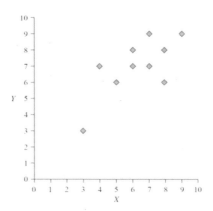

그림 4.2 강한 양의 상관관계

그림 4.2의 그래프는 앞선 그래프보다는 미약하지만, 우상향하는 모습을 확인할 수 있다. 변수 X와 변수 Y 사이에는 강하지만 완벽하지 않은 선형 관계가 명확히 드러나며, 강한 양의 상관관계가 있다고 해석 가능하다.

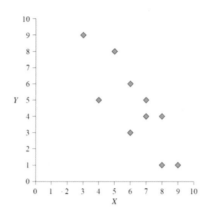

그림 4.3 강한 음의 상관관계

그림 4.3의 그래프는 우하향하는 모습을 하고 있다. 변수 X와 변수 Y의 선형적인 관계가 드러나며, 강한 음의 상관관계가 있다고 해석 가능하다. 즉, 양의 선형관계뿐만 아니라 음의 선형관계도 함께 고려해야 한다는 것을 잊으면 안 된다.

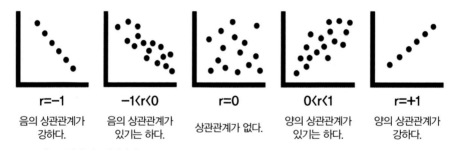

그림 4.4 그래프로 알아보는 상관관계

이번에는 상관계수에 따라 그래프 모양이 어떻게 달라지는지 한눈에 확인해보겠다. 앞의 표에서 살펴본 결과와 동일하다. 첫 번째와 다섯 번째의 그래프는 상관계수의 절댓값이 1이며, 따라서 매우 강한 선형 관계를 가지고 있다. 두 번째와 네 번째 그래프와 같이 상관계수의 절댓값이 1에서부터 멀어져 0으로 가까워지면 강한 선형 관계가 점차 약해지기 시작한다. 마지막으로 세 번째 그래프를 통해 상관계수가 0일 경우, 선형 관계를 찾기 어려운 것을 알 수 있다.

표 4.2 상관 분석을 해석하는 방법

변수 x의 변화	변수 y의 변화	상관관계 유형	값의 범위	예시
x값 증가	y값 증가	직접/양의 상관관계	0~+1	밥을 더 많이 먹으면 몸무게도 증가할 것이다.
x값 감소	y값 감소	직접/양의 상관관계	0~+1	저축을 더 적게 하면 재산도 적을 것이다.
x값 증가	y값 감소	간접/음의 상관관계	−1~0	술을 더 많이 마시면 간 기능은 저하될 것이다.
x값 감소	y값 증가	간접/음의 상관관계	−1~0	더 적은 시간 동안 공부를 하면 불합격 가능성이 높아질 것이다.

그렇다면 상관 분석을 통해 어떤 정보를 알 수 있을까? 실제 데이터 분석을 하기 전에 앞의 표를 통해 상관 분석을 해석하는 방법에 대해 알아볼 것이다. 변수 X를 식사량으로, 변수 Y를 몸무게라고 가정해보자. 데이터 분석 결과, 식사량이 증가했고 몸무게 역시 증가했다고 한다. 두 변수인 식사량과 몸무게는 직접/양의 상관관계를 가졌다고 말할 수 있으며, 밥을 더 많이 먹으면 몸무게가 증가할 것이라는 가설을 세울 수 있을 것이다. 나머지 3개의 예시도 앞선 식사량과 몸무게의 예시처럼 해석 가능하다. 직접 표를 읽으면서 해석해보자.

과연 밥을 많이 먹어서 몸무게 증가한 것일까? 그렇다고 단정할 수는 없다. 상관관계가 있다고 반드시 인과관계가 있는 것은 아니다. 변수 A와 변수 B가 상관관계에 있다고 해서 한쪽 변수가 다른 한쪽 변수의 원인임이 반드시 입증되지는 않는다. 원인이 되는 변수가 단 하나가 아니고 수많은 변수가 원인으로 작용하는 사례가 있기 때문이다. 즉, 위 예시에서 몸무게 증가의 요인으로 스트레스나 지병 등 다른 요인도 존재할 수 있다는 의미다.

한 가지 예시를 통해 그 이유를 알아보자. 한 연구자가 아이스크림 판매량의 연중 증감 추이를 확인했다. 그리고 연중 익사 사망자의 증감 추이를 함께 놓고 두 변수 간의 상관 분석을 시행했다. 결과는 놀라웠다. 무서울 정도로 명백한 상관관계가 나타났다. 아이스크림 판매량이 급증하는 동안 익사 사망자 수도 함께 증가하고 있었으며, 판매량이 감소하는 동안 익사 사망자 수도 감소하고 있었다. 연구자는 "익사 사망자의 증감은 아이스크림이 그 원인이다."라는 결론을 내렸다. 위 사례를 보면 무엇이 문제인지 금세 짐작할 수 있다. 이 연구자는 제삼의 변수인 '여름 평균 기온'을 전혀 고려하지 않았다. 여름 평균 기온은 아이스크림 판매량의 원인 중 하나이자,

동시에 익사 사망자 수의 원인 중 하나이기도 하다. 보다 정확히 말하자면, 여름 평균 기온의 증가가 피서객의 수를 증가시키고, 피서객 수의 증가가 다시 익사자 수의 증가로 이어진다고 할 수 있다. 이는 상관관계에 대한 연구만 수행하고, 정작 인과관계를 규명할 연구는 진행하지 않은 채 인과관계에 대한 결론으로 이어진 사례다.

단순히 지식을 탐구하는 연구자의 입장에서는 처음의 상관관계가 인과관계가 아닐 가능성이 높은 것을 알고 있으며 이 관계를 인과관계로 해석하는 행위를 경계해야 한다. 다음 그림의 세 가지 사례도 위와 같은 맥락이라고 볼 수 있다.

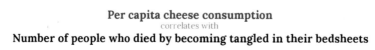

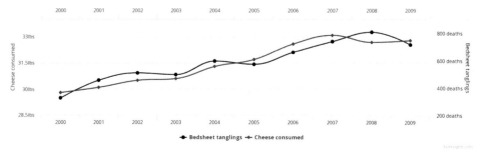

그림 4.5 1인당 치즈 소비량과 침대 시트에 얽혀 죽은 사람들의 수[1]

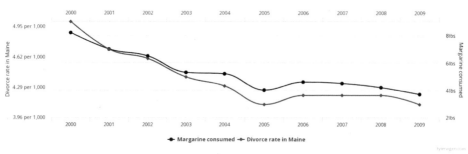

그림 4.6 미국 메인(Maine) 주의 이혼율과 1인당 마가린 소비량[2]

---

1 그림 출처: tylervigen.com(https://bit.ly/3QZOJ0A)
2 그림 출처: tylervigen.com(https://bit.ly/3QZOJ0A)

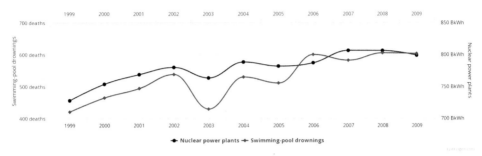

그림 4.7 수영장에서 익사로 죽은 사람의 수와 미국 원자력 발전소에서 발생하는 전력량[3]

소셜 데이터 가져오기

앞의 내용을 통해 상관관계와 상관계수의 개념, 그리고 상관관계가 반드시 인과관계로 이어지지는 않는다는 사실을 알 수 있었다. 그렇다면 실제 엑셀 데이터 분석을 앞선 내용에 적용해 볼 차례다. 그 전에 먼저 상관/회귀/분산 분석과 같은 통계 데이터 분석을 위해서는 엑셀에서 추가적인 작업이 필요하다. 따라서 엑셀의 데이터 분석 기능을 먼저 추가하겠다.

엑셀에 데이터 분석 기능 추가하기

엑셀을 실행한 후 상단 메뉴에서 [파일]을 클릭하고 ❶ [더보기]의 ❷ [옵션]을 선택한다.

그림 4.8 엑셀에서 더보기의 옵션 클릭

3 그림 출처: tylervigen.com(https://bit.ly/3QZOJ0A)

왼쪽 메뉴에서 ❶ [추가 기능]을 선택하고 ❷ [분석 도구 팩]을 선택한다. 화면 맨 아래의 ❸ [관리]에서 [Excel 추가 기능]을 선택하고 ❹ [이동] 버튼을 누른다.

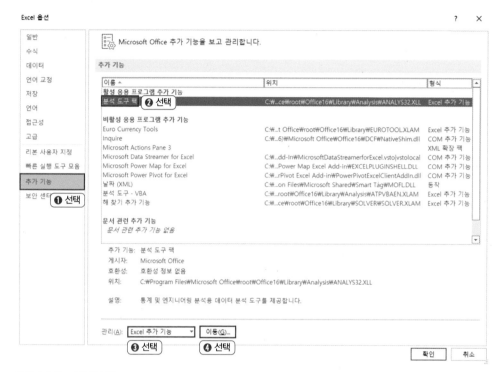

그림 4.9 Excel 옵션 설정

그림 다음과 같이 추가 기능을 선택하라는 창이 나온다. 여기에서 ❶ [분석도구 팩]에 체크하고, ❷ [확인] 버튼을 누른다.

그림 4.10 분석 도구팩 설정

다음과 같이 ❶ [데이터] 메뉴에 ❷ [데이터 분석] 기능이 추가된 것을 확인할 수 있다.

그림 4.11 데이터 분석 기능 추가 확인

macOS에서는 상단 메뉴에서 [도구] – [Excel 추가 기능]을 선택한 다음 [분석 도구]에 체크해 데이터 분석 기능을 추가한다.

상관 분석을 위한 데이터 준비하기

이제 본격적으로 '오징어게임'의 감성어와 연관어 데이터를 상관 분석하여 해당 콘텐츠와 밀접한 관계를 가진 키워드를 파악해보자. 먼저 '오징어게임'의 감성어 데이터로 상관 분석을 해보겠다.

그림 4.12 오징어게임 긍·부정어 결과

앞에서 소셜 데이터 분석을 통해 〈오징어 게임〉에 대한 사람들의 인식을 살펴봤다. 그 결과, 〈오징어 게임〉 시청자들이 한국뿐만 아니라 전 세계에 퍼져 있으며, 대부분 사람은 〈오징어 게임〉

을 재미있게 시청하고 나서 긍정적인 평가를 했다는 것을 파악할 수 있었다. 반면, 〈오징어 게임〉
은 과도한 폭력성과 표절의 느낌이 난다는 의견 또한 있었다. 이러한 의견 가운데 〈오징어 게임〉
과 가장 큰 상관성을 가지는 감성 키워드는 무엇일까?

🏆 전체순위 ?		2021.09.01 - 2021.11.30	
순위	단어	긍·부정	건수
1	재있다	긍정	7,209
2	세계적	긍정	6,511
3	1위	긍정	4,947
4	전세계적	긍정	4,097
5	흥행	긍정	4,063
6	화제	긍정	3,980
7	잔인하다	부정	3,525
8	열풍	긍정	3,400
9	핫하다	긍정	3,313
10	인기끌다	긍정	2,805

그림 4.13 오징어게임 감성분석 상위 10

상관 분석을 하기 위해 이전의 소셜 데이터 분석 결과로 도출된 '오징어게임'의 감성어 중 상위
10개의 키워드인 '재있다/세계적/1위/전세계적/흥행/화제/잔인하다/열풍/핫하다/인기끌다'를
사용해 볼 것이다.

감성어를 뽑은 후에 뽑아낸 키워드 중에서 정말로 〈오징어 게임〉과 상관성이 있는 감성어를 상
관 분석을 통해 추려내 보겠다. 썸트렌드는 유료 분석 툴이므로 나에게 알맞은 플랜을 구독해서
사용해야 한다. 저자는 PREMIUM 요금제를 사용하여 데이터 분석을 진행했다. 썸트렌드에 접
속하여 오른쪽 상단의 [로그인] 버튼으로 로그인을 진행한다. 본격적인 엑셀 데이터 분석을 위해
상단의 ❶ [비교분석]을 선택하고 ❷ [언급량 비교]를 누른다.

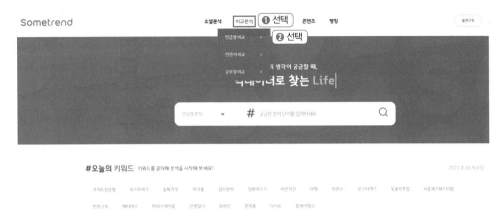

그림 4.14 언급량 비교 선택

그럼 다음과 같이 분석 단어 창이 나온다. 이때, 분석 단어 하나와 비교 단어 최대 2개까지 입력
가능하다. ❶ [분석 단어]에는 '오징어게임'을 입력하고 ❷ [동의어]로 'squidgame'도 함께 입력
한다. 이어서 [비교 단어]에 ❸ '재밌다'와 ❹ '세계적'을 입력하고 ❺ [분석 결과 보기] 버튼을 클릭
해 결과를 조회한다.

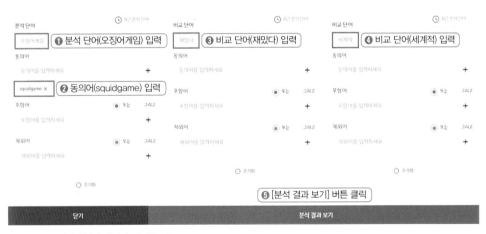

그림 4.15 오징어게임과 재밌다, 세계적 비교

이때 지정하고 싶은 기간과 분석 채널을 함께 설정해야 한다. 본 실습에서는 앞선 소셜 분석과
동일하게 〈오징어 게임〉 개봉 월을 포함한 3개월로 분석기간을 설정할 것이다. 따라서 시작일을
'2021.09.01'로, 종료일을 '2021.11.30'으로 설정한다. 또한 다양한 채널의 언급량을 확인하기

위해 커뮤니티, 인스타, 블로그, 뉴스, 트위터 채널을 [ON]으로 설정한다. 이때 다시 트윗하기
기능인 리트윗은 데이터 중복을 제거하기 위해 '리트윗 제거'를 클릭한다. 마지막으로 [채널 적
용]을 선택하여 지정한 채널 조건을 반영한다.

그림 4.16 기간과 SNS 설정

언급량 추이 비교 옆의 [분석데이터] 버튼을 클릭해서 데이터를 다운로드한다.

그림 4.17 분석데이터 다운로드

다운로드된 데이터를 확인한다.

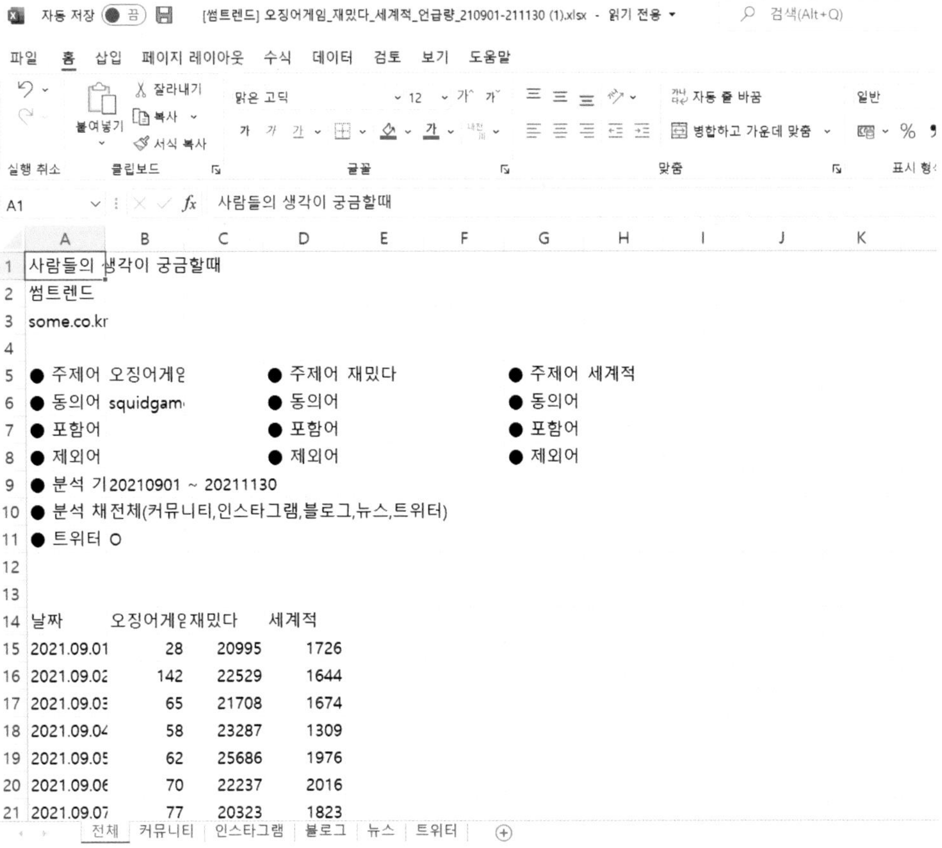

그림 4.18 데이터 확인

불필요한 데이터는 제거한다. 1행부터 13행까지 선택하고 마우스 오른쪽 버튼을 클릭한 다음
[삭제]를 선택한다.

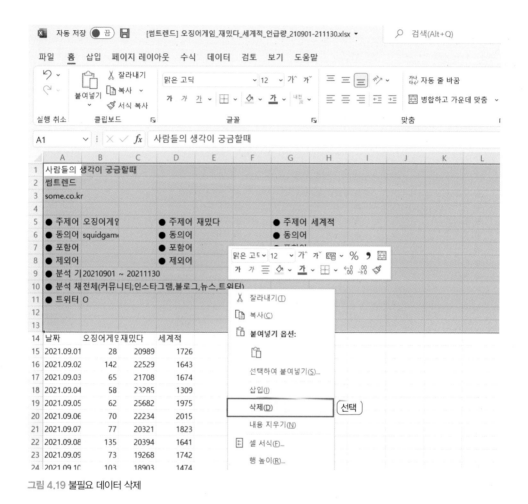

그림 4.19 불필요 데이터 삭제

이어서 '오징어게임'의 다른 비교 단어를 입력한다. 먼저, ❶ [비교 단어]에 '1위'를 입력하고, 이어서 나오는 ❷ 다른 [비교 단어]에 '전세계적'을 작성한다. (비교 단어 분석의 단어는 최대 2개까지만 입력이 가능하기 때문에 두 개씩 분석하여 데이터를 가져오고 각 데이터를 하나의 시트로 합쳐야 한다.)

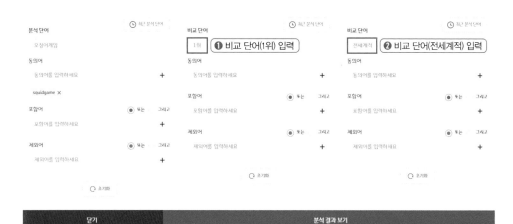

그림 4.20 오징어게임과 1위, 전세계적 비교

동일한 방법으로 데이터를 가져와서 먼저 가져왔던 '재밌다, 세계적' 언급량 데이터와 합친다.

	A	B	C	D	E	F	G
1	날짜	오징어게임	재밌다	세계적	1위	전세계적	
2	2021.09.01	28	20995	1726	19174	542	
3	2021.09.02	142	22529	1644	15410	584	
4	2021.09.03	65	21708	1674	12945	588	
5	2021.09.04	58	23287	1309	11447	323	
6	2021.09.05	62	25686	1976	15634	281	
7	2021.09.06	70	22237	2016	10810	594	
8	2021.09.07	77	20323	1823	14234	677	
9	2021.09.08	135	20396	1642	12156	517	
10	2021.09.09	73	19269	1743	11445	560	
11	2021.09.10	103	18906	1474	9487	467	
12	2021.09.11	72	20238	969	10606	301	
13	2021.09.12	92	22271	854	9719	278	
14	2021.09.13	91	20127	2059	11453	513	
15	2021.09.14	121	19580	2258	10415	594	

그림 4.21 데이터 합치기

같은 방법으로 '홍행, 화제, 잔인하다, 열풍, 핫하다, 인기끌다' 감성어의 언급량 데이터를 가져와서 모두 합친다.

	A	B	C	D	E	F	G	H	I	J	K	L
1	날짜	오징어게임	재밌다	세계적	1위	전세계적	홍행	화제	잔인하다	열풍	핫하다	인기끌다
2	2021.09.01	28	20995	1726	19174	542	591	1978	1378	380	3130	464
3	2021.09.02	142	22529	1644	15410	584	414	1988	1446	402	2513	483
4	2021.09.03	65	21708	1674	12945	588	352	1905	1483	428	2318	434
5	2021.09.04	58	23287	1309	11447	323	244	845	1499	255	1964	264
6	2021.09.05	62	25686	1976	15634	281	257	831	1553	313	2227	301
7	2021.09.06	70	22237	2016	10810	594	438	1344	1496	359	2488	458
8	2021.09.07	77	20323	1823	14234	677	503	1561	1305	495	2208	508
9	2021.09.08	135	20396	1642	12156	517	399	1334	1341	411	2359	475
10	2021.09.09	73	19269	1743	11445	560	463	2434	1264	363	2284	474
11	2021.09.10	103	18906	1474	9487	467	403	1295	1228	337	2199	434
12	2021.09.11	72	20238	969	10606	301	235	1017	1326	273	1773	338
13	2021.09.12	92	22271	854	9719	278	276	936	1289	230	1998	311
14	2021.09.13	91	20127	2059	11453	513	438	1413	1358	525	2333	485
15	2021.09.14	121	19580	2258	10415	594	346	1393	1329	421	2266	493
16	2021.09.15	648	19100	1702	9629	642	743	2481	1407	404	2381	423
17	2021.09.16	451	19510	1602	9941	514	419	2731	1263	357	2261	452
18	2021.09.17	3136	19485	1460	10382	428	370	1378	1534	348	2131	419
19	2021.09.18	7706	21565	864	13475	255	204	964	2199	261	1872	272
20	2021.09.19	6268	22158	754	9197	260	244	899	2069	263	1833	292
21	2021.09.20	5931	22235	852	8539	329	219	904	2056	212	1666	256

그림 4.22 모든 데이터 합치기

엑셀 데이터 분석

이제 본격적으로 '오징어게임'의 감성어와 연관어의 데이터를 상관 분석할 차례다. 준비된 데이터를 바탕으로 엑셀 데이터 분석 기능을 활용하여 상관 분석을 진행한다. 그 후, 상관계수와 산점도를 바탕으로 '오징어게임'과 밀접한 관계인 선형 관계를 가진 키워드를 파악해 볼 것이다.

'오징어게임'의 감성어 데이터 상관 분석

데이터가 준비됐으면 상관 분석을 진행한다. 앞서 설정했던 엑셀 상단 메뉴의 ❶ [데이터]를 선택한 후 ❷ [데이터 분석]을 클릭한다.

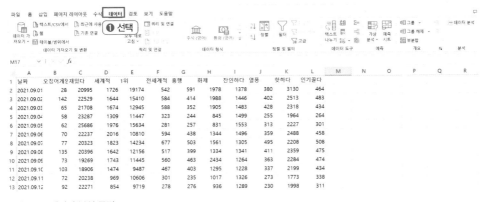

날짜	오징어게임재밌다			세계적	1위	전세계적 흥행		화재	잔인하다 열풍		핫하다	인기끝다
2021.09.01	28	20995	1726	19174	542	591	1978	1378	380	3130	464
2021.09.02	142	22529	1644	15410	584	414	1988	1446	402	2513	483
2021.09.03	65	21708	1674	12945	588	352	1905	1483	428	2318	434
2021.09.04	58	23287	1309	11447	323	244	845	1499	255	1964	264
2021.09.05	62	25686	1976	15634	281	371	1553	313	2227	301	
2021.09.06	70	22237	2016	10810	594	438	1344	1496	359	2488	458
2021.09.07	77	20323	1823	14234	677	503	1561	1305	495	2208	508
2021.09.08	135	20396	1642	12156	517	399	1334	1341	411	2359	475
2021.09.09	73	19269	1743	11445	560	463	2434	1264	363	2284	474
2021.09.10	103	18906	1474	9487	467	403	1295	1228	337	2199	434
2021.09.11	72	20238	969	10606	301	235	1017	1326	273	1773	338
2021.09.12	92	22271	854	9719	278	276	936	1289	230	1998	311

그림 4.23 데이터 분석 클릭

그럼 아래와 같이 통계 데이터 분석 창이 나온다. ❶ [상관 분석(Correlation)]을 선택한 후, ❷ [확인]을 누른다.

그림 4.24 상관 분석 확인

데이터 범위는 불필요한 날짜 데이터는 제외하고 나머지 전체 데이터의 범위를 지정한다. 따라서 ❶ [입력 범위]에 '$B$1:$L$92'를 드래그한다. ❷ [데이터 방향]은 '열'로 선택하고, 첫째 행부터 데이터를 잡아주었기 때문에 ❸ '첫째 행 이름표 사용' 박스에 체크한다. ❹ [출력 범위]를 빈 셀인 '$N$1'으로 선택하고, ❺ [확인] 버튼을 클릭해 결과를 조회한다.

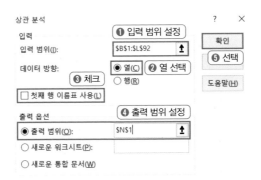

그림 4.25 상관 분석 설정 조건

상관 분석 결과를 확인해 보면, '오징어게임' 키워드와 유의미한 상관관계가 있는 감성어는 '잔인하다', '흥행', '재밌다'라는 결과를 얻을 수 있다. 특히, '잔인하다'의 상관계수는 0.58653으로 높은 것을 확인할 수 있다. 즉, 상관 분석을 통해 사람들은 〈오징어 게임〉에 대해 재미와 흥행보다는 잔인한 감정을 더 크게 느낀 것을 확인할 수 있다.

	오징어게임	재밌다	세계적	1위	전세계적	흥행	화제	잔인하다	열풍	핫하다	인기끌다
오징어게임	1										
재밌다	0.16155	1									
세계적	-0.12321	-0.4405	1								
1위	-0.08911	0.0267	0.10604	1							
전세계적	0.04667	-0.5088	0.86443	0.05956	1						
흥행	0.18743	-0.33621	0.59734	-0.04977	0.62627	1					
화제	0.07499	-0.27323	0.48189	0.04315	0.60706	0.54352	1				
잔인하다	0.58653	0.54187	-0.35128	-0.05692	-0.32571	-0.19996	-0.24513	1			
열풍	-0.023	-0.1853	0.32318	-0.10584	0.37925	0.2423	0.25854	-0.2224	1		
핫하다	-0.06855	-0.20865	0.75146	0.29331	0.72858	0.58028	0.51506	-0.25164	0.26156	1	
인기끌다	0.0508	-0.48598	0.85079	0.13942	0.909	0.61212	0.56593	-0.24587	0.34379	0.75757	1

그림 4.26 상관 분석 결과

앞에서 '오징어게임'과 '잔인하다'의 상관계수가 0.58653으로 중간 정도의 상관관계가 있는 것을 파악했다. 그렇다면 두 변수의 산점도는 어떻게 생겼을까? 엑셀의 분산형 차트를 통해 '오징어게임'과 '잔인하다'의 산점도를 그리고, 둘의 선형 관계를 확인해보겠다.

먼저 2021년 9월 1일부터 2021년 11월 30일까지의 '오징어게임' 검색량인 ❶ 'B2:B92'를 선택한 상태에서 [Ctrl] 키[4]를 누르고 잔인하디 검색량인 ❷ 'I2:I92'를 드래그한다. 그다음, ❸ 상단 메뉴의 [삽입]을 선택하고 ❹ [분산형 또는 거품형 차트 삽입]에서 ❺ 첫 번째의 [분산형] 차트를 클릭한다.

---

4 macOS에서는 Ctrl 키 대신 command 키를 눌러주세요.

파일　홈　**삽입**　**❸ 선택**　아웃　수식　데이터　검토　보기　도움말

피벗 테 이블　추천 피벗 테이블　표　그림　도형　아이콘　3D 모델　일러스트레이션　SmartArt　스크린샷　추가 기능 가져오기　내 추가 기능　추가 기능　추천 차트　**❹ 선택**　지도　피벗 차트　3D 맵　꺾은선형

분산형
❺ 선택

거품형

다른 분산형 차트(M)...

I2 　 fx 1378

	A 날짜	B 오징어게임	C 재밌다	D 세계적	E 1위	F 전세계적	G 홍행	H 화제	I 잔인하다	J 열풍	핫...		
2	2021.09.01	28	❶ 열 선택		726	19174	542	❷ 열 선택		1378	380		
3	2021.09.02	142	22529	1644	15410	584	414	1988	1446	402		
4	2021.09.03	65	21708	1674	12945	588	352	1905	1483	428		
5	2021.09.04	58	23287	1309	11447	323	244	845	1499	255		
6	2021.09.05	62	25686	1976	15634	281	257	831	1553	313		
7	2021.09.06	70	22237	2016	10810	594	438	1344	1496	359		
8	2021.09.07	77	20323	1823	14234	677	503	1561	1305	495		
9	2021.09.08	135	20396	1642	12156	517	399	1334	1341	411		
10	2021.09.09	73	19269	1743	11445	560	463	2434	1264	363	2284	474
11	2021.09.10	103	18906	1474	9487	467	403	1295	1228	337	2199	434
12	2021.09.11	72	20238	969	10606	301	235	1017	1326	273	1773	338
13	2021.09.12	92	22271	854	9719	278	276	936	1289	230	1998	311
14	2021.09.13	91	20127	2059	11453	513	438	1413	1358	525	2333	485
15	2021.09.14	121	19580	2258	10415	594	346	1393	1329	421	2266	493
16	2021.09.15	648	19100	1702	9629	642	743	2481	1407	404	2381	423
17	2021.09.16	451	19510	1602	9941	514	419	2731	1263	357	2261	452
18	2021.09.17	3136	19485	1460	10382	428	370	1378	1534	348	2131	419
19	2021.09.18	7706	21565	864	13475	255	204	964	2199	261	1872	272
20	2021.09.19	6268	22158	754	9197	260	244	899	2069	263	1833	292
21	2021.09.20	5931	22235	852	8539	329	219	904	2056	212	1666	256
22	2021.09.21	6301	20235	982	8315	298	287	884	1837	239	1541	262
23	2021.09.22	7706	22641	1392	9651	378	354	1561	1934	295	1892	282
24	2021.09.23	8049	22122	1845	10617	641	505	2629	2005	502	2307	541

	N	O 오징어게임
	오징어게임	1
	재밌다	0.161549
	세계적	-0.12321
	1위	-0.08911
	전세계적	0.046672
	홍행	0.187439
	화제	0.074986
	잔인하다	0.586529
	열풍	-0.023
	핫하다	-0.06855
	인기끌다	0.050801

그림 4.27 오징어게임과 잔인하다의 산점도 설정 과정

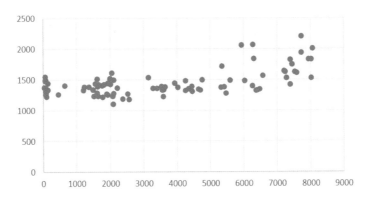

그림 4.28 오징어게임과 잔인하다의 선형 관계를 나타내는 산점도

산점도 결과를 바탕으로 '오징어게임'과 '잔인하다'는 강하지만 완벽하지 않은 선형적인 관계가 존재한다고 해석 가능하다.

'오징어게임'의 연관어 데이터를 상관 분석

그렇다면 이번에는 '오징어게임'의 연관어 데이터를 상관 분석하여 해당 콘텐츠와 밀접한 관계를 가진 키워드를 파악해보자.

그림 4.29 오징어게임의 문화/여가 관련 연관어 분석

그림 4.30 오징어게임의 상품/품목 관련 연관어 분석

앞에서 소셜 데이터 분석을 통해 '오징어게임'과 관련된 연관어를 파악했다. 그림 4.29는 '오징어게임'과 관련된 '문화/여가' 카테고리와 관련된 연관어이며, 그림 4.30은 '오징어게임'과 관련된 '상품/품목' 카테고리와 관련된 연관어다. 연관어를 살펴본 결과, '구슬치기/무궁화꽃이피었습니다/달고나게임/줄다리기'와 같은 단순하고 다양한 게임이 외국인들에게 이색적으로 다가왔고, 최후의 승자가 되기 위해 자신의 생명을 걸고 도전한다는 점에서 데스게임과 비슷하다는 것을 파악할 수 있었다. 또한 많은 사람이 참가자들의 녹색 트레이닝복과 같은 소품에 관심을 보이는 것을 확인할 수 있었다.

이러한 키워드 가운데 〈오징어 게임〉의 흥행에 가장 큰 영향을 준 것은 무엇일까? 상관 분석을 통해 가장 큰 상관성을 가지는 연관 키워드를 확인해보자. 상관 분석을 하기 위해서 이전의 소셜 데이터 분석 결과로 도출된 '오징어게임'의 연관어를 사용하려고 한다. 그중에서도 해석 과정에서 유의미하다고 발견한 키워드인 '구슬치기/무궁화꽃이피었습니다/달고나게임/줄다리기/트레이닝복/데스게임'을 사용할 것이다.

연관어를 뽑았다면 뽑아낸 키워드 중에서 정말로 〈오징어 게임〉과 상관성이 있는 연관어를 상관 분석을 통해 추려내 보자. 앞선 분석과 비슷한 과정으로 진행된다. 썸트렌드에 접속하여 ❶ [비교분석]을 클릭한 후, ❷ [언급량 비교]를 선택한다.

그림 4.31 언급량 비교 선택

그럼 다음과 같이 분석 단어 창이 나온다. 이때, 분석 단어 하나와 비교 단어는 최대 2개까지 입력이 가능하다. ❶ [분석 단어]에는 '오징어게임'을 입력하고 ❷ [동의어]로 'squidgame'도 함께 작성한다. 이어서 ❸ [비교 단어]에 '구슬치기'를 작성하고 ❹ [동의어]로 '구슬'도 함께 쓴다. ❺ 다른 [비교 단어]로 '무궁화꽃이피었습니다'를 입력하고 ❻ [분석 결과 보기] 버튼을 클릭해 결과를 조회한다.

그림 4.32 오징어게임과 구슬치기, 무궁화꽃이피었습니다 비교

지정하고 싶은 기간과 분석 채널을 설정한다. 본 실습에서는 앞선 소셜 분석과 동일하게 〈오징어 게임〉 개봉 월을 포함한 3개월로 분석기간을 설정할 것이다. 따라서 시작일을 '2021.09.01'로, 종료일을 '2021.11.30'으로 설정한다. 또한 다양한 채널의 언급량을 확인하기 위해 커뮤니티, 인스타, 블로그, 뉴스, 트위터 채널을 [ON]으로 적용한다. 이때 다시 트윗하기 기능인 리트윗은 데이터 중복을 제거하기 위하여 '리트윗 제거'를 클릭한다. 마지막으로 [채널 적용]을 선택하여 지정한 채널 조건을 반영한다.

그림 4.33 기간과 SNS 설정

언급량 추이 비교 옆의 [분석데이터] 버튼을 클릭해서 데이터를 받는다.

그림 4.34 분석 데이터 다운로드

다운로드된 데이터를 확인한다.

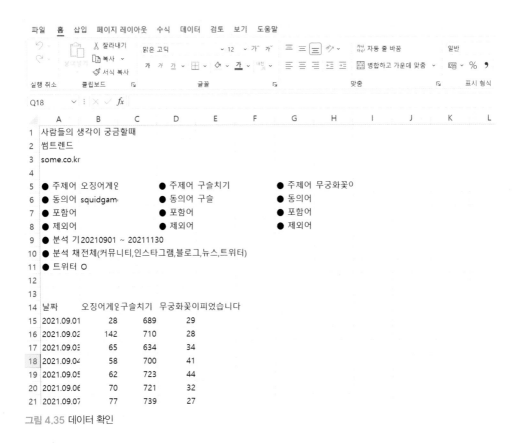

그림 4.35 데이터 확인

이제 불필요한 데이터를 제거할 것이다. '1행'부터 '13행'까지 선택하고 마우스 오른쪽 버튼을 클릭한 다음 [삭제]를 선택한다.

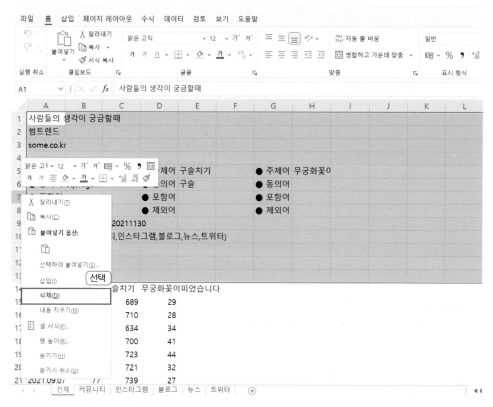

그림 4.36 불필요한 데이터 제거

이어서 다른 연관어 데이터도 가져오기 위해 앞에서 사용한 분석창을 그대로 연다. 그리고 ❶ [비교 단어]에 '달고나게임'을 입력하고, ❷ [동의어]로 '달고나'도 함께 작성한다. ❸ 다른 [비교 단어]로 '줄다리기'를 입력하고, ❹ [분석 결과 보기] 버튼을 클릭해 결과를 조회한다. (비교 단어 분석은 최대 2개까지만 단어 입력이 가능하기 때문에 두 개씩 분석하여 데이터를 가져오고 각 데이터를 하나의 시트로 합쳐야 한다.)

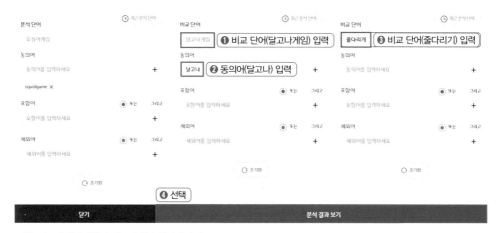

그림 4.37 오징어게임과 달고나게임, 줄다리기 비교

동일한 방법으로 데이터를 가져와서 먼저 가져왔던 '구슬치기', '무궁화꽃이피었습니다' 언급량
데이터와 합친다.

	A	B	C	D	E	F	G
1	날짜	오징어게임	구슬치기	무궁화꽃이	달고나게임	줄다리기	
2	2021.09.01	28	689	29	246	78	
3	2021.09.02	142	710	28	264	84	
4	2021.09.03	65	634	34	219	64	
5	2021.09.04	58	700	41	235	53	
6	2021.09.05	62	723	44	256	47	
7	2021.09.06	70	721	32	263	68	
8	2021.09.07	77	739	27	243	96	
9	2021.09.08	135	790	31	257	52	
10	2021.09.09	73	625	23	241	49	
11	2021.09.10	103	646	36	226	59	
12	2021.09.11	72	623	30	258	58	
13	2021.09.12	92	673	52	390	57	
14	2021.09.13	91	647	39	274	208	
15	2021.09.14	121	581	47	214	78	
16	2021.09.15	648	597	45	216	70	
17	2021.09.16	451	698	47	226	80	
18	2021.09.17	3136	663	66	251	103	
19	2021.09.18	7706	764	151	388	195	

그림 4.38 데이터 합치기

마지막으로 ❶ [비교 단어]에 '트레이닝복'을 입력하고, [동의어]로 ❷ '추리닝'과 ❸ '츄리닝'도 함께 작성한다. ❹ 다른 [비교 단어]로 '데스게임'을 검색하고, ❺ [분석 결과 보기] 버튼을 클릭해 결과를 조회한다.

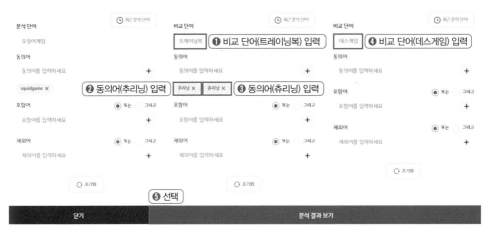

그림 4.39 오징어게임과 트레이닝복, 데스게임 비교

동일한 방법으로 데이터를 가져와서, 먼저 가져왔던 '구슬치기', '무궁화꽃이피었습니다', '달고나게임', '줄다리기' 언급량 데이터와 합친다.

	A	B	C	D	E	F	G	H	I
1	날짜	오징어게임	구슬치기	무궁화꽃이	달고나게임	줄다리기	트레이닝복	데스게임	
2	2021.09.01	28	689	29	246	78	1133	5	
3	2021.09.02	142	710	28	264	84	602	7	
4	2021.09.03	65	634	34	219	64	635	10	
5	2021.09.04	58	700	41	235	53	855	11	
6	2021.09.05	62	723	44	256	47	1179	13	
7	2021.09.06	70	721	32	263	68	595	7	
8	2021.09.07	77	739	27	243	96	662	11	
9	2021.09.08	135	790	31	257	52	657	11	
10	2021.09.09	73	625	23	241	49	740	9	
11	2021.09.10	103	646	36	226	59	753	10	
12	2021.09.11	72	623	30	258	58	665	16	
13	2021.09.12	92	673	52	390	57	723	15	
14	2021.09.13	91	647	39	274	208	810	11	
15	2021.09.14	121	581	47	214	78	696	4	
16	2021.09.15	648	597	45	216	70	655	18	
17	2021.09.16	451	698	47	226	80	662	14	
18	2021.09.17	3136	663	66	251	103	601	26	
19	2021.09.18	7706	764	151	388	195	817	86	

그림 4.40 모든 데이터 합치기

데이터가 준비됐으면 상관 분석을 진행한다. 앞서 설정했던 ❶ 엑셀 상단 메뉴의 [데이터] 버튼을 선택한 후 ❷ [데이터 분석]을 클릭한다.

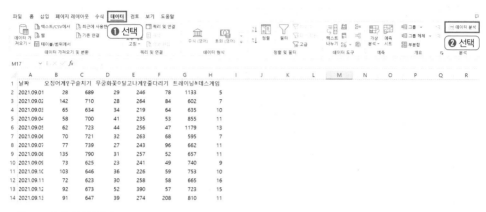

그림 4.41 데이터 분석 클릭

그림 다음과 같이 [통계 데이터 분석] 선택창이 나온다. ❶ [상관 분석(Correlation)]을 선택한 후, ❷ [확인]을 누른다.

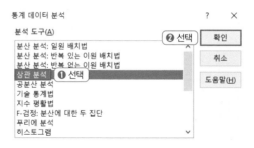

그림 4.42 상관 분석 확인

데이터 범위는 불필요한 날짜 데이터는 제외하고 나머지 전체 데이터의 범위를 지정한다. 따라서 ❶ [입력 범위]에 '$B$1:$H$92'를 드래그한다. ❷ [데이터 방향]은 '열'로 선택하고, 첫째 행부터 데이터를 잡아주었기 때문에 ❸ '첫째 행 이름표 사용' 박스에 체크한다. ❹ [출력 범위]는 빈 셀인 '$K$1'으로 선택하고, ❺ [확인] 버튼을 클릭해 결과를 조회한다.

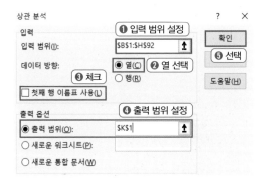

그림 4.43 상관 분석 설정 조건

상관 분석 결과를 확인한다. '오징어게임' 키워드와 유의미한 상관관계가 있는 연관어는 '데스게임', '줄다리기', '무궁화꽃이피었습니다', '구슬치기'라는 결과를 얻을 수 있다. 특히, '데스게임'의 상관계수는 0.861174로 매우 높은 것을 확인할 수 있다. 즉, 상관 분석을 통해 사람들이 최후의 승자가 되기 위해 자신의 생명을 걸고 도전하는 데스게임에 많은 관심을 가진다는 것과 줄다리기, 무궁화꽃이 피었습니다, 구슬치기 등 다양한 게임이 〈오징어 게임〉의 흥행에 영향을 미친 것을 확인했다.

	오징어게임	구슬치기	꽃이피었	달고나게임	줄다리기	트레이닝복	데스게임
오징어게임	1						
구슬치기	0.681028	1					
무궁화꽃이	0.703355	0.512565	1				
달고나게임	0.489745	0.37176	0.733663	1			
줄다리기	0.811161	0.577151	0.460152	0.300547	1		
트레이닝복	0.202046	0.183596	0.358594	0.176263	0.137427	1	
데스게임	0.861174	0.584714	0.385331	0.184777	0.769324	0.090518	1

그림 4.44 상관 분석 결과

앞에서 '오징어게임'과 '데스게임'의 상관계수가 0.861174로 매우 강한 상관관계가 있는 것을 파악했다. 그렇다면 두 변수의 산점도는 어떻게 생겼을까? 엑셀의 분산형 차트를 통해 '오징어게임'과 '데스게임'의 산점도를 그리고, 선형적 관계를 확인해보겠다.

앞선 산점도와 그리는 과정은 동일하다. 먼저 ❶ 2021년 9월 1일부터 2021년 11월 30일까지의 '오징어게임' 검색량인 'B2:B92'를 선택한 상태에서 [Ctrl] 키을 누르고 ❷ 데스게임 검색량인

'H2:H92'를 드래그 한다. 그다음, ❸ 상단 메뉴의 [삽입]을 선택하고 ❹ [분산형 또는 거품형 차트 삽입]에서 ❺ 첫 번째 [분산형 차트]를 클릭한다.

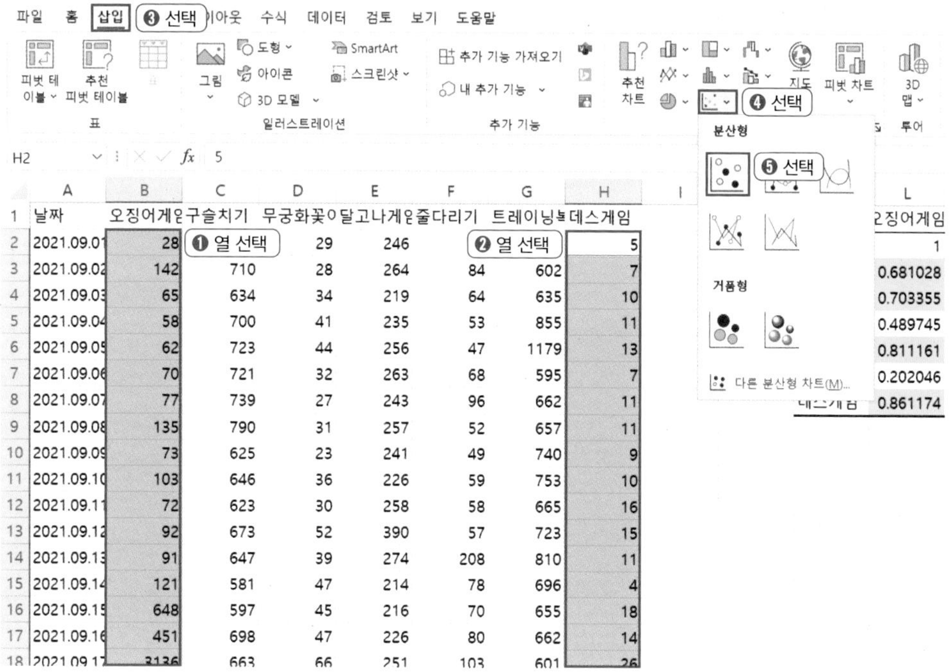

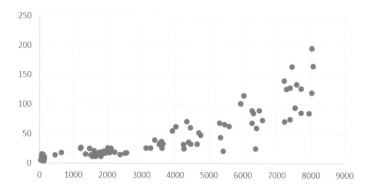

그림 4.45 오징어게임과 데스게임 산점도 설정 과정

그림 4.46 오징어게임과 데스게임의 산점도

산점도 결과를 바탕으로 '오징어게임'과 '데스게임'에는 매우 강한 선형 관계가 존재한다고 해석할 수 있다.

지금까지 상관 분석에 대해 알아봤다. 상관 분석을 통해 두 변수의 선형 관계 정도를 파악할 수 있지만, 이러한 내용을 보다 확정적으로 검증하고 핵심 키워드에 영향을 미치는 이슈를 파악해 보는 것도 필요하다.

그것은 엑셀의 회귀 분석 기능을 활용한 인과관계 분석을 통해 가능하다. 이어서 엑셀 데이터분석 기능을 통해 회귀 분석을 진행한 후, '오징어게임'과 높은 인과관계를 지니는 연관어를 도출해 볼 것이다. 그러려면 먼저 회귀 분석에 대한 이해가 필요하다.

변수 사이의 인과관계를 확인하기 위한 회귀 분석

먼저 회귀분석의 명칭이 정해진 방법과 개념을 살펴본 후, 우리가 관심을 가지는 값의 유의성을 판단하는 방법인 최소제곱법에 대해 알아본다. 그 후, 엑셀 데이터 분석 기능으로 회귀분석을 진행하여 사람들이 OTT 서비스를 선택할 때 콘텐츠를 중요 요인으로 생각하는지에 관한 인과관계를 확인해 볼 것이다.

회귀 분석 이론

독립변수	종속변수
원인변수	결과변수

그림 4.47 독립변수와 종속변수의 관계도

회귀 분석에 대해 자세히 알아보기 전에 회귀 분석에서 사용되는 데이터에 대해 알아보자. 회귀 분석에서는 독립변수와 종속변수를 사용한다. 분석 모델에서는 원인이 되어 다른 변수에 영향을 주는 변수를 **독립변수**라고 정의한다. 또한 다른 변수로부터 영향을 받아 결과가 되는 변수를 **종속변수**라고 부른다. 만약 경력이 연봉에 미치는 경우를 회귀 분석한다고 가정해보자. 이때 다른 변수에 영향을 주는 독립변수는 경력이며, 다른 변수로부터 영향을 받아 결과가 되는 종속변수는 연봉이다.

그렇다면 회귀 분석의 명칭은 어떻게 정해졌을까? **회귀 분석**이라는 용어는 약 80여 년 전 영국의 통계학자 갈톤(F. Galton)이 수행한 연구에서 유래했다. 유전학에 관심이 많았던 갈톤은 340

개의 논문을 작성했고, 그중에는 부모와 자식의 키의 상관관계를 조사한 연구도 포함되어 있다. 갈톤의 논문인 〈유전에 의한 보통사람의 신장으로 회귀〉(RAI, 1985)에서 갈톤은 부모와 자식의 키의 상관 관계를 분석했고, 다음과 같은 재미있는 관계를 찾아냈다. 특이하게도 부모의 키가 매우 클 때 아이들의 키는 일반적으로 평균 키보다는 크지만, 그들의 부모만큼은 크지 않았다. 또한 부모의 키가 매우 작을 때는 아이들의 키는 일반적으로 평균 키보다는 작지만, 그들의 부모만큼은 작지 않았다. 이러한 경향은 사람들의 키가 평균 키로 회귀하려는 경향이 있음을 말하는 것이며, 이러한 연구로부터 회귀 분석이라는 용어가 사용됐다.[5]

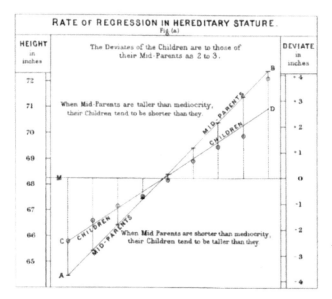 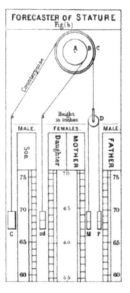

그림 4.48 갈톤의 〈유전에 의한 보통사람의 신장으로 회귀〉 논문 발췌[6]

지금까지 독립변수와 종속변수의 개념과 회귀 분석이라는 명칭의 유래를 살펴봤다. 이제 본격적으로 회귀 분석이 무엇인지 살펴보자. 통계학에서 회귀 분석은 여러 연속형 변수에 대해 두 변수 사이의 모형을 구한 뒤, 가장 적절한 식을 만들어내는 분석 방법이다. 회귀 분석은 시간에 따라 변화하는 데이터나 인과관계와 같은 예측에 이용될 수 있다. 회귀 분석은 독립변수의 수에 따라 2가지 종류로 분류된다. 회귀모형의 형태에 따라 하나의 종속변수에 대해 독립변수가 하나인 경우를 단순 회귀 분석, 하나의 종속변수에 대해 독립변수가 둘 이상인 경우를 다중 회귀 분석이라고 한다. 여기서는 단순 회귀 분석에 대해 자세히 알아볼 것이다.

5   내용 출처: 김세헌 《현대 통계학》(무역경영사, 1997)
6   그림 출처: 해당 논문의 5쪽 참고

단순 회귀 분석은 독립변수 X가 종속변수 Y에 미치는 영향을 분석하는 방법이다. 단순 회귀 분석을 통하여 X와 Y의 식이 탄생하고, 이러한 식을 활용하여 X라는 원인으로 인해 Y가 얼마나 영향을 받는지 설명할 수 있다. 단순 회귀 분석은 다음 공식과 같이 Y= β0(베타 제로)+β1(베타 원)X+ε(입실론)으로 나타낸다. 식이 조금 복잡해 보일 수도 있지만, 여기서 기억해야 할 것은 바로 β0와 β1이다. 이 두 가지 값이 X의 원인으로 작용하여 Y에 어느 정도의 영향을 주는지를 설명해주기 때문이다.

$$Y= β0+β1X+ε$$

그림 4.49 단순 회귀 분석 공식

그렇다면, β0와 β1을 찾는 방법은 무엇일까? 그 해답은 바로 최소제곱법이다. 최소제곱법은 말 그대로 데이터의 최솟값들을 제곱하여 더한 것을 의미한다. 그렇다면 여기서 최소는 어떤 의미일까? 바로 예측한 데이터와 실제 데이터의 차이가 최소임을 의미한다. 이러한 차이를 **잔차**라고 부른다.

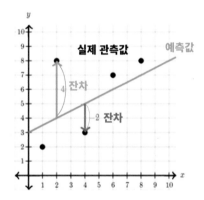

그림 4.50 잔차 이해하기[7]

잔차에 대해 더 자세히 알아보자. 먼저 그림 4.50의 검은 점은 실제 관측값을 의미한다. 우리는 이러한 실제 관측값을 가장 잘 반영할 수 있는 하늘색 직선인 예측값을 찾고자 한다. 이때, 독립 변수에 따라 종속변수의 변화하는 정도가 실제 데이터에서는 완벽한 선형은 아닐 것이다. 각각의 측정치에 따라서 차이가 발생할 수 있으며, 이 차이를 잔차라고 부른다. 즉, 잔차는 실제 관측

---

7 그림 출처: 칸아카데미(https://bit.ly/3AaVANU)

값과 예측값의 차이를 말한다. 그렇다면 앞의 그림에서는 잔차를 어떻게 계산할까? 그림에 보이는 화살표로 표시한 수직 거리가 바로 잔차이다. 직선 그래프 위쪽에 있는 값은 잔차가 양수이고 그래프 아래쪽에 있는 값은 잔차가 음수다. 예를 들어 점 (4,3)의 잔차는 −2이다. 마찬가지로 점 (2,8)의 잔차는 4가 되는 것이다.

잔차의 특징 중 하나는 잔차의 합이 항상 0이 된다는 것이다. 그 이유는 무엇일까? 자료와 평균의 차이를 구해서 더하면 평균의 정의로 인해 그 합이 반드시 0이 되기 때문이다. 따라서 잔차를 제곱하여 0보다 큰 수로 만든 후, 이 값을 누적한 합으로 사용한다. 위 그림을 보면 각각의 X값에 대하여 실제 관측값은 검은색 점을, 예측값은 하늘색 직선을 나타낸다. 각각의 실제 관측값과 예측값의 차이는 다음 그림에서 세로 실선으로 나타낸 잔차다.

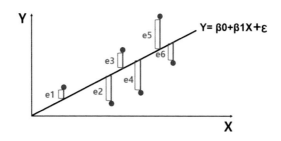

그림 4.51 잔차 계산 후 최소제곱법 구하기

이제 잔차에 대해 완벽히 이해했을 것이다. 그럼 이러한 잔차는 클수록 좋을까, 아니면 작을수록 좋을까? 잔차는 예측한 데이터와 실제 데이터의 차이이기 때문에 작을수록 좋다. 동일한 원리로 잔차의 값을 제곱하여 모두 더한 값 역시 당연히 작을수록 좋다. 이때 그냥 작기만 한 것이 아닌 '최소'가 되는 값이 최고의 조건이라고 말할 수 있다. 최소제곱법은 이러한 잔차의 값들을 모두 '제곱'하여 더했을 때 가장 작은 '최소'의 값이 되는 $\beta0$와 $\beta1$의 값을 계산하는 방법 중 하나다.

위 그래프로 쉽게 최소제곱법을 이해해보자. 총 6개의 데이터와 $Y=\beta0+\beta1+\varepsilon$인 단순 회귀식이 있다. 이때 $Y=\beta0+\beta1X+\varepsilon$인 단순 회귀식은 무한 가지가 나올 수 있다. 하지만 제일 유용한 단순 회귀식은 바로 잔차의 제곱의 합이 최소가 되는 식이다. 위 그림을 보면 데이터에서 직선까지 떨어진 거리를 계산한 잔차인 e1~e6이 있다. 이렇게 구한 각각의 잔차를 제곱하여 더한 값이 최소가 되는 값을 구하는 과정이 바로 최소제곱법이다. 즉, 그림 4.51에서의 잔차를 제곱하여 더한 값인 e12+…+e62의 값이 가장 작게 나오는 직선을 찾는 과정인 것이다. 정리하자면, 최소제곱법은 β_0 및 β_1과 가장 유사한 값을 구하는 방법으로, 구하려는 해와 실제 해의 오차의 제곱의 합이 최소가 되는 해를 구하는 방법이다. 우리는 이렇게 추정한 β_0와 β_1에 모자를 씌운다. 예를 들면, β_0와 가장 유사한 값은 $\hat{\beta}_0$으로 표시하고 '베타제로햇'이라고 읽으며, β_1과 가장 유사한 값은 $\hat{\beta}_1$으로 표시하고 '베타원햇'이라고 읽는다.

위와 같은 방식으로 베타제로와 베타원을 구했다고 하자. 다만 이 값은 정확한 해가 아니라 '가장 유사한 방법'으로 구하는 것이라고 했으므로 그것이 정말 확실한 값인지 확정하기는 어렵다. 이때 이것이 정말 맞는 값인지를 판단하기 위한 유의성 검증이 필요하다. 그렇다면 유의성은 어떻게 판단할까? 여기서는 독립변수 X에 직접적인 영향을 주는 β1에 관심을 가지고 유의한 정도를 파악해 볼 것이다.

회귀계수 β1의 유의성은 어떻게 판단할까? 바로 회귀계수의 P-value를 이용한다. P-value는 귀무가설이 옳다고 가정했을 때 통계치가 관측될 확률이다. 여기서 귀무가설이란 무엇일까? 먼저, 귀무가설과 귀무가설의 반대의 개념인 대립가설을 함께 살펴보자. **귀무가설**은 기존의 사실과 차이가 없이 같은 것을 말하며, **대립가설**은 귀무가설과 반대임을 의미한다. '오징어게임'의 연관어 중 가장 상관관계가 높게 측정된 '데스게임'과 '오징어게임'으로 귀무가설과 대립가설을 알아보자. 이 사례에서 귀무가설은 데스게임 콘셉트와 〈오징어 게임〉은 관계가 없다는 것이며, 대립가설은 데스게임 콘셉트가 〈오징어 게임〉에 유의미한 영향을 미친다는 것이다.

> P-value 〈 0.05: 독립변수는 종속변수에 유의미한 영향을 미친다.
> P-value ≥ 0.05: 독립변수와 종속변수는 관계가 없다.

그림 4.52 P-value 해석 방법

그렇다면 P-value를 이해해보자. 앞에서도 살펴봤듯이, P-value는 귀무가설이 옳다고 가정했을 때 통계치가 관측될 확률이다. 또한 앞서 배운 개념을 적용하면 귀무가설과 대립가설 중 하나를 선택하기 위한 확률로 이해할 수도 있다. '데스게임'과 '오징어게임'의 예시로 P-value를 쉽게 이해해보자. 그 전에 대다수의 분석에서는 0.05의 확률을 기준으로 유의성을 판단한다는 사실을 기억해야 한다. '데스게임 콘셉트와 〈오징어 게임〉이 관계가 없다'는 확률이 0.05보다 작다고 가정해보겠다. 그렇다면 데스게임 콘셉트와 〈오징어 게임〉이 관계가 없을 확률이 0.05로 매우 낮기 때문에 관계가 없을 가능성이 거의 없고, 데스게임 콘셉트가 〈오징어 게임〉에 유의미한 영향을 미칠 수 있다고 해석할 수 있다. 이를 일반화하면 다음과 같은 결론을 얻을 수 있다. 일반적으로 P-value가 0.05 미만일 때 독립변수는 종속변수에 유의미한 영향을 미친다고 해석하며, 반대의 경우에는 독립변수와 종속변수는 관계가 없다고 말한다.

간단하게 회귀 분석 맛보기

앞서 살펴본 상관 분석 결과를 통해 '오징어게임'과 유의미한 상관관계가 있는 감성어로 '데스게임', '줄다리기', '무궁화꽃이피었습니다', '구슬치기'를 도출했다. 이제 해당 연관어들을 바탕으로 회귀 분석을 진행하여 결정계수를 확인하고 '오징어게임'과 인과관계가 있는 연관어를 선별해 볼 것이다.

엑셀 화면 하단의 [+] 모양을 클릭하여 새 시트를 추가한다.

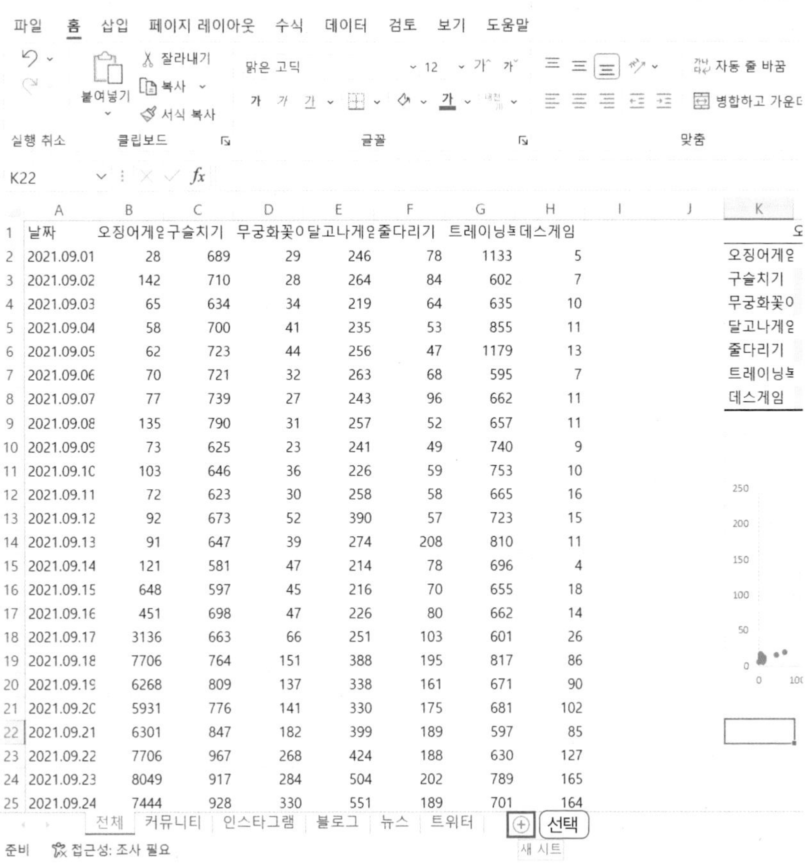

그림 4.53 새 시트 선택

새 시트에 '오징어게임'과 유의미한 상관관계가 있는 '데스게임, 줄다리기, 무궁화꽃이피었습니다, 구슬치기' 데이터를 가져올 것이다. 먼저 '오징어게임' 데이터를 가져오자. 전체 시트에서 'B열'을 선택해 복사한([Ctrl]+[C]) 다음 새로 생성한 Sheet1의 'A열'을 선택하고 복사한 데이터를 붙여 넣는다([Ctrl]+[V]). 같은 방법으로 '데스게임'(H열), '줄다리기'(F열), '무궁화꽃이피었습니다'(D열), '구슬치기'(C열) 데이터도 전체 시트에서 복사해서 가져온다.

	A	B	C	D	E	F	G
1	오징어게임	데스게임	줄다리기	무궁화꽃이	구슬치기		
2	28	5	78	29	689		
3	142	7	84	28	710		
4	65	10	64	34	634		
5	58	11	53	41	700		
6	62	13	47	44	723		
7	70	7	68	32	721		
8	77	11	96	27	739		
9	135	11	52	31	790		
10	73	9	49	23	625		
11	103	10	59	36	646		
12	72	16	58	30	623		
13	92	15	57	52	673		
14	91	11	208	39	647		
15	121	4	78	47	581		
16	648	18	70	45	597		
17	451	14	80	47	698		
18	3136	26	103	66	663		
19	7706	86	195	151	764		

그림 4.54 유의미한 데이터 가져오기

회귀 분석을 위해 ❶ [데이터] 창의 ❷ [데이터 분석]을 클릭한다.

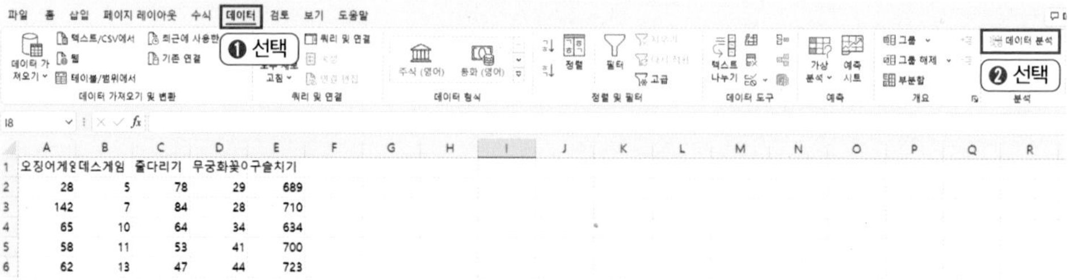

그림 4.55 데이터 분석 클릭

그러면 다음과 같이 [통계 데이터 분석] 창이 나온다. 여기서 ❶ [회귀 분석(Regression)]을 선택한 후, ❷ [확인]을 누른다.

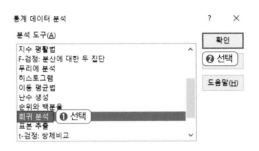

그림 4.56 회귀 분석 확인

'데스게임'부터 회귀 분석을 진행한다. ❶ [Y축 입력 범위]에는 '오징어게임'의 검색량 데이터 범위인 '$A$1:$A$92'를 드래그하고, ❷ [X축 입력 범위]에는 '데스게임' 검색량 데이터 범위인 '$B$1:$B$92'를 입력한다. ❸ 첫째 행부터 데이터를 잡아주었기 때문에 '이름표' 박스에 체크한 후, ❹ [출력 범위]를 빈 셀인 '$G$1'로 설정하고 ❺ [확인]을 누른다.

그림 4.57 회귀 분석 설정 조건

회귀 분석의 P-value를 살펴보기 전에 결정계수를 먼저 살펴보자. **결정계수**는 회귀 모델에서 독립변수가 종속변수를 얼마만큼 설명하는지를 가리키는 지표다. 설명력이라고 부르기도 하며, 결정계수가 높을수록 독립변수가 종속변수를 많이 설명한다는 것을 뜻한다.

회귀분석 통계량	
다중 상관계수	0.861174
결정계수	0.741621
조정된 결정계수	0.738717
표준 오차	1315.49
관측수	91

그림 4.58 오징어게임과 데스게임 결정계수

그렇다면 위의 회귀 모델에서 데스게임 콘셉트의 언급량은 〈오징어 게임〉 언급량을 얼만큼 설명해줄까? 회귀 분석 통계량 표를 통해 결정계수가 0.741621로 나타나는 것을 확인할 수 있다. 즉, '데스게임' 콘셉트의 언급량이 '오징어게임' 언급량을 설명할 수 있는 부분이 74% 정도인 것을 알 수 있다.

이번에는 데스게임 콘셉트가 〈오징어 게임〉 흥행에 영향을 주었는지 알아볼 것이다. P-value 값으로 분석한 데이터를 검증하기 위해 '데스게임'(독립변수)에 대한 P-value 값 셀인 'K18'을 선택한 후, 마우스 오른쪽 버튼을 클릭해서 [셀 서식]을 클릭한다. 그다음, ❶ [셀 서식] 창에서 범주로 [숫자]를 선택하고 ❷ [소수 자릿수] '10'을 입력한 다음 ❸ [확인]을 클릭한다.

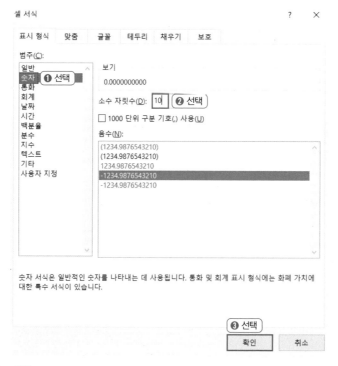

그림 4.59 P-value 설정

K18		∨	:	×	✓	fx	6.83536359761252E-28				

	B	C	D	E	F	G	H	I	J	K	
10	9	49	23	625		분산 분석					
11	10	59	36	646			자유도	제곱합	제곱 평균	F 비	
12	16	58	30	623		회귀	1	4.42E+08	4.42E+08	255.4547237	
13	15	57	52	673		잔차	89	1.54E+08	1730514		
14	11	208	39	647		계	90	5.96E+08			
15	4	78	47	581							
16	18	70	45	597			계수	표준 오차	t 통계량	P-값	ㅎ
17	14	80	47	698		Y 절편	1133.333	202.9975	5.582991	2.53109E-07	ㅣ
18	26	103	66	663		데스게임	52.25897	3.26967	15.98295	0.0000000000	
19	86	195	151	764							

그림 4.60 오징어게임과 데스게임의 P-value

P-value가 0에 가까운 값으로, 0.05보다 작은 것을 확인할 수 있다. 즉, 데스게임 콘셉트가 〈오징어 게임〉에 유의미한 영향을 미친다고 해석할 수 있다.

그렇다면 다른 연관어인 '줄다리기', '무궁화꽃이피었습니다', '구슬치기'도 같은 과정을 통해 회귀 분석을 해보자. 이때, 회귀 분석 설정 조건에서 X축 입력 범위를 해당 키워드에 알맞게 설정하고, 출력 범위를 적절한 빈칸으로 수정하면 된다.

회귀분석 통계량	
다중 상관계수	0.81116
결정계수	0.65798
조정된 결정계수	0.65414
표준 오차	1513.5
관측수	91

그림 4.61 오징어게임과 줄다리기 결정계수

'오징어게임'과 '줄다리기'의 회귀 분석 결과를 살펴보자. 회귀 분석 통계량 표를 통해 결정계수가 0.65798로 나타나는 것을 확인할 수 있다. 즉, '줄다리기' 언급량이 '오징어게임' 언급량을 설명할 수 있는 부분이 65% 정도인 것을 알 수 있다.

K38 *fx* 1.90389457621115E-22

	A	B	C	D	E	F	G	H	I	J	K
22	6301	85	189	182	847						
23	7706	127	188	268	967		회귀분석 통계량				
24	8049	165	202	284	917		다중 상관계수	0.811161			
25	7444	164	189	330	928		결정계수	0.657982			
26	8010	195	187	347	844		조정된 결정계수	0.654139			
27	7384	129	210	396	837		표준 오차	1513.502			
28	7930	85	197	394	885		관측수	91			
29	7577	134	238	511	843						
30	6022	115	159	388	851		분산 분석				
31	7273	126	220	481	989			자유도	제곱합	제곱 평균	F 비
32	8009	120	174	401	892		회귀	1	3.92E+08	3.92E+08	171.2203161
33	6473	90	151	396	819		잔차	89	2.04E+08	2290689	
34	7209	141	136	418	724		계	90	5.96E+08		
35	7526	95	185	497	870						
36	7229	71	211	492	986			계수	표준 오차	t 통계량	P-값
37	6255	69	154	456	881		Y 절편	-2134.36	459.9165	-4.64075	1.18886E-05
38	7386	75	168	553	851		줄다리기	46.26276	3.535524	13.08512	0.0000000000

그림 4.62 오징어게임과 줄다리기의 P-value

P-value의 값은 어떻게 도출됐을까? P-value가 0에 가까운 값으로, 0.05보다 작은 것을 확인할 수 있다. 즉, 줄다리기 게임이 〈오징어 게임〉에 유의미한 영향을 미친다고 해석할 수 있다.

회귀분석 통계량	
다중 상관계수	0.703355
결정계수	0.494708
조정된 결정계수	0.48903
표준 오차	1839.628
관측수	91

그림 4.63 오징어게임과 무궁화꽃이피었습니다 결정계수

이번에는 '오징어게임'과 '무궁화꽃이피었습니다'의 회귀 분석 결과를 살펴보자. 회귀 분석 통계량 표를 통해 결정계수가 0.494708로 나타나는 것을 확인할 수 있다. 즉, '무궁화꽃이피었습니다' 언급량이 '오징어게임' 언급량을 설명할 수 있는 부분이 49% 정도인 것을 알 수 있다.

K58 ∨ : × √ fx 7.61640760403714E-15

	A	B	C	D	E	F	G	H	I	J	K	
40	5315	69	117	526	713							
41	6571	73	152	516	783		요약 출력					
42	5341	44	114	494	833							
43	5587	63	181	473	753		회귀분석 통계량					
44	5465	66	173	478	696		다중 상관계수	0.703355				
45	4695	52	169	451	711		결정계수	0.494708				
46	4642	33	140	398	762		조정된 결정계수	0.48903				
47	4395	36	142	397	741		표준 오차	1839.628				
48	4751	48	122	440	735		관측수	91				
49	4436	61	152	394	759							
50	3913	55	91	417	708		분산 분석					
51	4334	71	102	284	663			자유도	제곱합	제곱 평균	F 비	
52	4020	62	112	360	753		회귀	1	2.95E+08	2.95E+08	87.13569268	
53	3386	39	131	305	677		잔차	89	3.01E+08	3384231		
54	3526	32	112	421	864		계	90	5.96E+08			
55	3597	26	89	445	813							
56	3632	33	112	405	847			계수	표준 오차	t 통계량	P-값	
57	3263	26	123	470	816		Y 절편	621.8468	364.9687	1.703836	0.091901035	
58	4452	33	110	488	891		무궁화꽃이피었습	10.03588	1.075121	9.33465	0.0000000000	

그림 4.64 오징어게임과 무궁화꽃이피었습니다의 P-value

P-value의 값은 어떻게 도출되었을까? P-value가 0에 가까운 값으로, 0.05보다 작은 것을 확인할 수 있다. 즉, 무궁화꽃이 피었습니다 게임이 〈오징어 게임〉에 유의미한 영향을 미친다고 해석할 수 있다.

회귀분석 통계량	
다중 상관계수	0.681028
결정계수	0.4638
조정된 결정계수	0.457775
표준 오차	1895.056
관측수	91

그림 4.65 오징어게임과 구슬치기 결정계수

마지막으로 '오징어게임'과 '구슬치기'의 회귀 분석 인사이트다. 회귀 분석 통계량 표를 통해 결정계수가 0.4638로 나타나는 것을 확인할 수 있다. 즉, '구슬치기' 언급량이 '오징어게임' 언급량을 설명할 수 있는 부분이 46% 정도인 것을 알 수 있다.

| K78 | ⌄ : × ✓ *fx* | 1.10294412523807E-13 | | | | | | | | |

	A	B	C	D	E	F	G	H	I	J	K
61	5413	21	98	704	718		요약 출력				
62	6365	25	103	851	822						
63	4248	32	112	511	842		회귀분석 통계량				
64	3551	35	109	397	820		다중 상관계수	0.681028			
65	2557	18	116	309	812		결정계수	0.4638			
66	2513	17	111	300	676		조정된 결정계수	0.457775			
67	2364	15	103	324	708		표준 오차	1895.056			
68	1923	17	76	311	662		관측수	91			
69	2209	19	107	325	744						
70	2093	25	113	258	744		분산 분석				
71	2065	18	136	280	686			자유도	제곱합	제곱 평균	F 비
72	2099	25	110	198	687		회귀	1	2.76E+08	2.76E+08	76.98278405
73	2089	21	101	186	629		잔차	89	3.2E+08	3591239	
74	1606	21	121	172	757		계	90	5.96E+08		
75	1634	16	95	200	844						
76	1917	19	92	217	720			계수	표준 오차	t 통계량	P-값
77	1986	21	84	182	713		Y 절편	-11184.1	1686.955	-6.62973	2.5144E-09
78	2008	26	84	162	761		구슬치기	19.27303	2.196611	8.773983	0.0000000000

그림 4.66 오징어게임과 구슬치기의 P-value

P-value의 값은 어떻게 도출되었을까? P-value가 0에 가까운 값으로, 0.05보다 작은 것을 확인할 수 있다. 즉, 구슬치기 게임이 〈오징어 게임〉에 유의미한 영향을 미친다고 해석할 수 있다.

지금까지 〈오징어 게임〉의 연관어인 '데스게임', '줄다리기', '무궁화꽃이피었습니다', '구슬치기'의 단순 회귀 분석을 통해 유의미한 결과를 도출해봤다. 그 결과, 최후의 승자가 되기 위해 목숨을 걸고 게임에 도전하는 데스게임 콘셉트와 〈오징어 게임〉에 등장하는 많은 게임은 〈오징어 게임〉의 흥행에 긍정적인 영향을 미쳤다는 사실을 파악할 수 있었다.

표 4.3 논문_넷플릭스의 특성이 이용자 만족에 미치는 직접효과

가설경로	채택여부
다양성 → 이용만족	O
요금제 → 이용만족	X
추천 → 이용만족	O
N-스크린 → 이용만족	X
몰아보기 → 이용만족	O
서비스 → 이용만족	O

이번에는 다른 데이터를 활용하여 회귀 분석을 진행해보겠다. 3장의 소셜 분석 파트에서 OTT 플랫폼을 선택할 때 고려하는 요인을 살펴봤다. 이때, 디지털 미디어랩인 메조미디어의 설문조사 결과로 사람들은 OTT 서비스를 선택할 때 '오리지널 콘텐츠'에 많은 비중을 둔다는 사실을 파악했다. 또한, 관련 논문을 바탕으로 '콘텐츠의 다양성'은 이용자의 만족도에 영향을 미치는 것을 알 수 있었다. 그렇다면 데이터 분석으로도 같은 결과가 나올까? 회귀 분석을 바탕으로 콘텐츠가 OTT에 영향을 미치는지 알아보자.

소셜 데이터 가져오기

본격적인 회귀 분석에 들어가기 앞서, 소셜 데이터를 가져오는 과정을 거쳐야 한다. OTT에 대한 사람들의 관심이 높아지면 콘텐츠 검색량도 함께 증가하는지를 알아보기 위한 소셜 데이터를 수집하고 정제해보자. 특정 키워드의 검색량에 대한 데이터를 제공하는 네이버 트렌드(https:// datalab. naver.com/)를 통해 데이터를 수집하려 한다. 주소창에 해당 링크를 입력하고 사이트에 접속한 다음, 상단의 [검색어트렌드]를 클릭해 데이터를 볼 수 있는 페이지로 이동해보자.

회귀 분석을 위한 데이터 준비하기

그림 4.67 검색어트렌드 클릭

과연 콘텐츠가 OTT에 유의미한 영향을 미칠까? 여기서는 OTT에 대한 사람들의 관심이 높아지면 콘텐츠 검색량도 함께 증가하는지 실습을 통해 알아볼 것이다. 따라서 ❶ [주제어1]에 'OTT'

를 입력하고, ❷ 동의어로 'OTT서비스'와 'OTT플랫폼'을 함께 입력한다. ❸ 이어서 [주제어2]에
는 '콘텐츠'를 입력하고, ❹ 동의어인 '컨텐츠'도 함께 작성한다. 국립국어원에 따르면 콘텐츠가
올바른 표현이지만, 대부분의 사람들이 컨텐츠를 혼용하여 사용하기 때문이다.

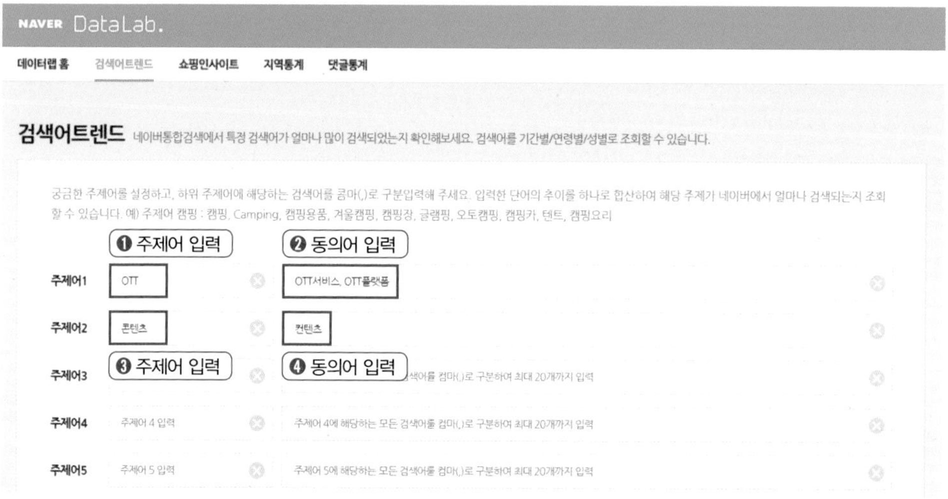

그림 4.68 검색어 입력

화면 아래로 스크롤을 내려 기간을 선택한다. 3장에서 OTT와 영화관을 비교하는 네이버 트렌
드 검색을 통해 2020년부터 본격적으로 OTT 검색량이 증가한 것을 확인했다. 따라서 OTT 시
장이 본격적으로 활성화된 시점인 2020년부터 2년 동안의 트렌드를 확인해보겠다. ❶ [기간]의
경우 [직접입력]을 눌러 ❷ '2020년 1월 1일부터 2021년 12월 31일'로 기간을 맞추고, ❸ 오른쪽
상단의 [일간]을 선택한다. ❹ 그리고 [범위]를 '전체', ❺ [성별]을 '전체', ❻ [연령선택]을 '전체'로
지정한 후 ❼ 하단의 [네이버 검색 데이터 조회]를 클릭하여 결과를 확인한다.

기간 전체 1개월 3개 **❶ 선택** 직접입력 일간 ∨ **❸ 체크**

2020 ∨ 01 ∨ 01 ∨ 2021 ∨ 12 ∨ 31 ∨ **❷ 선택**

* 2016년 1월 이후 조회할 수 있습니다.

범위 ☑ 전체 **❹ 체크** ☑ PC

성별 ☑ 전체 **❺ 체크** ☑ 남성

연령선택 ☑ 전체 **❻ 체크**
☑ ~12 ☑ 13~18 ☑ 19~24 ☑ 25~29 ☑ 30~34 ☑ 35~39 ☑ 40~44 ☑ 45~49 ☑ 50~54 ☑ 55~60 ☑ 60~

[📈 네이버 검색 데이터 조회] **❼ 선택**

그림 4.69 검색 조건 설정

날짜별 검색 비율을 눈으로 먼저 확인한 후 오른쪽 하단의 [다운로드]를 클릭한다.

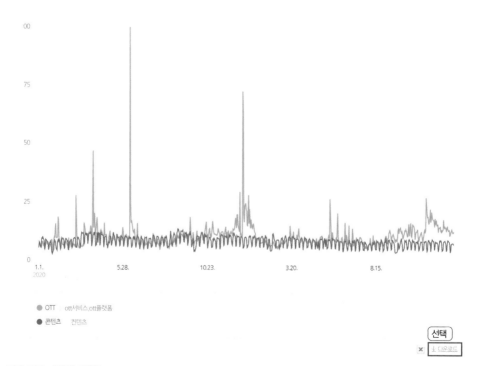

● OTT   ott서비스,ott플랫폼
● 콘텐츠   컨텐츠

[선택]
✕ ⬇ 다운로드

그림 4.70 데이터 다운로드

다운로드된 데이터를 확인해보자.

그림 4.71 데이터 확인

여기서 불필요한 행 데이터를 제거할 것이다. ❶ 'A1'부터 'D6'까지의 셀을 선택하고, ❷ 상단의 [홈] 메뉴에서 ❸ [삭제]를 눌러 ❹ [시트 행 삭제]를 선택한다.

그림 4.72 불필요한 행 제거

불필요한 행이 삭제되면 그림과 같이 정리할 수 있다. 이때 A열과 C열의 날짜 필드가 동일한 값을 가지고 있기 때문에 하나의 날짜 데이터 'C열'을 제거해 줄 것이다. ❶ 'C열'을 전체 선택하고, ❷ 상단의 [홈] 메뉴에서 ❸ [삭제]를 눌러 ❹ [시트 열 삭제]를 선택한다.

그림 4.73 불필요한 열 제거

현재 데이터의 숫자 윗부분에 노란색 역삼각형인 ⚠이 보이는 것을 확인할 수 있다. 이것은 데이터가 숫자 형식이 아니기 때문에 나타나는 현상이다. 이 문제를 해결하기 위해 숫자로 되어 있는 열인 'B2:C732'를 모두 드래그해서 (또는 [Ctrl]+[Shift]+[A]+[↓]) ❶ 왼쪽의 노란색 역삼각형인 [⚠ 오류추적] 옵션을 클릭해 ❷ [숫자로 변환]을 누른다. 이제 회귀 분석을 할 데이터는 준비가 완료됐다.

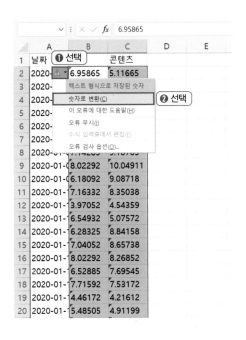

그림 4.74 숫자로 변환

엑셀 데이터 분석

앞선 과정을 통해 소셜 데이터인 'OTT'와 '콘텐츠'의 검색량 데이터를 수집, 정제했다. 이제 엑셀 데이터 분석 기능을 활용하여 본격적인 회귀 분석을 진행할 차례다. 회귀 분석을 진행하기 전, 상관 분석을 통해 두 변수 간의 상관관계를 파악한다. 그 후, 'OTT'와 '콘텐츠'는 인과관계가 존재하는지를 확인하기 위하여 회귀분석을 진행할 것이다. 더 나아가 실제 OTT 플랫폼과 콘텐츠를 활용하여 지금까지 활용한 상관 분석과 회귀 분석의 과정을 복습한다.

'OTT'와 '콘텐츠'의 상관 분석

회귀 분석을 진행하기 전에 4.1절에서 살펴본 상관 분석을 먼저 시행해보겠다. 회귀 분석 전에 미리 상관 분석을 진행함으로써 변수 간의 관계에 대한 사전 정보를 얻을 수 있다. 또한 여러 독

립변수가 있는 경우에 최적의 변수를 선택할 수 있다는 이점을 가진다. 먼저, 'OTT'와 '콘텐츠'
언급량의 관계를 그래프로 그려보자. 빈 셀인 E1셀에 '1. 산점도 작성'을 입력한다.

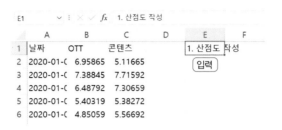

그림 4.75 산점도 작성

산점도 작성을 위해 ❶ 'OTT'와 '콘텐츠'의 범위인 'B2:C732'를 드래그하고, ❷ 상단 메뉴의 [삽
입]을 클릭한다. 그다음, ❸ [분산형 또는 거품형 차트 삽입]에서 ❹ 첫 번째 [분산형 차트]를 클릭
한다.

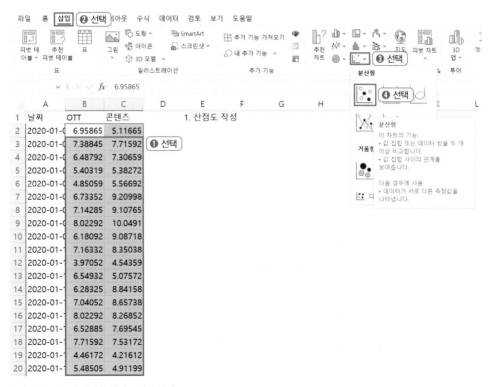

그림 4.76 OTT와 콘텐츠 산점도 설정 과정

이때 산점도는 내가 원하는 위치인 E2가 아닌 곳에 있을 것이다. 따라서 도출된 산점도를 클릭하고 드래그하여 표가 E2셀부터 시작하게 맞춘다. 이는 순서에 맞춰 해당 과정을 더 편하게 보기 위함이다.

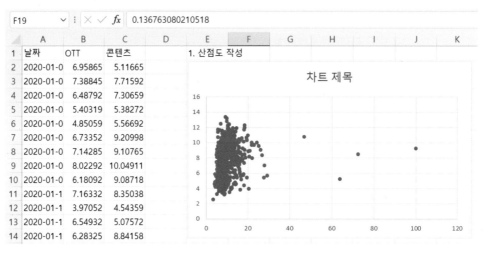

그림 4.77 OTT와 콘텐츠 산점도

산점도가 1차 방정식을 따르는 선형그래프가 아닌 것을 확인할 수 있다. 산점도 결과를 바탕으로 'OTT'와 '콘텐츠'에는 매우 약한 선형 관계가 존재한다고 해석할 수 있다. 그렇다면 상관 분석을 통해 상관계수가 얼마인지 계산해보겠다. 빈 셀인 E16을 클릭하고, '2. 상관 분석'을 입력한다.

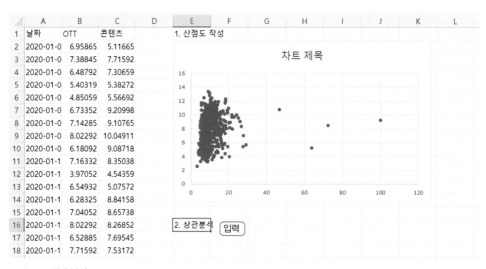

그림 4.78 상관 분석

상관 분석을 위해서는 데이터 분석 기능이 필요하다. ❶ 상단 메뉴의 [데이터]에서 ❷ [데이터 분석]을 클릭한다.

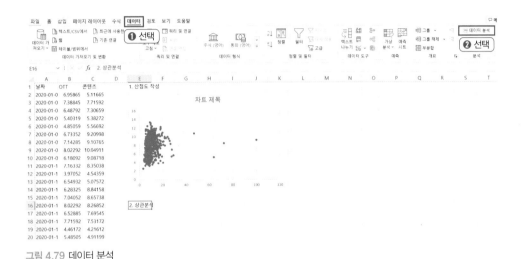

그림 4.79 데이터 분석

통계 데이터 분석 창에서 ❶ [상관 분석]을 선택하고 ❷ [확인]을 클릭한다.

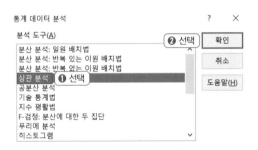

그림 4.80 상관 분석 확인

데이터 범위는 불필요한 날짜 데이터는 제외하고 나머지 전체 데이터의 범위를 지정한다. 따라서 ❶ [입력 범위]에 'OTT'와 '콘텐츠' 검색량 전체인 '$B$1:$C$732'를 드래그한다. ❷ [데이터 방향]은 '열'로 선택하고, 첫째 행부터 데이터를 잡아주었기 때문에 ❸ '첫째 행 이름표 사용' 박스에 체크한다. ❹ [출력 범위]를 빈 셀인 '$E$17'로 선택하고, ❺ [확인] 버튼을 클릭해 결과를 조회한다.

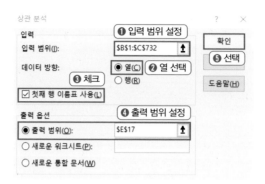

그림 4.81 상관 분석 설정 조건

상관 분석 결과를 확인한다. 'OTT'와 '콘텐츠'의 상관계수는 0.136763으로 매우 약한 상관관계가 있는 것을 파악할 수 있다. 즉, 'OTT'와 '콘텐츠' 간에는 선형적 관계가 존재하지 않는다고 해석할 수 있다. 그러나 이것이 두 변수 사이에 아무런 관계가 없다는 의미는 아니다. 상관계수는 두 변수의 선형적인 관계를 설명하는 통계량이기 때문이다.

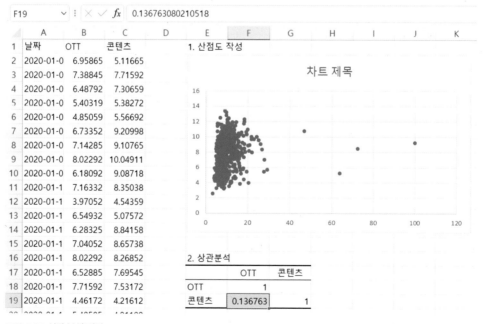

그림 4.82 상관 분석 결과

'OTT'와 '콘텐츠'의 회귀 분석

그렇다면 'OTT'와 '콘텐츠'는 인과관계가 존재할까? 여기서는 OTT에 대한 사람들의 관심이 높아지면 '콘텐츠' 검색량도 함께 증가하는지 확인해 볼 것이다. 이를 위해서는 회귀 분석을 해야 한다. 빈 셀인 E21을 클릭하고, '3. 회귀 분석'을 입력한다.

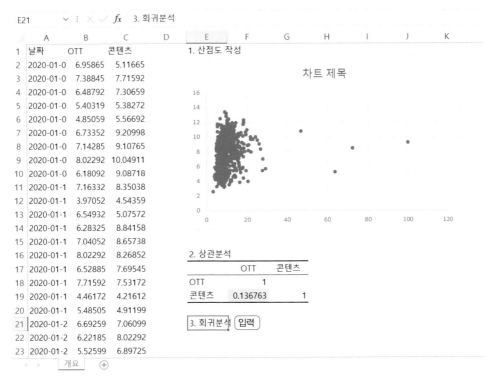

그림 4.83 회귀 분석

회귀 분석을 위해서는 데이터 분석 기능이 필요하다. ❶ 상단 메뉴의 [데이터]에서 ❷ [데이터 분석]을 클릭한다. 그다음, 통계 데이터 분석 창에서 ❸ [회귀 분석]을 선택하고 ❹ [확인]을 누른다.

그림 4.84 회귀 분석 확인

[Y축 입력 범위]에는 'OTT' 검색량 전체 범위인 '$B$1:$B$732'를 드래그하고, ❷ [X축 입력 범위]에는 '콘텐츠' 검색량 데이터 범위인 '$C$1:$C$732'를 입력한다. ❸ 첫째 행부터 데이터를 잡아주었기 때문에 '이름표' 박스 체크 후, ❹ [출력 범위]를 빈 셀인 '$E$22'로 설정하고 ❺ [확인]을 누른다.

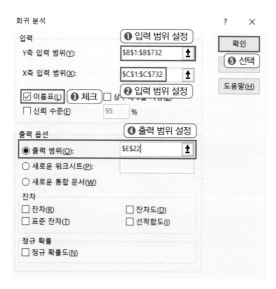

그림 4.85 회귀 분석 설정 조건

회귀분석 통계량	
다중 상관계수	0.136763
결정계수	0.018704
조정된 결정계수	0.017358
표준 오차	5.958788
관측수	731

그림 4.86 OTT와 콘텐츠 결정계수

회귀 분석의 P-value를 살펴보기 전에 결정계수를 먼저 살펴보자. 여기서 도출한 회귀 모델에서 '콘텐츠' 언급량은 'OTT' 언급량을 얼만큼 설명해줄까? 회귀 분석 통계량 표를 통해 결정계수가 0.018704로 나타나는 것을 확인할 수 있다. 즉, '콘텐츠' 언급량의 변화량이 'OTT' 언급량의 변화를 설명할 수 있는 부분이 2% 정도인 것을 알 수 있다.

이번에는 콘텐츠가 OTT 흥행에 영향을 주었는지 알아볼 것이다. P-value 값으로 분석한 데이터를 검증하기 위해 '콘텐츠'(독립변수)에 대한 P-value 값 셀인 'I39' 셀을 선택한 후, 마우스 오른쪽 버튼을 클릭해서 [셀 서식]을 클릭한다. 그다음, ❶ 셀 서식 창에서 [범주]로 [숫자]를 선택하고 ❷ [소수 자릿수]는 '10'을 입력한 다음 ❸ [확인]을 클릭한다.

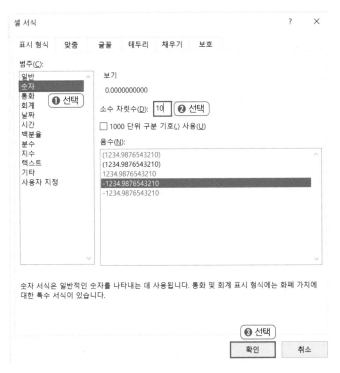

그림 4.87 P-value 설정

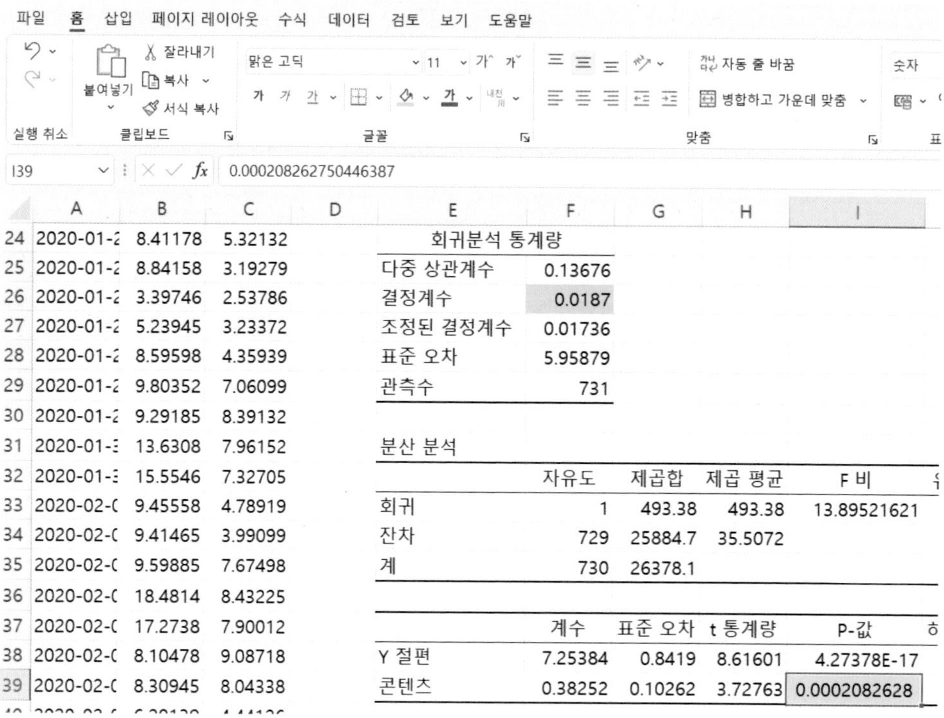

그림 4.88 OTT와 콘텐츠의 P-value

P-value가 0.000208에 가까운 값으로, 0.05보다 작다. 즉, 콘텐츠는 OTT에 유의미한 영향을 미친다고 해석할 수 있다.

지금까지 엑셀 데이터 분석을 통해 3장에서 살펴본 소셜 데이터 분석의 내용을 확인했다. 그 결과, 콘텐츠는 OTT에 영향을 미친다는 사실을 확인할 수 있었다. 다만 위 회귀 분석의 경우, 결정계수 값이 0.018704로 낮아 결과 해석에 아쉬운 면이 있다. 따라서 'OTT'와 '콘텐츠'를 조금 더 세부적인 키워드인 '넷플릭스'와 '오징어게임'/'마이네임'으로 설정하여 지금까지의 과정을 반복할 것이다. 세계적으로 사랑받고 있는 OTT 플랫폼인 넷플릭스와 3장의 소셜 데이터 분석에서 자세히 알아봤던 넷플릭스 콘텐츠인 〈오징어 게임〉과 〈마이 네임〉을 분석 대상으로 설정했다.

'넷플릭스'와 '오징어게임'의 상관/회귀 분석

먼저 〈오징어 게임〉 콘텐츠가 넷플릭스의 인기에 영향을 끼쳤는지 살펴보자. '오징어게임'과 '넷플릭스'의 언급량을 확인하기 위해 위와 동일한 방법으로 네이버 트렌드에서 데이터를 가져올 것이다. 이때 ❶ [주제어1]에 '넷플릭스'를 입력하고, ❷ 동의어로 'netflix'를 함께 입력한다. ❸
이어서 [주제어2]로 '오징어게임'을 입력하고, ❹ 동의어인 'squidgame'도 함께 입력한다.

그림 4.89 검색어 입력

화면 아래로 스크롤을 내려 기간을 선택한다. 콘텐츠의 경우 트렌드에 영향을 받기 때문에 개봉
월을 포함한 3개월로 설정한다. 따라서 ❶ [기간]은 [직접입력]을 눌러 ❷ '2021년 9월 1일부터
2021년 11월 30일'로 맞추고, ❸ 오른쪽 상단의 '일간'을 선택한다. ❹ 그리고 [범위]를 '전체', ❺
[성별]을 '전체', ❻ [연령선택]을 '전체'로 지정한 후 ❼ 하단의 [네이버 검색 데이터 조회]를 클릭
하여 결과를 확인한다. 그리고 나서 데이터를 다운로드 받는다.

그림 4.90 검색어 조건 설정

먼저 다운로드한 데이터를 확인한다. 그다음 필요 없는 행과 열을 제거한 후 숫자로 변경한다.

그림 4.91 데이터 정리하기

데이터를 이용해 산점도 그래프를 작성한다. 우상향하는 모습의 (1차 방정식에 의한) 선형 그래
프가 보이기는 하지만, 완벽한 선형 관계로는 보기 힘든 면도 있다. 따라서 상관 분석을 통해 정
확한 상관계수를 계산할 필요가 있다.

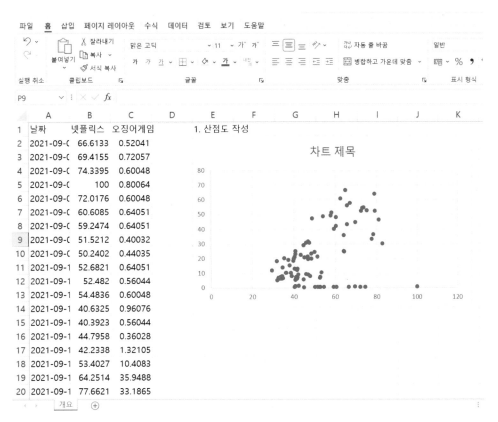

그림 4.92 산점도 확인

상관 분석을 통해 얻은 결과는 다음과 같다. '넷플릭스' 검색량과 '오징어게임'의 검색량의 상관계
수는 0.49536으로 중간 정도의 상관관계를 가진다는 것을 알 수 있다.

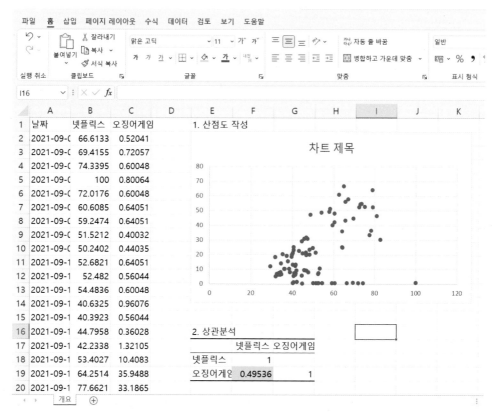

그림 4.93 상관계수 확인

다음으로 회귀 분석을 통해 〈오징어 게임〉 콘텐츠가 넷플릭스의 인기에 영향을 끼쳤는지 살펴보
자. 먼저 결정계수를 살펴보자. 회귀 분석 통계량 표를 통해 결정계수가 0.24538로 나타나는 것
을 확인할 수 있다. 즉, '오징어게임' 언급량의 변화량이 '넷플릭스' 언급량의 변화를 설명할 수 있
는 부분이 24% 정도인 것을 알 수 있다. 이번에는 P-value를 해석할 차례다. P-value가 0에
가까운 값으로, 0.05보다 작은 것을 확인할 수 있다. 즉, 〈오징어 게임〉 콘텐츠는 넷플릭스에 유
의미한 영향을 미친다고 해석할 수 있다.

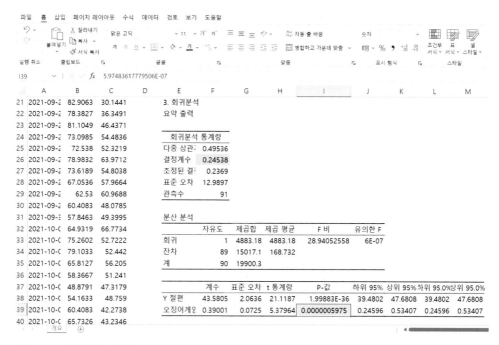

	A	B	C	D	E	F	G	H	I	J	K	L	M
21	2021-09-2	82.9063	30.1441		3. 회귀분석								
22	2021-09-2	78.3827	36.3491		요약 출력								
23	2021-09-2	81.1049	46.4371										
24	2021-09-2	73.0985	54.4836		회귀분석 통계량								
25	2021-09-2	72.538	52.3219		다중 상관	0.49536							
26	2021-09-2	78.9832	63.9712		결정계수	0.24538							
27	2021-09-2	73.6189	54.8038		조정된 결	0.2369							
28	2021-09-2	67.0536	57.9664		표준 오차	12.9897							
29	2021-09-2	62.53	60.9688		관측수	91							
30	2021-09-2	60.4083	48.0785										
31	2021-09-3	57.8463	49.3995		분산 분석								
32	2021-10-(	64.9319	66.7734			자유도	제곱합	제곱 평균	F 비	유의한 F			
33	2021-10-(	75.2602	52.7222		회귀	1	4883.18	4883.18	28.94052558	6E-07			
34	2021-10-(	79.1033	52.442		잔차	89	15017.1	168.732					
35	2021-10-(	65.8127	56.205		계	90	19900.3						
36	2021-10-(	58.3667	51.241										
37	2021-10-(	48.8791	47.3179			계수	표준 오차	t 통계량	P-값	하위 95%	상위 95%	하위 95.0%	상위 95.0%
38	2021-10-(	54.1633	48.759		Y 절편	43.5805	2.0636	21.1187	1.99883E-36	39.4802	47.6808	39.4802	47.6808
39	2021-10-(	60.4083	42.2738		오징어게?	0.39001	0.0725	5.37964	0.0000005975	0.24596	0.53407	0.24596	0.53407
40	2021-10-(	65.7326	43.2346										

그림 4.94 회귀 분석 결과 확인

'넷플릭스'와 '마이네임'의 상관/회귀 분석

이번에는 넷플릭스의 또 다른 콘텐츠인 〈마이 네임〉이 넷플릭스의 인기에 영향을 끼쳤는지 알아보자. '마이네임'과 '넷플릭스'의 언급량을 확인하기 위해 네이버 트렌드에서 데이터를 가져올 것이다. 이때 ❶ [주제어1]로 '넷플릭스'를 입력하고, ❷ 동의어로 'netflix'를 함께 작성한다. ❸ 이어서 [주제어2]에는 '마이네임'을 작성하고, ❹ 동의어인 'myname'도 입력한다.

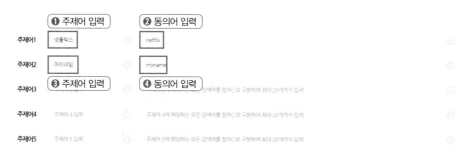

그림 4.95 검색어 입력

스크롤을 아래로 내려 기간을 선택한다. 〈마이 네임〉 콘텐츠도 트렌드에 영향을 받기 때문에 개봉 월을 포함한 3개월로 설정한다. 따라서 ❶ [기간]은 [직접입력]을 눌러 ❷ '2021년 10월 1일부터 2021년 12월 31일'로 맞추고, ❸ 오른쪽 상단의 '일간'을 선택한다. ❹ 그리고 [범위]를 '전체', ❺ [성별]을 '전체', ❻ [연령선택]을 '전체'로 지정한 후, ❼ 하단의 [네이버 검색 데이터 조회]를 클릭하여 결과를 확인한다. 그다음, 데이터를 다운로드 받는다.

그림 4.96 검색어 조건 설정

먼저 다운로드한 데이터를 확인한다. 그다음, 필요 없는 행과 열을 제거한 후 숫자로 변경한다.

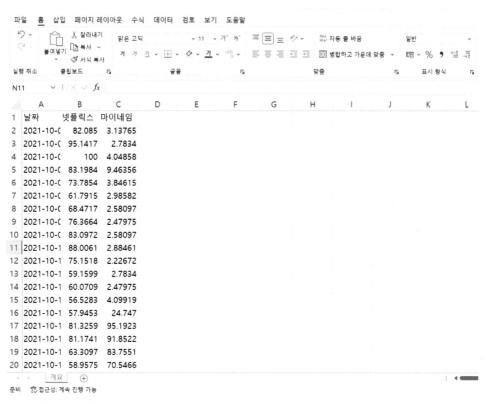

그림 4.97 데이터 정리하기

다운로드한 데이터로 산점도 그래프를 작성한다. 우상향하는 모습의 (1차 방정식에 의한) 선형 그래프가 보이기는 하지만, 선형관계로는 보기 힘든 면도 있다. 따라서 상관 분석을 통해 정확한 상관계수를 계산할 필요가 있다.

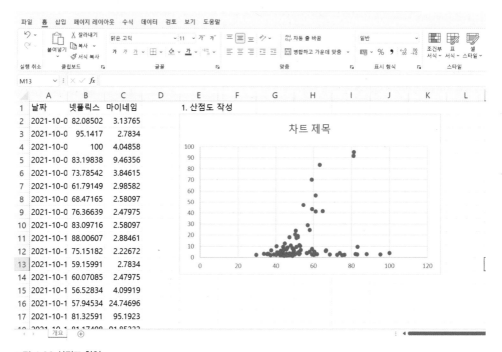

그림 4.98 산점도 확인

상관 분석을 통해 얻은 결과는 다음과 같다. '넷플릭스' 검색량과 '마이네임'의 검색량의 상관계수
는 0.28724로 낮은 상관관계를 가진다는 것을 알 수 있다.

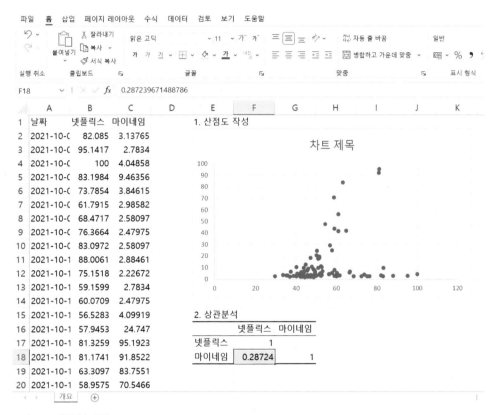

그림 4.99 상관계수 확인

다음으로 회귀 분석을 통해 〈마이 네임〉 콘텐츠가 넷플릭스의 인기에 영향을 끼쳤는지 살펴보
자. 먼저 결정계수를 살펴보자. 회귀 분석 통계량 표를 통해 결정계수가 0.08251로 나타나는 것
을 확인할 수 있다. 즉, '마이네임' 언급량의 변화량이 '넷플릭스' 언급량의 변화를 설명할 수 있는
부분이 8% 정도인 것을 알 수 있다. 이번에는 P-value를 해석할 차례다. P-value가 0.005에
가까운 값으로, 0.05보다 작은 것을 확인할 수 있다. 즉, 〈마이 네임〉 콘텐츠는 넷플릭스에 유의
미한 영향을 미친다고 해석할 수 있다.

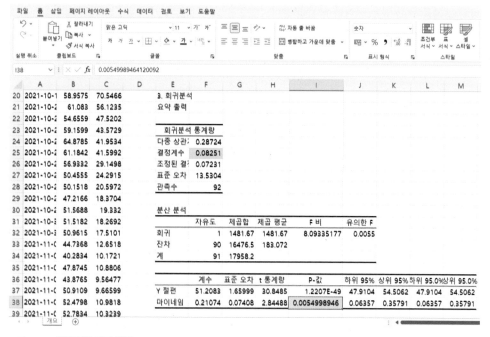

그림 4.100 회귀 분석 결과 확인

지금까지 다양한 종류의 콘텐츠가 사람들의 OTT에 대한 관심도에 영향을 미치는지 알아봤다. 처음 '콘텐츠'와 'OTT'를 회귀 분석한 결과, 콘텐츠는 OTT에 유의미한 영향을 끼치는 것을 확인할 수 있었다. 추가로 세계적인 사랑을 받는 OTT 플랫폼인 넷플릭스와 해당 플랫폼의 콘텐츠인 〈오징어 게임〉, 〈마이 네임〉을 통해 회귀 분석을 진행했고, 해당 콘텐츠들이 넷플릭스의 인기에 영향을 주었다는 결론을 얻었다. 즉, '콘텐츠의 다양성'은 사람들의 OTT 플랫폼에 대한 관심을 높여주는 중요한 요소 중 하나다.

문제 가설의 정량적 검증을 위한 분산 분석

지금까지 상관 분석을 통해 〈오징어 게임〉의 감성어 및 연관어와 밀접한 관계를 가진 키워드를 알아보았으며, 회귀분석을 활용하여 사람들이 OTT 서비스를 선택할 때 콘텐츠를 중요 요인으로 생각하는지도 확인해보았다. 이번에는 분산 분석을 적용하여 나이와 플랫폼에 따른 OTT에의 관심 정도를 파악해보자. 또한 넷플릭스/왓챠/디즈니플러스/웨이브/티빙과 같은 OTT 플랫폼과 연령대가 OTT의 관심도에 영향을 주는지 확인해볼 것이다. 먼저, 분산 분석의 개념과 다양한 종류를 알아본 후, 엑셀 데이터 분석 기능을 활용하여 분산 분석을 해보겠다.

분산 분석 이론

그림 4.101 T검정과 분산 분석의 차이

분산 분석을 하기 전에 먼저 분산 분석이 무엇인지 살펴보자. ANOVA라고도 부르는 분산 분석은 세 집단 이상의 표본을 비교/분석할 때 사용하는 통계 분석 방법이다. 통계에서는 서로 다른 집단끼리 비교를 많이 하며, 특히 평균이 서로 같은지 다른지를 비교하는 경우가 많다. 두 개의 집단을 서로 비교하는 경우에는 T검정을 통해 가설을 세워 비교하지만, 집단이 3개 이상이면 분산 분석을 활용한다. 한 가지 쉬운 예시로 설명하자면, 영희와 철수, 영수 3명의 키가 같은지를 비교하는 것이 분산 분석이다. 이때 비교 대상은 3명에서 더 늘어날 수도 있다.

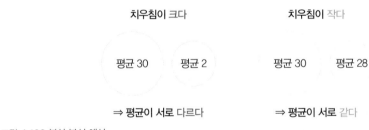

그림 4.102 분산 분석 해석

앞에서도 살펴봤듯이 분산 분석은 3개 이상의 집단 평균이 서로 같은지를 비교하는 분석이다. T검정의 경우 두 집단을 비교해 '크다'와 '작다'를 파악하지만, 분산 분석은 단지 '같다'와 '같지 않다'만 파악한다. 분산 분석은 해당 단어의 키워드 그대로, 분산의 값을 활용하여 집단 간의 비교를 진행한다. 분산은 곧 데이터 간의 치우침 정도를 나타내는 지표이고, 그 치우침이 크면 평균이 서로 다른 것으로, 작으면 평균이 서로 같은 것으로 판단한다. 통계에서는 항상 오차를 생각하고 인정하기 때문에 값이 완전히 같지 않더라도 같은 것으로 결론 짓는 경우가 많다.

> P-value < 0.05: 집단의 평균값에는 유의미한 차이가 있다.
>
> P-value ≥ 0.05: 집단의 평균값에는 유의미한 차이가 없다.

그림 4.103 P-value 해석 방법

여기서는 분산 분석을 통해 세 집단 이상의 평균값들이 과연 서로 유의미한 차이가 있는 것인지 확인해 보려고 한다. 이때 꼭 확인해야 하는 것이 P-value다. 이 P-value는 앞에서 회귀 분석에서도 살펴본 확률이다. 분석 결과 도출된 P-value가 0.05보다 작으면 세 집단 간 데이터의 치우침이 큰 것이다. 즉, 세 집단의 평균값에는 유의미한 차이가 있다고 할 수 있다. 반면, P-value가 0.05보다 크다면 유의미한 차이가 없다는 결론을 얻을 수 있다. 분산 분석에는 다양한 종류가 있으며, 본격적으로 분산 분석을 해보기 전에 분산 분석의 종류에 대해 잠시 알아보겠다.

분산 분석의 종류 알아보기

분산 분석은 독립변수의 개수에 따라 일원배치와 이원배치로 나뉜다. 개념은 간단하다. 이름으로도 어느 정도 유추할 수 있듯이 일원배치는 하나의 독립변수를, 이원배치는 두 개의 독립변수를 이용한 분산 분석이다. 뒤이어 나올 실습에서 사용할 데이터를 바탕으로 분산 분석의 종류를 먼저 알아보자.

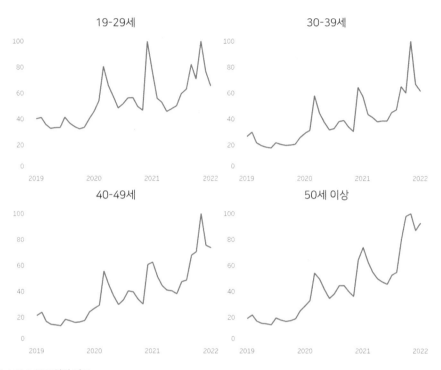

그림 4.104 OTT 연령 비교

3장의 소셜 데이터 분석에서 연령대에 따른 OTT의 관심도를 비교해봤다. 이때, 각 연령대별 관심의 흐름이 유사한 형태를 보이는 것을 살펴볼 수 있었다. 또한, 19~29세인 20대가 가장 큰 언급량을, 40~49세인 40대가 가장 낮은 언급량을 보이는 것을 포착했다. 하지만 이러한 선 그래프만으로 모든 연령대별 OTT에 대한 관심도가 유사한지 파악하기는 힘들었다. 그에 따라 여기서는 분산 분석을 통해 정량적인 검증을 시도할 것이다. 일원배치 분산 분석을 통해 각 연령대별 OTT 관심도를 파악해볼 것이다. 더 나아가 이원배치 분산 분석을 활용하여 넷플릭스/왓챠/디즈니플러스/웨이브/티빙과 같은 OTT 플랫폼과 연령대가 OTT의 관심도에 영향을 주는지 확인해볼 것이다.

일원배치 분산 분석

	A	B	C	D	E
1	날짜	20대	30대	40대	50대 이상
2	2019-01-01	8.54099	4.61699	4.21	6.3249
3	2019-01-02	7.77895	4.07674	4.00248	6.43255
4	2019-01-03	7.53101	4.03834	4.11483	6.38231
5	2019-01-04	7.53627	4.02554	4.13141	6.62871
6	2019-01-05	8.32462	4.4601	4.54338	7.16216
7	2019-01-06	9.67056	5.14705	4.60662	7.2722
8	2019-01-07	8.02934	4.44533	4.26464	6.56651
9	2019-01-08	7.4465	4.11121	4.27139	6.36796
10	2019-01-09	7.18488	4.04359	4.10255	6.40623

그림 4.105 일원배치 분산 분석 데이터

그림의 데이터는 2019년 1월 1일부터 2021년 12월 31일까지 'OTT'를 검색한 20대, 30대, 40대, 50대 이상의 검색률 데이터다. 이때 사용되는 독립변수는 '나이(age)'이기 때문에 일원배치 분산 분석을 사용한다.

이원배치 분산 분석(반복 X)

	A	B	C	D	E	F
1		넷플릭스	왓챠	디즈니플러스	웨이브	티빙
2	20대	50.81402	5.30119	240.66355	164.0736	40.42947
3	30대	20.34984	2.06958	229.14264	117.1954	22.95357
4	40대	20.34984	2.06958	229.14264	117.1954	22.95357
5	50대 이상	144.7291	6.71354	244.94962	310.5746	67.90304

그림 4.106 반복이 없는 이원배치 분산 분석 데이터

앞 그림의 데이터는 2019년 1월부터 2021년 12월까지의 OTT 플랫폼별 언급량을 연령대에 따라 나눈 후, 도출된 36개월간의 데이터를 합쳐서 계산한 결과다. 이 경우에는 'OTT' 검색률 데이터에 작용하는 독립변수가 '나이(age)'와 'OTT플랫폼 종류' 두 개가 된다. 즉, OTT 검색률은 나이인 '연령대'와 넷플릭스, 왓챠, 디즈니플러스, 웨이브, 티빙과 같은 'OTT 플랫폼'이라는 두 개의 독립변수에 의해 상호작용을 받는다. 이 **상호작용효과**가 이원배치 분산 분석의 핵심이라고 할 수 있다. 이원배치 분산 분석을 활용하면 두 가지 독립변수의 '상호작용효과'를 확인할 수 있다.

이원배치 분산 분석(반복 O)

	A	B	C	D	E	F
1		넷플릭스	왓챠	디즈니플러스	웨이브	티빙
2	20대	1.97934	0.07325	0.1496	0	0.84097
3		1.96106	0.08664	0.13556	0	0.58502
4		1.6782	0.09707	0.31362	0	0.64553
5		1.43127	0.06244	1.21652	0	0.57098
6		1.41569	0.09295	1.32196	0	0.92169
7		1.3911	0.08265	0.69059	0.00283	1.05185
8		1.64434	0.10312	1.32763	0.04518	1.08417
9		1.36535	0.09887	1.465	0.11458	1.08957
10		1.29711	0.08638	1.17957	10.08121	1.05546
11		1.18111	0.14586	1.10567	12.39555	0.83118
12		1.29003	0.16556	3.93049	7.34303	0.70617
13		1.64795	0.17792	2.1919	10.27394	0.8447
14		1.89244	0.17663	2.10963	13.89634	0.93469
15		2.13345	0.1729	1.76047	6.26105	1.05056
16		2.77267	0.17033	1.49654	5.82911	1.1797
17		2.04333	0.10853	1.71889	4.86712	1.14043

그림 4.107 반복이 있는 이원배치 분산 분석 데이터

이원배치 분산 분석은 반복의 유무에 따라 다시 한 번 나뉜다. 'before & after' 혹은 '어제&오늘'
과 같이 동일하거나 비슷한 상황에서 반복적인 측정이 이루어졌는가로 나뉘는 것이다. 앞의 자
료는 2019년 1월부터 2021년 12월까지의 OTT 플랫폼별 언급량을 연령대에 따라 나눈 후, 도
출된 36개월간의 데이터를 나열한 결과다. 사진에서는 데이터의 일부분만 보이지만, 이어 진행
하는 반복이 있는 이원배치 분산 분석에서 자세히 살펴볼 수 있다. 일반적으로 반복이 없는 경우
에는 변수 간의 상호작용을 확인하기 어렵고, 반복이 있는 경우에 상호작용의 확인이 쉽다.

상호작용 (교호작용)

앞선 이원배치 분산 분석에서 꾸준히 언급된 상호작용은 무엇일까? **상호작용**(혹은 **교호작용**)은
이원배치 분산 분석 중 반복이 있는 경우에 주로 확인이 가능한 것으로, 이원배치 분산 분석에
존재하는 두 가지의 요인(독립변수)의 상호작용을 뜻한다. 예를 들어 '연령대'와 'OTT 플랫폼'이
라는 두 요인이 평균에 독립적으로 각각 영향을 주는 것이 아니라, 두 요인의 각 집단이 서로 영
향을 주고받으면서 동시에 평균에 영향을 주는 것을 교호작용 혹은 상호작용이라고 한다.

그럼 본격적으로 데이터를 활용하여 분산 분석 방법을 알아보겠다. 분산 분석 실습은 일원배치
분산 분석, 반복이 없는 이원배치 분산 분석, 반복이 있는 이원배치 분산 분석 순으로 진행한다.

소셜 데이터 가져오기 (일원배치 분산 분석)

여러 종류의 분산 분석 중 제일 먼저 확인할 것은 일원배치 분산 분석이다. 앞서 언급했듯이 하나의 독립변수인 '나이'를 사용하기 때문에 '일원' 배치 분산 분석을 활용하는 것이다. 본격적인 분석에 들어가기에 앞서, 소셜 데이터를 가져오는 과정을 거쳐야 한다. 연령대별 OTT 관심도가 동일한지를 알아보기 위해 소셜 데이터를 수집하고 정제해보자.

일원배치 분산 분석을 위한 데이터 준비하기

먼저 일원배치 분산 분석 실습을 진행해 보자. 이를 위해서는 앞서 살펴본 연령대별 'OTT' 검색률 데이터가 필요하다. 소셜 데이터를 가져오기 위해 먼저 네이버 트렌드(https://datalab. naver.com/)에 접속한다. 주소창에 해당 링크를 입력하고 상단의 [검색어트렌드]를 클릭한다.

그림 4.108 검색어 트렌드 클릭

여기서는 사람들의 'OTT' 검색량을 알아보고자 한다. 따라서 ❶ [주제어1]에 'OTT'를 입력하고, ❷ 그와 관련된 동의어로 OTT 플랫폼인 '넷플릭스, 왓챠, 디즈니플러스, 웨이브, 티빙'과 OTT의 동의어로 주로 사용되는 'ott플랫폼, ott서비스'를 함께 입력한다.

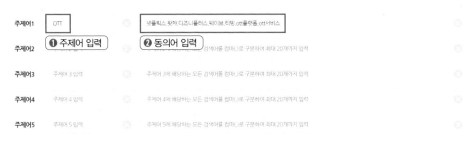

그림 4.109 검색어 입력

스크롤을 아래로 내려 기간을 선택한다. 3장에서 2019년부터 2021년까지 3년간의 연령대별 OTT 관심율을 살펴봤다. 따라서 소셜 데이터 분석과 동일하게 ❶ [기간]은 [직접입력]을 눌러 ❷ '2019년 1월 1일부터 2021년 12월 31일'로 맞추고, ❸ 오른쪽 상단의 '일간'을 선택한다. ❹ 그리고 [범위]를 '전체', ❺ [성별]을 '전체'로 설정하고, 연령대별 OTT 관심도를 비교하기 위해 먼저 ❻ [연령선택]을 20대인 '19~14'와 '25~29'로 지정한 후, ❼ 하단의 [네이버 검색 데이터 조회]를 클릭하여 결과를 확인한다.

그림 4.110 20대 검색 조건

날짜별 검색 비율을 눈으로 먼저 확인한 후, 오른쪽 하단의 [다운로드]를 클릭한다.

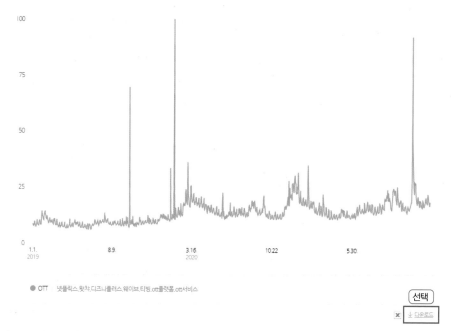

그림 4.111 데이터 다운로드

다운로드된 데이터를 확인해보자.

그림 4.112 데이터 확인

'B7'셀을 클릭한 후, 'OTT'라고 적힌 데이터를 '20대'로 수정한다.

그림 4.113 20대 수정

방금 전 설정한 네이버 데이터랩으로 돌아온다. 다른 검색 조건은 동일하게 유지하고 ❶ [범위]를 '전체'로, ❷ [성별]을 '전체'로 설정하고 ❸ [연령선택]은 30대인 '30~34'와 '35~39'로 변경한 후, ❹ 하단의 [네이버 검색 데이터 조회]를 클릭한다.

그림 4.114 30대 검색 조건

앞선 20대와 동일하게 날짜별 검색 비율을 눈으로 먼저 확인한 후, 오른쪽 하단의 [다운로드]를 클릭한다.

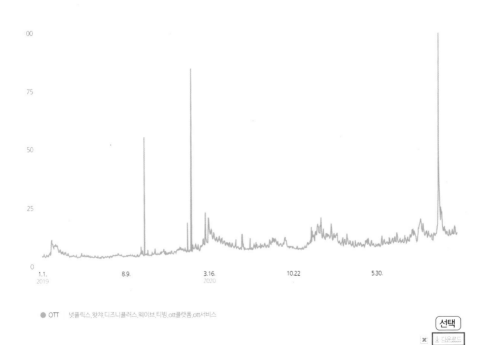

그림 4.115 데이터 다운로드

다운로드된 데이터를 확인한다. 그다음, 'B7'셀을 클릭하여 'OTT'라고 적힌 데이터를 '30대'로
수정한다.

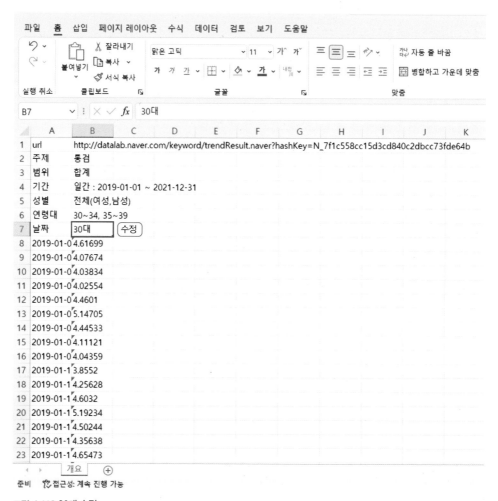

그림 4.116 30대 수정

위 데이터를 앞서 도출한 데이터와 합칠 것이다. ❶ [Ctrl]를 누른 상태에서 'A열'과 'B열'을 동시에 선택한 후, 마우스 오른쪽 버튼을 클릭하여 ❷ [복사]를 선택한다.

그림 4.117 30대 데이터 복사하기

처음 수집했던 20대 데이터가 있는 엑셀 파일로 돌아와서 ❶'C1'셀을 클릭한 후, 마우스 오른쪽 버튼을 누르고 30대 데이터 값을 ❷[붙여넣기] 한다.

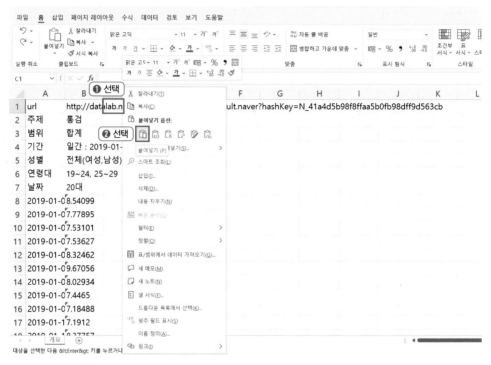

그림 4.118 30대 데이터 붙여넣기

네이버 데이터랩으로 돌아와 동일한 방법으로 40대와 50대 이상의 데이터도 연결시켜줄 것이다. ❶ 40대의 경우에는 네이버 데이터랩 검색 조건에서 '40~44'와 '45~49'를 선택한다. 그다음, 데이터를 다운로드 받고 B7셀 이름을 '40대'로 변경하고, 앞선 20대와 30대의 데이터를 모아놓은 엑셀 파일의 E1셀에 붙여넣기 한다. ❷ 50대 이상의 경우도 진행 과정은 동일하다. 네이버 데이터랩 검색 조건에서 '50~54', '55~60', '60~'을 선택한다. 그리고 데이터를 다운로드 받은 후 B7셀 이름을 '50대 이상'으로 변경하고, 데이터를 모아놓은 엑셀 파일의 G1셀에 붙여넣기 한다.

그림 4.119 40대와 50대 이상 검색 조건

20대부터 50대 이상까지의 OTT 검색률을 모아놓은 데이터는 다음과 같다.

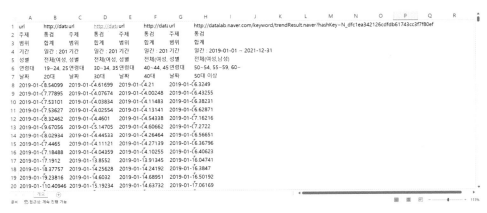

그림 4.120 20대부터 50대 이상까지의 데이터

이제 불필요한 행을 삭제할 것이다. ❶ 불필요한 데이터인 'A1:H6'을 드래그하고, ❷ 상단의 [홈]
메뉴에서 ❸ [삭제]를 클릭하고, ❹ [시트 행 삭제]를 선택한다.

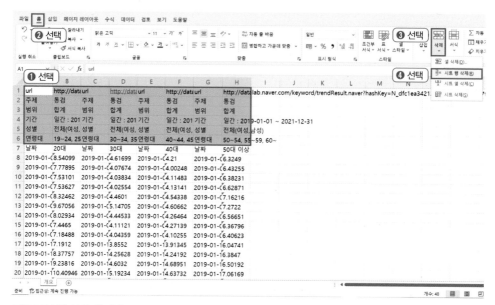

그림 4.121 불필요한 행 제거

그러면 다음 그림처럼 8개의 행만 남게 된다. 이때 A열과 C열, E열, G열의 날짜 필드가 동일한 값을 가지고 있기 때문에 A열을 제외한 나머지 날짜 데이터를 제거한다. [Ctrl]을 누르고 ❶ 'C열' 클릭, ❷ 'E열' 클릭, ❸ 'G열'을 클릭한 후, ❹ 상단의 [홈] 메뉴에서 ❺ [삭제]를 클릭하고, ❻ [시트 열 삭제]를 선택한다.

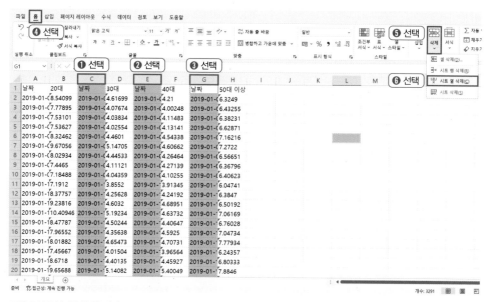

그림 4.122 불필요한 열 제거

현재 데이터의 숫자 윗부분에 노란색 역삼각형이 보이는 것을 확인할 수 있다. 이것은 데이터가 숫자 형식이 아니기 때문에 나타나는 현상이다. 이 문제를 해결하기 위해 숫자로 되어있는 열인 'B2:E1097'을 모두 드래그해서 (또는 [Ctrl]+[Shift]+[A]+[↓]) ❶ 왼쪽의 [⚠ 오류추적] 옵션을 클릭해 ❷ [숫자로 변환]을 누른다.

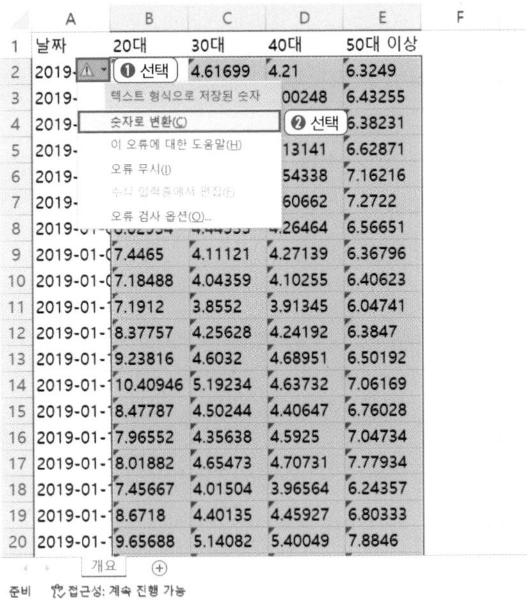

그림 4.123 숫자로 변환

엑셀 데이터 분석

앞선 과정을 통해 2019년 1월 1일부터 2021년 12월 31일까지 'OTT'를 검색한 20대, 30대, 40대, 50대 이상의 검색률 데이터를 수집, 정제했다. 이제 엑셀 데이터 분석 기능을 활용하여 본격적인 일원배치 분산 분석을 진행할 차례다. 그렇다면, 연령대별 OTT 관심도는 동일하게 나타날까?

일원배치 분산 분석

다음과 같이 각 연령대별로 OTT에 관한 관심을 나타내는 언급율을 수집했다. 이제 본격적으로 일원배치 분산 분석을 시작해보자.

	A	B	C	D	E	F
1	날짜	20대	30대	40대	50대 이상	
2	2019-01-01	8.54099	4.61699	4.21	6.3249	
3	2019-01-02	7.77895	4.07674	4.00248	6.43255	
4	2019-01-03	7.53101	4.03834	4.11483	6.38231	
5	2019-01-04	7.53627	4.02554	4.13141	6.62871	
6	2019-01-05	8.32462	4.4601	4.54338	7.16216	
7	2019-01-06	9.67056	5.14705	4.60662	7.2722	
8	2019-01-07	8.02934	4.44533	4.26464	6.56651	
9	2019-01-08	7.4465	4.11121	4.27139	6.36796	
10	2019-01-09	7.18488	4.04359	4.10255	6.40623	
11	2019-01-10	7.1912	3.8552	3.91345	6.04741	
12	2019-01-11	8.37757	4.25628	4.24192	6.3847	
13	2019-01-12	9.23816	4.6032	4.68951	6.50192	
14	2019-01-13	10.4095	5.19234	4.63732	7.06169	
15	2019-01-14	8.47787	4.50244	4.40647	6.76028	
16	2019-01-15	7.96552	4.35638	4.5925	7.04734	
17	2019-01-16	8.01882	4.65473	4.70731	7.77934	
18	2019-01-17	7.45667	4.01504	3.96564	6.24357	
19	2019-01-18	8.6718	4.40135	4.45927	6.80333	
20	2019-01-19	9.65688	5.14082	5.40049	7.8846	

준비   접근성: 계속 진행 가능

그림 4.124 일원배치 분산 분석 데이터

먼저 데이터 분석 도구를 설정해야 한다. ❶ 상단 [데이터] 메뉴를 통해 ❷ [데이터 분석]을 클릭한다. ❸ [통계 데이터 분석 도구] 중 [분산 분석: 일원배치(Anova: Single Factor)]를 선택하고 ❹ [확인]을 누른다.

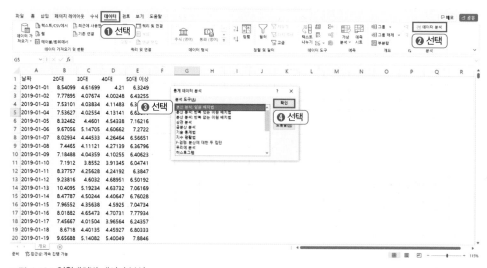

그림 4.125 일원배치법 데이터 분석

그럼 분산 분석 창이 뜬다. 여기서 ❶ [입력 범위]에 20대, 30대, 40대, 50대 이상의 'OTT' 검색률 전체 데이터인 '$B$1:$E$1097'을 입력한다. 이때 연령대 필드인 B1:E1을 잡고, [Ctrl]+[Shift]+[A]+[↓]를 눌러주면 편하게 모든 셀을 드래그할 수 있다. ❷ [데이터 방향]은 '열' 을 선택한 후, ❸ '첫째 행 이름표 사용'에 체크한다. 또한 분산 분석의 맨 처음 부분에서 언급했 던 것과 같이 0.05를 기준으로 유의성을 구분할 것이기 때문에 ❹ [유의수준]에 '0.05'를 입력한 다. 마지막으로 ❺ [출력 범위]에 빈 셀인 '$G$1'을 선택하고, ❻ [확인]을 클릭한다.

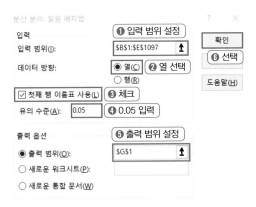

그림 4.126 분산 분석 설정 조건

출력된 결과를 확인한다. 여기서 주목해야 하는 것은 P-value다. P-value를 확인해 보니 소수 점 자릿수가 많아 E로 표기되어 있는 것을 볼 수 있다.

L13	▼	:	×	✓	fx	1.34788471147851E-211						
	A	B	C	D	E	F	G	H	I	J	K	L	M
1	날짜	20대	30대	40대	50대 이상		분산 분석: 일원 배치법						
2	2019-01-01	8.54099	4.61699	4.21	6.3249								
3	2019-01-02	7.77895	4.07674	4.00248	6.43255		요약표						
4	2019-01-03	7.53101	4.03834	4.11483	6.38231		인자의 수준	관측수	합	평균	분산		
5	2019-01-04	7.53627	4.02554	4.13141	6.62871		20대	1096	14855.79	13.55455	38.17415		
6	2019-01-05	8.32462	4.4601	4.54338	7.16216		30대	1096	10002.45	9.126322	31.56696		
7	2019-01-06	9.67056	5.14705	4.60662	7.2722		40대	1096	12256.89	11.18329	42.95023		
8	2019-01-07	8.02934	4.44533	4.26464	6.56651		50대 이상	1096	21091.29	19.24388	116.6744		
9	2019-01-08	7.4465	4.11121	4.27139	6.36796								
10	2019-01-09	7.18488	4.04359	4.10255	6.40623								
11	2019-01-10	7.1912	3.8552	3.91345	6.04741		분산 분석						
12	2019-01-11	8.37757	4.25628	4.24192	6.3847		변동의 요인	제곱합	자유도	제곱 평균	F 비	P-값	F 기각치
13	2019-01-12	9.23816	4.6032	4.68951	6.50192		처리	62792.52	3	20930.84	365.0213	1.3E-211	2.606937
14	2019-01-13	10.40946	5.19234	4.63732	7.06169		잔차	251155.5	4380	57.34143			
15	2019-01-14	8.47787	4.50244	4.40647	6.76028								
16	2019-01-15	7.96552	4.35638	4.5925	7.04734		계	313948	4383				
17	2019-01-16	8.01882	4.65473	4.70731	7.77934								

그림 4.127 분산 분석 결과

정확한 숫자를 확인하기 위해 해당 셀인 'L13'을 선택한 후, 마우스 오른쪽 버튼을 클릭하여 셀 서식에 들어간다. ❶ [숫자] 범주를 선택하고 ❷ [소수점 자릿수]를 '10'으로 설정한 후, ❸ [확인] 을 누른다.

그림 4.128 P-value 설정

정확한 P-value를 확인한다. 0에 가까운 값으로 0.05보다 작은 값이 나온 것을 확인할 수 있다. 즉, 20대, 30대, 40대, 50대 이상인 네 집단의 OTT에 대한 관심율은 서로 '유의미한 차이가 있 다'고 말할 수 있다. 즉, 각 연령대별 OTT에 대한 관심의 정도는 유의미한 차이가 있다고 해석할 수 있다.

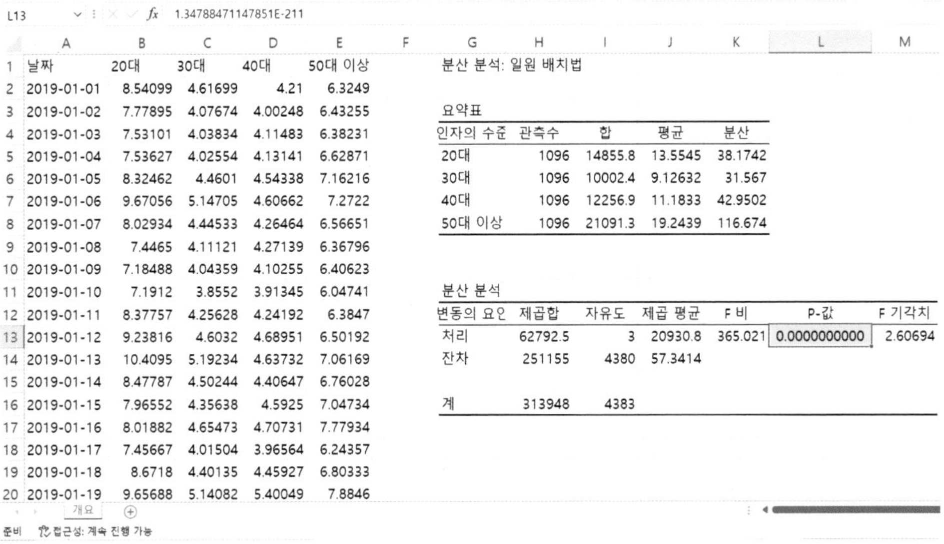

L13 × ✓ fx 1.34788471147851E-211

	A	B	C	D	E	F	G	H	I	J	K	L	M
1	날짜	20대	30대	40대	50대 이상		분산 분석: 일원 배치법						
2	2019-01-01	8.54099	4.61699	4.21	6.3249								
3	2019-01-02	7.77895	4.07674	4.00248	6.43255		요약표						
4	2019-01-03	7.53101	4.03834	4.11483	6.38231		인자의 수준	관측수	합	평균	분산		
5	2019-01-04	7.53627	4.02554	4.13141	6.62871		20대	1096	14855.8	13.5545	38.1742		
6	2019-01-05	8.32462	4.4601	4.54338	7.16216		30대	1096	10002.4	9.12632	31.567		
7	2019-01-06	9.67056	5.14705	4.60662	7.2722		40대	1096	12256.9	11.1833	42.9502		
8	2019-01-07	8.02934	4.44533	4.26464	6.56651		50대 이상	1096	21091.3	19.2439	116.674		
9	2019-01-08	7.4465	4.11121	4.27139	6.36796								
10	2019-01-09	7.18488	4.04359	4.10255	6.40623								
11	2019-01-10	7.1912	3.8552	3.91345	6.04741		분산 분석						
12	2019-01-11	8.37757	4.25628	4.24192	6.3847		변동의 요인	제곱합	자유도	제곱 평균	F 비	P-값	F 기각치
13	2019-01-12	9.23816	4.6032	4.68951	6.50192		처리	62792.5	3	20930.8	365.021	0.0000000000	2.60694
14	2019-01-13	10.4095	5.19234	4.63732	7.06169		잔차	251155	4380	57.3414			
15	2019-01-14	8.47787	4.50244	4.40647	6.76028								
16	2019-01-15	7.96552	4.35638	4.5925	7.04734		계	313948	4383				
17	2019-01-16	8.01882	4.65473	4.70731	7.77934								
18	2019-01-17	7.45667	4.01504	3.96564	6.24357								
19	2019-01-18	8.6718	4.40135	4.45927	6.80333								
20	2019-01-19	9.65688	5.14082	5.40049	7.8846								

준비 접근성: 계속 진행 가능

그림 4.129 모든 연령대별 P-value

소셜 데이터 가져오기 (반복이 없는 이원배치 분산 분석)

일원배치 분산 분석에 이어 두 개의 독립변수인 '나이'와 'OTT 플랫폼 종류'를 사용하는 '이원' 배치 분산 분석 중 반복이 없는 경우를 살펴볼 것이다. 본격적인 분석에 들어가기 앞서, 소셜 데이터를 가져오는 과정을 거쳐야 한다. OTT에 대한 관심이 연령대와 플랫폼에 영향을 받는지 알아보기 위해 소셜 데이터를 수집하고 정제해보자.

반복이 없는 이원배치 분산 분석을 위한 데이터 준비하기

이원배치 분산 분석 중 반복이 없는 경우에 대한 실습을 진행해 보겠다. 이원배치 분산 분석은 단어 그대로 2개의 독립변수에 의한 분산 분석이다. 앞선 일원배치 분산 분석에서 연령대에 따른 OTT 관심도를 살펴봤다. 이원배치 분산 분석에서는 'OTT 플랫폼' 변수를 추가하여 분석해 보고자 한다. 연령대는 앞선 분석과 마찬가지로 20대, 30대, 40대, 50대 이상으로 나뉘며, OTT 플랫폼은 3장 소셜 데이터 분석에서 자세히 살펴봤던 넷플릭스, 왓챠, 디즈니플러스, 웨이브, 티빙으로 설정할 것이다. 과연 OTT에 대한 관심은 연령대와 플랫폼에 영향을 받을까?

	A	B	C	D	E	F
1		넷플릭스	왓챠	디즈니플러스	웨이브	티빙
2	20대	356.30053	37.17223	33.82482	1150.45799	283.48589
3	30대	217.898	22.16219	37.54557	1254.87574	245.77809
4	40대	402.53049	26.01477	37.70639	1484.16465	353.72444
5	50대	780.38238	36.20022	26.90842	1674.62319	366.13492

그림 4.130 반복이 없는 이원배치 분산 분석

먼저 분석을 위한 데이터를 준비하자. 위 그림과 같이 각 연령대와 OTT 플랫폼에 알맞은 값을 찾아야 한다. 이때 하나의 월을 설정하여 그 값을 계산할 수도 있지만, 그렇게 계산할 경우 해당 값이 분석 기간인 3년의 값을 단편적으로 볼 가능성이 있다. 따라서 여기서는 조건에 만족하는 값의 합을 이용하려고 한다. 즉, 분석 기간인 2019년 1월부터 2021년 12월까지 각 연령대와 OTT 플랫폼에 해당하는 값의 합을 계산해본다.

먼저 일원배치 분산 분석에서 데이터 수집을 위해 사용했던 네이버 데이터랩에 접속한 후, 앞에서 언급한 5개의 OTT 플랫폼을 검색어로 설정한다. 이때 ❶ [주제어1]로 '넷플릭스'와 ❷ 이의 동의어인 'Netflix'를, ❸ [주제어2]로 '왓챠'와 ❹ 동의어인 'Watcha'를 입력한다. ❺ [주제어3]으로는 '디즈니플러스'와 ❻ 유의어인 '디즈니플러스, Disney+, 디즈니+'를 적고, ❼ [주제어4]는 '웨이브'와 ❽ 'wavve'를, 마지막으로 ❾ [주제어5]는 '티빙'과 ❿ 'tving'을 입력한다.

그림 4.131 검색어 입력

스크롤을 아래로 내려 기간을 선택한다. 앞선 일원배치 분산 분석에서와 동일하게 2019년부터 2021년으로 기간을 설정할 것이다. 이때, 데이터를 단순화하기 위해 월별 데이터를 조사하려고 한다. ❶ 오른쪽의 '월간'을 선택한 후, ❷ '2019년 1월부터 2021년 12월'로 기간을 설정한다. 그리고 ❸ [범위]를 '전체', ❹ [성별]을 '전체'로 선택한다. 이때, 연령대별로 OTT 관심도를 비교할 것이기 때문에 먼저 ❺ [연령선택]으로는 20대인 '19~24'와 '25~29'를 선택한 후, ❻ 하단의 [네이버 검색 데이터 조회]를 클릭한다.

그림 4.132 20대 검색 조건

날짜별 검색 비율을 눈으로 먼저 확인한 후, 오른쪽 하단의 [다운로드]를 클릭한다.

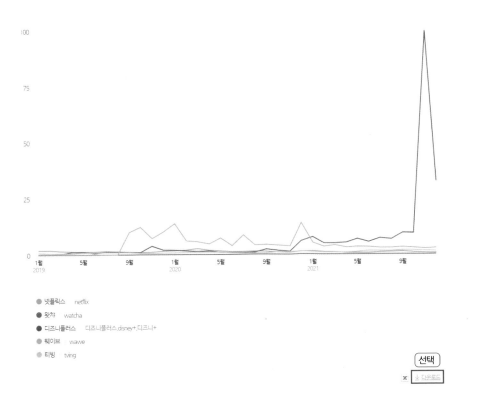

그림 4.133 데이터 다운로드

다운로드된 데이터를 확인해보자.

그림 4.134 데이터 확인

이때 A열과 C열, E열, G열의 날짜 필드가 동일한 값을 가지고 있기 때문에 A열을 제외한 나머지 날짜 데이터를 제거한다. [Ctrl]을 누르고 ❶ 'C열' 클릭, ❷ 'E열' 클릭, ❸ 'G열' 클릭, ❹ 'I열' 클릭을 한 후, ❺ 상단의 [홈] 메뉴에서 ❻ [삭제]를 클릭하고, ❼ [시트 열 삭제]를 선택한다.

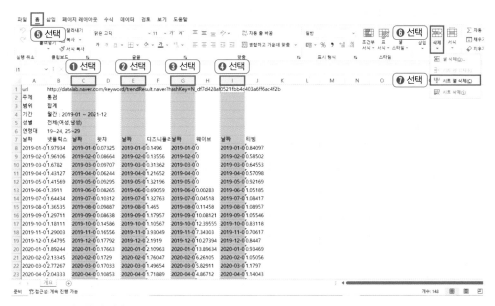

그림 4.135 불필요한 열 제거

각 연령대별 데이터 값을 구분하기 위해 필드명을 만들어주자. 먼저, 'B6:F6'를 선택한 후, ❶ [병합하고 가운데 맞춤]을 선택하고 ❷ 작성된 글자를 '20대'로 수정한다.

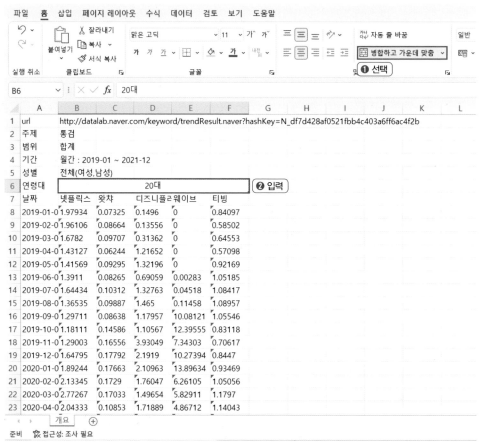

그림 4.136 20대 작성

이후에 작성할 데이터 값들의 필드명도 미리 만들어준다. 먼저, ❶'G6:K6'를 선택한 후, [병합하고 가운데 맞춤]을 선택하고 작성된 글자를 '30대'로 수정한다. ❷40대의 경우에는 'L6:P6'셀에, ❸50대 이상의 경우 'Q6:U6'셀에 해당 내용을 작성한다.

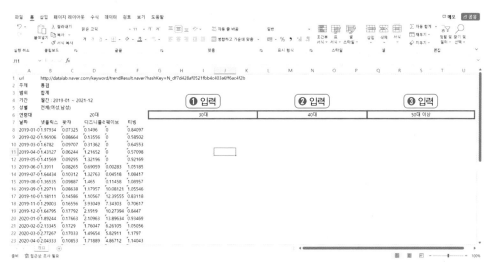

그림 4.137 각 연령대 필드명 작성

방금 전에 설정한 네이버 데이터랩으로 돌아온다. 다른 검색 조건은 동일하게 유지하고 ❶ [범위]를 '전체'로, ❷ [성별]을 '전체'로 설정하고 ❸ [연령선택]은 30대인 '30~34'와 '35~39'로 변경한 후, ❹ 하단의 [네이버 검색 데이터 조회]를 클릭한다.

그림 4.138 30대 검색 조건

앞선 20대와 동일하게 날짜별 검색 비율을 눈으로 먼저 확인한 후, 오른쪽 하단의 [다운로드]를 클릭한다.

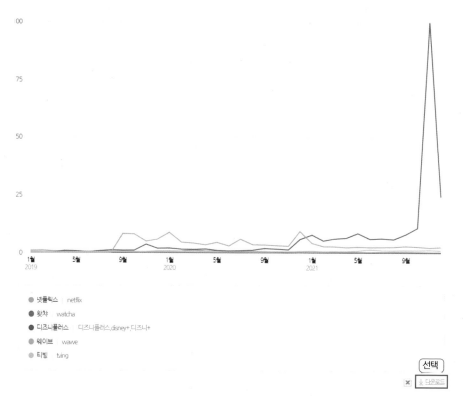

그림 4.139 데이터 다운로드

30대 데이터 역시 A열과 C열, E열, G열, I열의 날짜 필드가 동일한 값을 가지고 있기 때문에 A열을 제외한 나머지 날짜 데이터를 제거한다. [Ctrl]을 누르고 ❶ 'C열' 클릭, ❷ 'E열' 클릭, ❸ 'G열' 클릭, ❹ 'I열' 클릭을 한 후, ❺ 상단의 [홈] 메뉴에서 ❻ [삭제]를 클릭하고, ❼ [시트 열 삭제]를 선택한다.

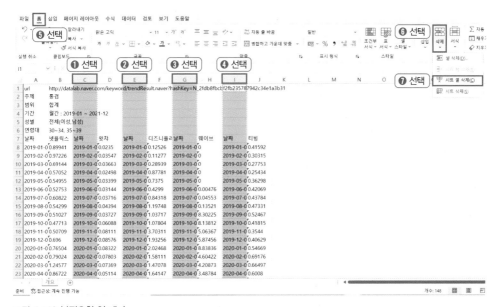

그림 4.140 불필요한 열 제거

이제 남은 데이터를 앞에서 작성해둔 30대 칸으로 옮길 차례다. 30대 데이터인 ❶ 'B7:F7'셀을 드래그 한 후, [Ctrl]+[Shift]+[A]+[↓]를 눌러 30대의 '넷플릭스'와 '왓챠', '디즈니플러스', '웨이브', '티빙' 데이터를 모두 선택한 후, ❷ 마우스 오른쪽 버튼을 눌러 [복사]한다.

그림 4.141 30대 데이터 복사

앞서 만들어둔 ❶ 30대 필드명이 있는 엑셀 파일로 돌아와서 'G7'셀을 클릭한 후, ❷ 마우스 오른쪽 버튼을 누르고 30대 데이터 값을 [붙여넣기]한다.

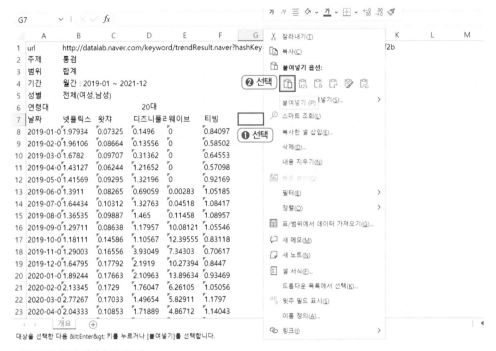

그림 4.142 30대 데이터 붙여넣기

네이버 데이터랩으로 돌아와 동일한 방법으로 40대와 50대 이상의 데이터도 연결시켜 줄 것이다. ❶ 40대는 네이버 데이터랩 검색 조건에서 '40~44'와 '45~49'를 선택한다. 데이터를 다운로드 받고, 동일한 날짜 부분인 C, E, G, I열을 제거한 후 유의미한 데이터 부분(B7:F43)만 복사한다. 그다음, 앞선 엑셀 파일의 40대 부분인 L7셀에 붙여넣기 한다. ❷ 50대 이상의 경우도 진행 과정은 동일하다. 이때 50대 이상의 경우에는 네이버 데이터랩 검색 조건에서 '50~54', '55~60', '60~'을 선택하고, 정제한 데이터를 Q7셀에 붙여넣기 한다.

그림 4.143 40대와 50대 이상 검색 조건

20대부터 50대 이상까지의 OTT 플랫폼별 검색률을 모아놓은 데이터는 다음과 같다.

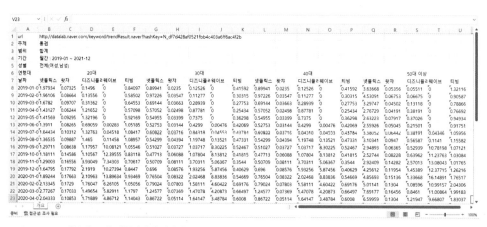

그림 4.144 20대부터 50대 이상까지의 데이터

현재 데이터의 숫자 윗부분에 노란색 역삼각형이 보이는 것을 확인할 수 있다. 이것은 데이터 가 숫자 형식이 아니기 때문에 나타나는 현상이다. 이 문제를 해결하기 위해 숫자로 된 데이터인 'B8:U43'를 모두 드래그해서 (또는 [Ctrl]+[Shift]+[A]+[↓]) ❶ 왼쪽의 [⚠ 오류추적] 옵션을 클릭해 ❷ [숫자로 변환]을 누른다.

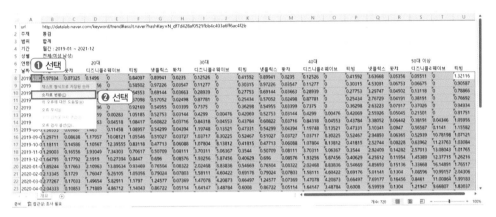

그림 4.145 숫자로 변환

이제 앞에서 언급했던 것과 같이 2019년 1월부터 2021년 12월까지의 합을 계산할 차례다. 먼저 B44셀의 합을 계산해보자. 'B44'셀을 클릭하고, '=SUM(B8:B43)'을 입력한다.

	A	B	C	D	E	F	G	H	
32	2021-01-0	1.64357	0.26573	7.92098	5.44429	1.35119	0.66921	0.08756	7
33	2021-02-0	1.22463	0.17599	5.14598	3.60772	1.01966	0.50159	0.06459	5.2
34	2021-03-0	1.11841	0.16672	5.11367	4.24901	1.02391	0.4245	0.06003	6.1
35	2021-04-0	0.81869	0.14046	5.43463	3.2135	0.97164	0.35038	0.05008	6.4
36	2021-05-0	0.80028	0.16028	6.99812	3.56369	1.2263	0.31491	0.06067	8.4
37	2021-06-0	0.74119	0.15591	5.64255	3.43198	1.72313	0.26366	0.05315	5.9
38	2021-07-0	1.01928	0.17612	7.33673	3.02965	1.60533	0.36023	0.0648	6.2
39	2021-08-0	1.15601	0.1841	6.85406	3.0321	1.6585	0.39898	0.06702	5
40	2021-09-0	1.40127	0.1796	9.72767	3.30826	1.90685	0.43763	0.06448	8.0
41	2021-10-0	1.00563	0.14149	9.57755	3.01163	1.91909	0.38437	0.05061	10.7
42	2021-11-0	0.75342	0.13518	100	2.6541	1.67035	0.27488	0.05442	
43	2021-12-0	0.7229	0.14908	32.67179	2.91146	1.50465	0.25455	0.05484	24.3
44		50.81402	선택						
45									

B44 ∨ : × ✓ fx =SUM(B8:B43) 입력

그림 4.146 합 계산하기

나머지 셀들은 방금 작성한 'B44'셀을 오른쪽으로 드래그하여 자동 채우기의 결과로 얻을 수 있다.

B44 =SUM(B8:B43)

	A	B	C	D	E	F	G	H	I	J	K
23	2020-04-0	2.04333	0.10853	1.71889	4.86712	1.14043	0.86722	0.05114	1.64147	3.48784	0.6008
24	2020-05-0	1.7221	0.10299	1.10052	7.47513	1.12717	0.68996	0.04394	1.02997	4.54164	0.55358
25	2020-06-0	1.35479	0.10415	0.8971	4.03464	0.81985	0.50053	0.03864	0.84646	3.00383	0.42598
26	2020-07-0	1.44556	0.1375	0.91821	8.81473	0.7072	0.52276	0.05061	0.95108	5.94624	0.42048
27	2020-08-0	1.58808	0.1944	1.15678	4.34763	0.74917	0.66656	0.07962	1.15979	3.5608	0.45341
28	2020-09-0	1.48534	0.2235	2.51994	4.58439	0.82964	0.61563	0.08333	1.919	3.46274	0.47893
29	2020-10-0	1.11867	0.15925	1.86694	4.17086	1.23879	0.47935	0.06723	1.63776	3.20332	0.53441
30	2020-11-0	0.98928	0.13453	1.45418	3.81732	1.23982	0.38924	0.04966	1.36807	2.93627	0.54034
31	2020-12-0	1.58048	0.31311	6.21251	14.2616	1.60456	0.63024	0.10609	5.8591	9.33921	0.6996
32	2021-01-0	1.64357	0.26573	7.92098	5.44429	1.35119	0.66921	0.08756	7.7745	4.18892	0.85779
33	2021-02-0	1.22463	0.17599	5.14598	3.60772	1.01966	0.50159	0.06459	5.24685	2.79639	0.59794
34	2021-03-0	1.11841	0.16672	5.11367	4.24901	1.02391	0.4245	0.06003	6.10994	2.7372	0.69589
35	2021-04-0	0.81869	0.14046	5.43463	3.2135	0.97164	0.35038	0.05008	6.48436	2.37888	0.64274
36	2021-05-0	0.80028	0.16028	6.99812	3.56369	1.2263	0.31491	0.06067	8.44192	2.59033	0.87558
37	2021-06-0	0.74119	0.15591	5.64255	3.43198	1.72313	0.26366	0.05315	5.99548	2.42578	1.40682
38	2021-07-0	1.01928	0.17612	7.33673	3.02965	1.60533	0.36023	0.0648	6.22441	2.47629	1.09265
39	2021-08-0	1.15601	0.1841	6.85406	3.0321	1.6585	0.39898	0.06702	5.8663	2.57498	1.01588
40	2021-09-0	1.40127	0.1796	9.72767	3.30826	1.90685	0.43763	0.06448	8.02864	2.91244	1.1222
41	2021-10-0	1.00563	0.14149	9.57755	3.01163	1.91909	0.38437	0.05061	10.75748	2.63227	1.07349
42	2021-11-0	0.75342	0.13518	100	2.6541	1.67035	0.27488	0.05442	100	2.27934	1.26112
43	2021-12-0	0.7229	0.14908	32.67179	2.91146	1.50465	0.25455	0.05484	24.35932	2.50531	1.05125
44		50.81402	5.30119	240.6636	164.0736	40.42947	20.34984	2.06958	229.1426	117.1954	22.95357
45											

	L	M	N	O	P	Q	R	S	T	U
23	0.86722	0.05114	1.64147	3.48784	0.6008	6.59959	0.1304	1.21947	9.66807	1.83037
24	0.68996	0.04394	1.02997	4.54164	0.55358	5.34131	0.14205	0.74829	10.74938	1.82959
25	0.50053	0.03864	0.84646	3.00383	0.42598	4.01316	0.14049	0.71181	8.31819	1.56878
26	0.52276	0.05061	0.95108	5.94624	0.42048	4.17772	0.15524	0.7514	12.39889	1.51056
27	0.66656	0.07962	1.15979	3.5608	0.45341	5.34907	0.22666	0.84299	10.86271	1.53152
28	0.61563	0.08333	1.919	3.46274	0.47893	5.41039	0.26081	1.44303	10.49788	1.58585
29	0.47935	0.06723	1.63776	3.20332	0.53441	4.63415	0.21346	1.37549	10.26112	1.71393
30	0.38924	0.04966	1.36807	2.93627	0.54034	3.49463	0.15912	1.0324	9.76588	1.53385
31	0.63024	0.10609	5.8591	9.33921	0.6996	5.38788	0.4572	4.80881	18.54594	2.23867
32	0.66921	0.08756	7.7745	4.18892	0.85779	6.46608	0.41296	8.12957	15.94786	3.00094
33	0.50159	0.06459	5.24685	2.79639	0.59794	5.3351	0.3299	6.85575	10.42491	2.50182
34	0.4245	0.06003	6.10994	2.7372	0.69589	4.3974	0.34154	8.07989	9.81246	2.53908
35	0.35038	0.05008	6.48436	2.37888	0.64274	3.66075	0.22278	9.55241	8.71019	2.44438
36	0.31491	0.06067	8.44192	2.59033	0.87558	3.27884	0.28953	11.10257	9.29237	2.32328
37	0.26366	0.05315	5.99548	2.42578	1.40682	2.59186	0.21579	8.09153	10.91627	3.69257
38	0.36023	0.0648	6.22441	2.47629	1.09265	3.18802	0.23209	6.3186	9.67972	3.0056
39	0.39898	0.06702	5.8663	2.57498	1.01588	3.42943	0.31049	6.56466	9.41735	2.93962
40	0.43763	0.06448	8.02864	2.91244	1.1222	3.4434	0.30351	8.9811	10.17729	2.98697
41	0.38437	0.05061	10.75748	2.63227	1.07349	3.8059	0.24762	13.61681	10.2914	2.93186
42	0.27488	0.05442	100	2.27934	1.26112	2.43739	0.31593	100	8.7327	3.11505
43	0.25455	0.05484	24.35932	2.50531	1.05125	2.1626	0.2546	34.09327	10.32012	3.03199
44	20.34984	2.06958	229.1426	117.1954	22.95357	144.7291	6.71354	244.9496	310.5746	67.90304
45										

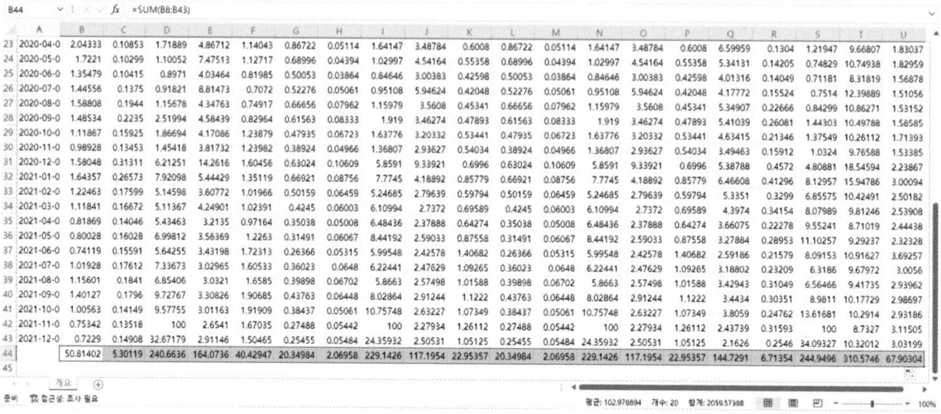

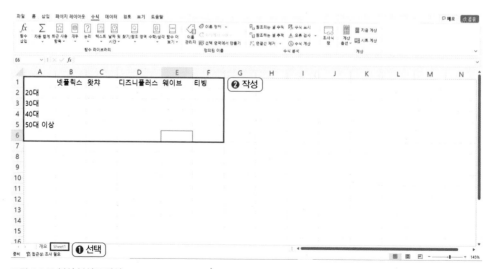

그림 4.147 전체 합 계산하기

다음과 같이 각 연령대별로 OTT에 관한 관심을 나타내는 언급률을 수집했다. 이제 지금까지 도출한 결과를 실제로 분석하기 위해 이원배치 분산 분석표로 나타내보자. ❶ 화면 아래쪽의 [+] 버튼을 눌러 새로운 시트를 생성한 후, ❷ 다음 그림과 같이 각 요인을 작성한다.

	A	B	C	D	E	F
1		넷플릭스	왓챠	디즈니플러스	웨이브	티빙
2	20대					
3	30대					
4	40대					
5	50대 이상					
6						

그림 4.148 분산 분석표 작성

이제 분산 분석표 값을 채울 차례다. 앞서 합을 계산한 결과를 가져오면 된다. 먼저 20대 데이터를 살펴보자. ❶ 개요 시트의 'B44:F44'셀을 ❷ 마우스 오른쪽 버튼을 눌러 [복사]한 후, Sheet1 셀의 'B2'를 클릭한 후 마우스 오른쪽 버튼을 눌러 [붙여넣기] 한다. 이때 #REF!가 뜨는데 ❸ [Ctrl]을 누르고, ❹ [값만 붙여넣기]를 설정하면 오류가 해결된다. 위 과정을 30대와 40대, 50대 이상도 반복하여 진행한다. 30대를 예로 들면, 개요 시트의 'G44:K44' 셀을 Sheet1의 B3셀에 붙여넣기 하면 된다. 이때 위에 작성한 각 연령대 표를 보고 잘못 입력하지 않도록 조심한다.

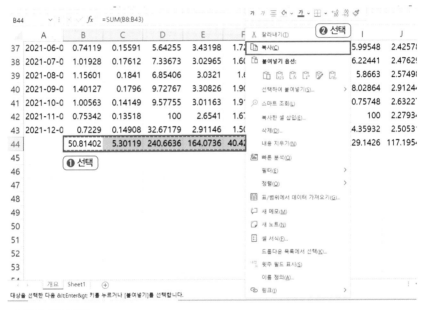

그림 4.149 20대 데이터 복사

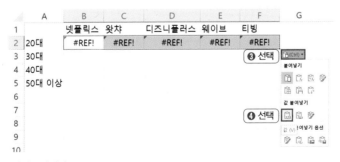

그림 4.150 20대 데이터 붙여넣기

위 과정을 통해 작성한 분산 분석표는 다음과 같다.

그림 4.151 이원배치 분산 분석표

엑셀 데이터 분석

앞선 과정을 통해 2019년 1월 1일부터 2021년 12월 31일까지 OTT 플랫폼 종류인 '넷플릭스, 왓챠, 디즈니플러스, 웨이브, 티빙'을 검색한 20대, 30대, 40대, 50대 이상의 검색률 데이터를 수집, 정제했다. 이제 엑셀 데이터 분석 기능을 활용하여 반복이 없는 이원배치 분산 분석을 진행할 차례다. 그렇다면 OTT에 대한 관심은 연령대와 플랫폼에 영향을 받을까?

반복이 없는 이원배치 분산 분석

그럼 이제 본격적으로 반복이 없는 이원배치 분산 분석을 해보자. ❶ 상단 [데이터] 메뉴의 ❷ [데이터 분석]을 클릭한다. ❸ [통계 데이터 분석] 도구 중 [분산 분석: 반복 없는 이원배치법 (Anova: Two-Factor Without Replication)]을 선택하고 ❹ [확인]을 누른다.

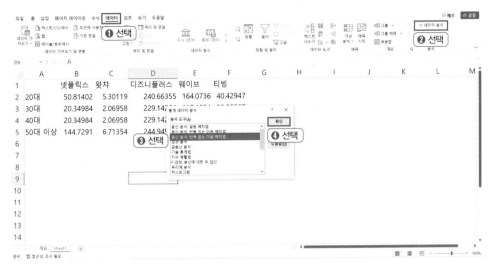

그림 4.152 반복X 이원배치법 데이터 분석 도구

그러면 [분산 분석] 창이 뜬다. 여기서 ❶ [입력 범위]에 모든 분산 분석표인 '$A$1:$F$5'를 입력한다. [입력 범위]에 이름표가 포함되어 있기 때문에 ❷ '이름표'에 체크한다. 또한 분산 분석의 맨 처음 부분에서 언급했던 것과 같이 0.05를 기준으로 유의성을 구분할 것이기 때문에 ❸ [유의수준]에 '0.05'를 입력한다. 마지막으로 ❹ [출력 범위]에 빈 셀인 '$A$7'를 선택하고, ❺ [확인]을 클릭한다.

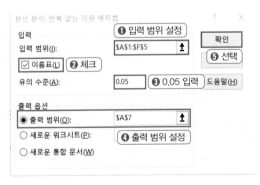

그림 4.153 분산 분석 설정 조건

출력된 결과를 확인한다. 여기서 주목해야 하는 것은 P-value다. F25셀의 P-value를 확인해 보니, 소수점 자릿수가 많아 E로 표기되어 있는 것을 볼 수 있다.

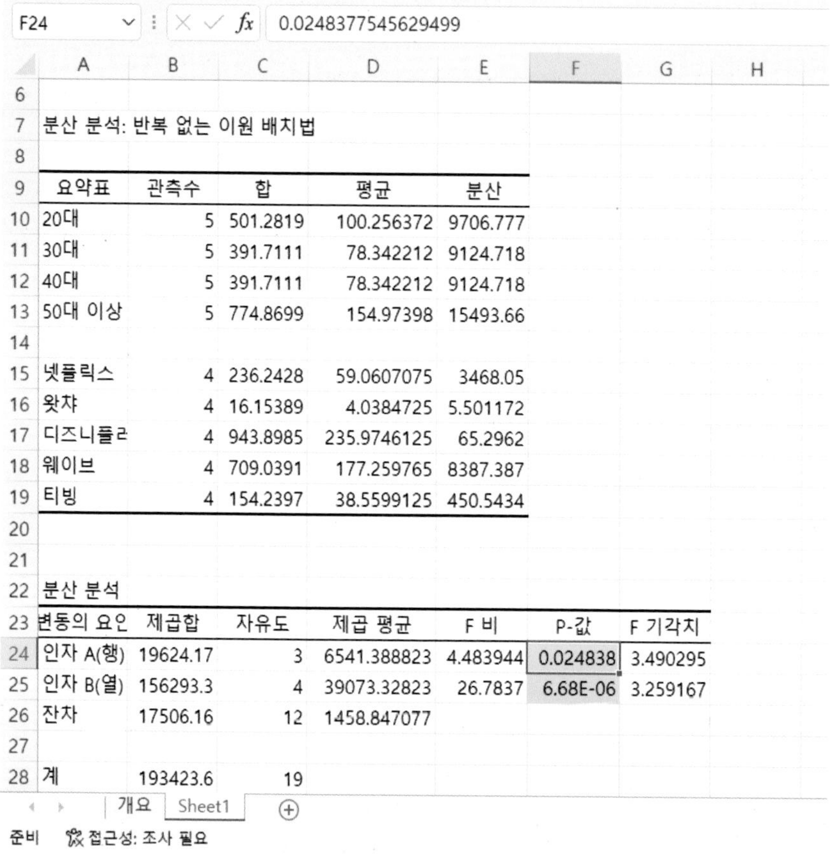

	A	B	C	D	E	F	G	H
F24			fx	0.0248377545629499				

	A	B	C	D	E	F
6						
7	분산 분석: 반복 없는 이원 배치법					
8						
9	요약표	관측수	합	평균	분산	
10	20대	5	501.2819	100.256372	9706.777	
11	30대	5	391.7111	78.342212	9124.718	
12	40대	5	391.7111	78.342212	9124.718	
13	50대 이상	5	774.8699	154.97398	15493.66	
14						
15	넷플릭스	4	236.2428	59.0607075	3468.05	
16	왓챠	4	16.15389	4.0384725	5.501172	
17	디즈니플러	4	943.8985	235.9746125	65.2962	
18	웨이브	4	709.0391	177.259765	8387.387	
19	티빙	4	154.2397	38.5599125	450.5434	
20						
21						
22	분산 분석					
23	변동의 요인	제곱합	자유도	제곱 평균	F 비	P-값	F 기각치
24	인자 A(행)	19624.17	3	6541.388823	4.483944	0.024838	3.490295
25	인자 B(열)	156293.3	4	39073.32823	26.7837	6.68E-06	3.259167
26	잔차	17506.16	12	1458.847077			
27						
28	계	193423.6	19				

개요 Sheet1 ⊕

준비 접근성: 조사 필요

그림 4.154 분산 분석 결과

정확한 숫자를 확인하기 위해 해당 셀인 'F25'를 선택한 후, 마우스 오른쪽 버튼을 클릭하여 [셀
서식]에 들어간다. ❶ [숫자] 범주를 선택하고 ❷ [소수점 자릿수]를 '10'으로 설정한 후, ❸ [확인]
을 누른다.

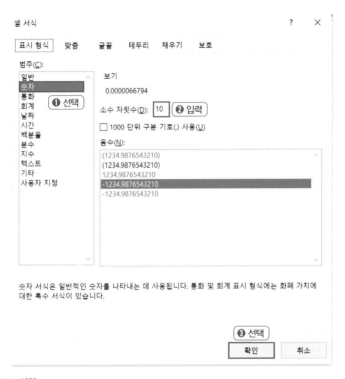

그림 4.155 P-value 설정

정확한 P-value을 확인한다.

F25	⌄	:	× ✓ ƒx	0.0000066794312050338			

	A	B	C	D	E	F	G	H
7	분산 분석: 반복 없는 이원 배치법							
8								
9	요약표	관측수	합	평균	분산			
10	20대	5	501.2819	100.256372	9706.777			
11	30대	5	391.7111	78.342212	9124.718			
12	40대	5	391.7111	78.342212	9124.718			
13	50대 이상	5	774.8699	154.97398	15493.66			
14								
15	넷플릭스	4	236.2428	59.0607075	3468.05			
16	왓챠	4	16.15389	4.0384725	5.501172			
17	디즈니플러	4	943.8985	235.9746125	65.2962			
18	웨이브	4	709.0391	177.259765	8387.387			
19	티빙	4	154.2397	38.5599125	450.5434			
20								
21								
22	분산 분석							
23	변동의 요인	제곱합	자유도	제곱 평균	F 비	P-값	F 기각치	
24	인자 A(행)	19624.17	3	6541.388823	4.483944	0.024837755	3.490295	
25	인자 B(열)	156293.3	4	39073.32823	26.7837	0.0000066794	3.259167	
26	잔차	17506.16	12	1458.847077				
27								
28	계	193423.6	19					
29								

‹ › | 개요 | Sheet1 | ⊕

그림 4.156 모든 연령대와 OTT 플랫폼별 P-value

	A	B	C	D	E	F
1		넷플릭스	왓챠	디즈니플러스	웨이브	티빙
2	20대	50.81402	5.30119	240.66355	164.0736	40.42947
3	30대	20.34984	2.06958	229.14264	117.1954	22.95357
4	40대	20.34984	2.06958	229.14264	117.1954	22.95357
5	50대 이상	144.7291	6.71354	244.94962	310.5746	67.90304

그림 4.157 반복이 없는 이원배치 분산 분석 데이터

인자A(행)의 P-value를 확인해 보니 0.024837755로 0.05보다 작은 것을 볼 수 있다. 이때, 인자A(행)는 무엇을 뜻할까? 데이터를 확인해 보자. 데이터의 행을 확인해 보니 독립변수 '연령대'라는 것을 알 수 있다. 즉, 연령대에 따른 OTT의 관심도를 뜻하는 것이다. 따라서 이를 통해 20대와 30대, 40대, 50대 이상의 연령대를 기준으로 OTT의 관심은 서로 유의미한 차이가 있다는 결론을 얻을 수 있다.

인자B(열)의 P-value는 0.0000066494로, 0.05보다 작다. 인자B(열)은 무엇을 뜻할까? 데이터의 열을 확인해 보니 넷플릭스와 왓챠, 디즈니플러스, 웨이브, 티빙, 즉 'OTT 플랫폼'에 따른 데이터라는 것을 알 수 있다. 플랫폼의 종류에 따른 OTT의 관심도를 뜻하는 것이다. 이를 통해 넷플릭스와 왓챠, 디즈니플러스, 웨이브, 티빙과 같은 OTT 플랫폼을 기준으로 OTT의 관심은 서로 유의미한 차이가 있다는 결론을 얻을 수 있다.

소셜 데이터 가져오기 (반복이 있는 이원배치 분산 분석)

이번에는 두 개의 독립변수인 '나이'와 'OTT 플랫폼 종류'를 사용하는 '이원' 배치 분산 분석 중 반복이 있는 경우를 살펴볼 것이다. 본격적인 분석에 들어가기 앞서, 소셜 데이터를 가져오는 과정을 거쳐야 한다. OTT에 대한 관심은 연령대와 플랫폼에 영향을 받을지를 알아보기 위해 소셜 데이터를 정제해 보자.

반복이 있는 이원배치 분산 분석을 위한 데이터 준비하기

이어서 이원배치 분산 분석 중 반복이 있는 경우에 대한 실습을 진행해 보겠다. 앞서 살펴본 반복이 없는 이원배치 분산 분석의 자료를 활용할 것이다. 앞에서 분석 데이터 기간을 설정할 때 2019년 1월부터 2021년 12월까지 총 36개월의 데이터를 사용했다. 그렇다면 이 36개월을 반복 측정한 날이라고 생각하면 어떻게 될까? 바로 36개월간의 데이터를 반복이 있는 데이터로 인식하여 반복이 있는 분산 분석을 진행할 수 있을 것이다. 그렇다면 먼저 분산 분석이 가능하도록 데이터의 형태를 만들어보자.

앞서 반복이 없는 이원배치 분산 분석에서 사용했던 엑셀 파일을 그대로 사용할 것이다. 화면 아래의 [+]를 눌러 새로운 시트인 Sheet2를 만든다.

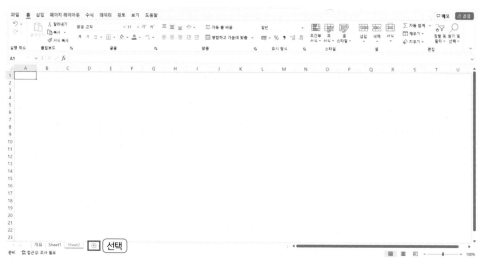

그림 4.158 새로운 시트 생성

반복이 없는 이원배치 분산 분석과 비슷하게 데이터 형식을 만들 것이다. 다만, 앞에서는 연령대에 따라 오른쪽으로 데이터를 합쳐가는 방법이었으며, 이번 반복이 있는 이원배치 분산 분석의 경우 아래방향으로 데이터를 합칠 것이다. 먼저 다음 그림과 같이 1행에 OTT 플랫폼 종류를 적는다.

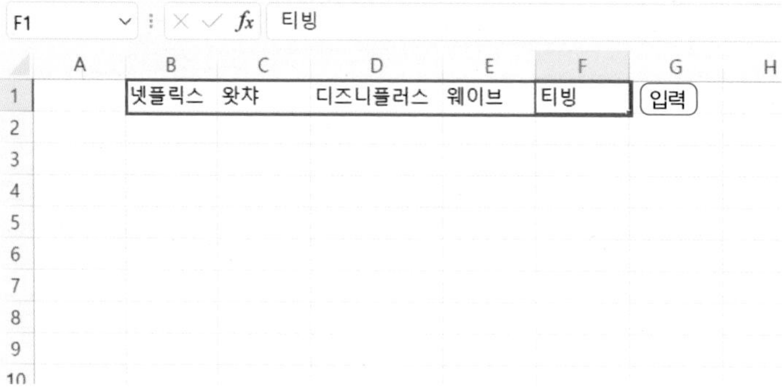

그림 4.159 1행에 OTT 플랫폼 입력

이제 각 OTT 플랫폼별로 연령대에 따른 검색률 데이터를 가져올 것이다. 먼저, Sheet2의 A2셀을 클릭하고, '20대'를 입력한다. 이제 앞선 반복이 없는 분산 분석에 활용한 데이터 값을 해당 시트에 알맞게 가져오는 작업을 할 것이다. 먼저, [개요] 시트를 클릭한다. 개요 시트에 있는 20대의 넷플릭스, 왓챠, 디즈니플러스, 웨이브, 티빙의 데이터인 'B8:F43'를 복사한다. 이때 마지막 데이터인 합계 행은 제외해야 한다. 다시 Sheet2로 돌아와 B2셀에 값을 붙여 넣는다.

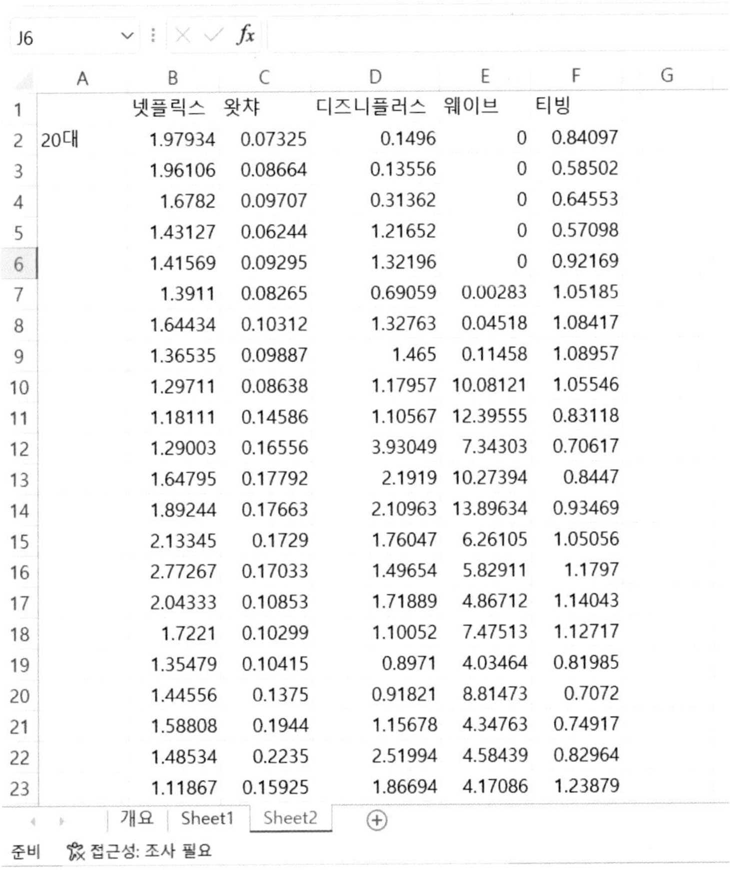

	A	B	C	D	E	F	G
1		넷플릭스	왓챠	디즈니플러스	웨이브	티빙	
2	20대	1.97934	0.07325	0.1496	0	0.84097	
3		1.96106	0.08664	0.13556	0	0.58502	
4		1.6782	0.09707	0.31362	0	0.64553	
5		1.43127	0.06244	1.21652	0	0.57098	
6		1.41569	0.09295	1.32196	0	0.92169	
7		1.3911	0.08265	0.69059	0.00283	1.05185	
8		1.64434	0.10312	1.32763	0.04518	1.08417	
9		1.36535	0.09887	1.465	0.11458	1.08957	
10		1.29711	0.08638	1.17957	10.08121	1.05546	
11		1.18111	0.14586	1.10567	12.39555	0.83118	
12		1.29003	0.16556	3.93049	7.34303	0.70617	
13		1.64795	0.17792	2.1919	10.27394	0.8447	
14		1.89244	0.17663	2.10963	13.89634	0.93469	
15		2.13345	0.1729	1.76047	6.26105	1.05056	
16		2.77267	0.17033	1.49654	5.82911	1.1797	
17		2.04333	0.10853	1.71889	4.86712	1.14043	
18		1.7221	0.10299	1.10052	7.47513	1.12717	
19		1.35479	0.10415	0.8971	4.03464	0.81985	
20		1.44556	0.1375	0.91821	8.81473	0.7072	
21		1.58808	0.1944	1.15678	4.34763	0.74917	
22		1.48534	0.2235	2.51994	4.58439	0.82964	
23		1.11867	0.15925	1.86694	4.17086	1.23879	

개요 | Sheet1 | Sheet2 | (+)

준비 ⚙ 접근성: 조사 필요

그림 4.160 20대 데이터 가져오기

이번에는 30대 데이터를 가져와보자. Sheet2의 A38셀을 선택하고 '30대'를 입력한다. 그다음, [개요] 시트를 클릭하여 30대의 넷플릭스, 왓챠, 디즈니플러스, 웨이브, 티빙 데이터인 'G8:K43'를 복사해서 가져온다. 이때 20대와 마찬가지로 마지막 데이터인 합계를 제외해야 한다. 다시 Sheet2로 돌아와 B38셀에 값을 붙여 넣는다.

	A	B	C	D	E	F	G	H
B38		0.89941						
37		0.7229	0.14908	32.67179	2.91146	1.50465		
38	30대	0.89941	0.0235	0.12526	0	0.41592		
39		0.97226	0.03547	0.11277	0	0.30315		
40		0.69144	0.03663	0.28939	0	0.27753		
41		0.57052	0.02498	0.87781	0	0.25434		
42		0.54955	0.03399	0.7375	0	0.36298		
43		0.52753	0.03144	0.4299	0.00476	0.42069		
44		0.60822	0.03716	0.84318	0.04553	0.43784		
45		0.54299	0.04394	1.19748	0.13521	0.47331		
46		0.51027	0.03727	1.03717	8.30225	0.52467		
47		0.47713	0.06088	1.07804	8.13812	0.41815		
48		0.50709	0.08111	3.70311	5.06367	0.3544		
49		0.696	0.08576	1.93256	5.87456	0.40629		
50		0.76504	0.08322	2.02468	8.83836	0.54669		
51		0.79024	0.07803	1.58111	4.60422	0.69176		
52		1.24577	0.07369	1.47078	4.20873	0.66497		
53		0.86722	0.05114	1.64147	3.48784	0.6008		
54		0.68996	0.04394	1.02997	4.54164	0.55358		
55		0.50053	0.03864	0.84646	3.00383	0.42598		
56		0.52276	0.05061	0.95108	5.94624	0.42048		
57		0.66656	0.07962	1.15979	3.5608	0.45341		
58		0.61563	0.08333	1.919	3.46274	0.47893		
59		0.47935	0.06723	1.63776	3.20332	0.53441		

개요 | Sheet1 | Sheet2 (+)

준비   접근성: 조사 필요

그림 4.161 30대 데이터 가져오기

마찬가지로 40대와 50대 이상 데이터도 동일하게 가져온다. 40대의 경우는 다음과 같다. Sheet2의 'A74'셀을 선택하고 '40대'를 입력한다. 그다음, [개요] 시트를 클릭하여 40대의 넷플릭스, 왓챠, 디즈니플러스, 웨이브, 티빙 데이터인 'L8:P43'를 복사해서 가져온다. 다시 Sheet2로 돌아와 B74셀에 값을 붙여 넣는다. 50대의 경우는 다음과 같다. Sheet2의 'A110'셀을 선택하고 '50대 이상'을 입력한다. 그다음, [개요] 시트를 클릭하여 50대 이상의 넷플릭스, 왓챠, 디즈니플러스, 웨이브, 티빙 데이터인 'Q8:U43'를 복사해서 가져온다. 다시 Sheet2로 돌아와 B110셀에 값을 붙여 넣는다.

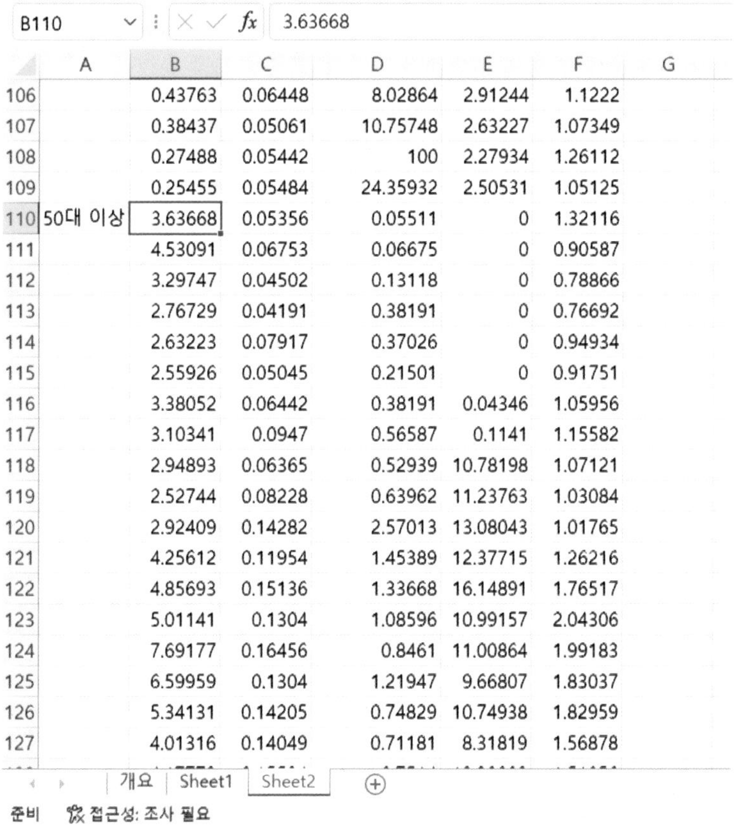
B110 | 3.63668

	A	B	C	D	E	F	G
106		0.43763	0.06448	8.02864	2.91244	1.1222	
107		0.38437	0.05061	10.75748	2.63227	1.07349	
108		0.27488	0.05442	100	2.27934	1.26112	
109		0.25455	0.05484	24.35932	2.50531	1.05125	
110	50대 이상	3.63668	0.05356	0.05511	0	1.32116	
111		4.53091	0.06753	0.06675	0	0.90587	
112		3.29747	0.04502	0.13118	0	0.78866	
113		2.76729	0.04191	0.38191	0	0.76692	
114		2.63223	0.07917	0.37026	0	0.94934	
115		2.55926	0.05045	0.21501	0	0.91751	
116		3.38052	0.06442	0.38191	0.04346	1.05956	
117		3.10341	0.0947	0.56587	0.1141	1.15582	
118		2.94893	0.06365	0.52939	10.78198	1.07121	
119		2.52744	0.08228	0.63962	11.23763	1.03084	
120		2.92409	0.14282	2.57013	13.08043	1.01765	
121		4.25612	0.11954	1.45389	12.37715	1.26216	
122		4.85693	0.15136	1.33668	16.14891	1.76517	
123		5.01141	0.1304	1.08596	10.99157	2.04306	
124		7.69177	0.16456	0.8461	11.00864	1.99183	
125		6.59959	0.1304	1.21947	9.66807	1.83037	
126		5.34131	0.14205	0.74829	10.74938	1.82959	
127		4.01316	0.14049	0.71181	8.31819	1.56878	

개요 | Sheet1 | Sheet2

준비 접근성: 조사 필요

그림 4.162 40대+50대 이상 데이터 가져오기

엑셀 데이터 분석

앞선 과정을 통해 2019년 1월 1일부터 2021년 12월 31일까지 OTT 플랫폼 종류인 '넷플릭스, 왓챠, 디즈니플러스, 웨이브, 티빙'을 검색한 20대, 30대, 40대, 50대 이상의 검색률 데이터를 수집, 정제했다. 이제 엑셀 데이터 분석 기능을 활용하여 본격적인 반복이 있는 이원배치 분산분석을 진행할 차례다. 그렇다면, '연령대'와 'OTT 플랫폼'이라는 두 요인의 각 집단이 서로 영향을 주고받으면서 동시에 평균에 영향을 줄까?

반복이 있는 이원배치 분산 분석

이제 반복이 있는 분산 분석을 할 준비가 다 됐다. ❶ [데이터] 메뉴의 ❷ [데이터 분석 도구]를 클릭한다. ❸ [통계 데이터 분석] 도구 중 [분산 분석: 반복 있는 이원배치법(Anova: Two-Factor With Replication)]을 선택하고 ❹ [확인]을 누른다.

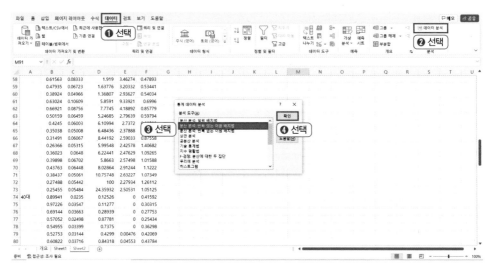

그림 4.163 반복O 이원배치법 데이터 분석 도구

그러면 분산 분석 창이 뜬다. 여기서 ❶ [입력 범위]에 작성한 분산 분석표 전체인 '$A$1:$F$145'를 드래그한다. 여기서 사용하는 데이터의 경우는 2019년 1월1부터 2021년 12월까지 총 36번의 반복을 진행했기 때문에 ❷ [표본당 행수]는 '36'이 된다. 또한 분산 분석의 맨 처음 부분에서 언급했던 것과 같이 0.05를 기준으로 유의성을 구분할 것이기 때문에 ❸ [유의 수준]에 '0.05'를 입력한다. ❹ 마지막으로 [출력 범위]에 빈 셀인 '$I$1'을 선택하고, ❺ [확인]을 클릭한다.

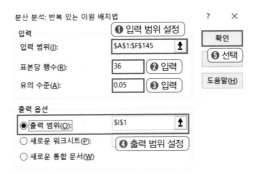

그림 4.164 분산 분석 설정 조건

출력된 결과를 확인한다. 우리가 주목해야 하는 것은 P-value다. N38셀의 P-value를 확인해 보니, 소수점 자릿수가 많아 E로 표기되어 있는 것을 볼 수 있다.

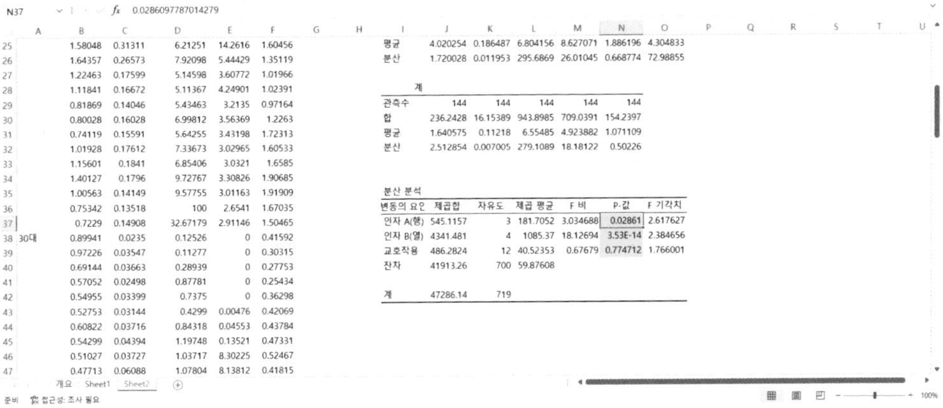

그림 4.165 분산 분석 결과

정확한 숫자를 확인하기 위해 해당 셀인 'N38'을 선택한 후, 마우스 오른쪽 버튼을 클릭하여 [셀 서식]에 들어간다. ❶ [숫자] 범주를 선택하고 ❷ [소수점 자릿수]를 '10'으로 설정한 후, ❸ [확인]을 누른다.

그림 4.166 P-value 설정

정확한 P-value를 확인한다.

	A	B	C	D	E	F	G	H	I	J	K	L	M	N	O
28		1.11841	0.16672	5.11367	4.24901	1.02391			계						
29		0.81869	0.14046	5.43463	3.2135	0.97164			관측수	144	144	144	144	144	
30		0.80028	0.16028	6.99812	3.56369	1.2263			합	236.2428	16.15389	943.8985	709.0391	154.23965	
31		0.74119	0.15591	5.64255	3.43198	1.72313			평균	1.640572	0.11218	6.55485	4.923882	1.071108681	
32		1.01928	0.17612	7.33673	3.02965	1.60533			분산	2.512854	0.007005	279.1089	18.18122	0.502260299	
33		1.15601	0.1841	6.85406	3.0321	1.6585									
34		1.40127	0.1796	9.72767	3.30826	1.90685									
35		1.00563	0.14149	9.57755	3.01163	1.91909			분산 분석						
36		0.75342	0.13518	100	2.6541	1.67035			변동의 요인	제곱합	자유도	제곱 평균	F 비	P-값	F 기각치
37		0.7229	0.14908	32.67179	2.91146	1.50465			인자 A(행)	545.1157	3	181.7052	3.034688	0.028609779	2.617627
38	30대	0.89941	0.0235	0.12526	0	0.41592			인자 B(열)	4341.481	4	1085.37	18.12694	0.0000000000	2.384656
39		0.97226	0.03547	0.11277	0	0.30315			교호작용	486.2824	12	40.52353	0.67679	0.774711698	1.766001
40		0.69144	0.03663	0.28939	0	0.27753			잔차	41913.26	700	59.87608			
41		0.57052	0.02498	0.87781	0	0.25434									
42		0.54955	0.03399	0.7375	0	0.36298			계	47286.14	719				
43		0.52753	0.03144	0.4299	0.00476	0.42069									
44		0.60822	0.03716	0.84318	0.04553	0.43784									

그림 4.167 모든 연령대와 OTT 플랫폼별 P-value

앞에서 진행했던 반복 없는 이원배치 분산 분석과 다른 점을 확인할 수 있다. 바로 교호작용이다. 교호작용이란 변수 간의 상호작용을 확인했다는 뜻이다. '연령대'와 'OTT 플랫폼'이라는 두 요인의 각 집단이 평균에 독립적으로 영향을 주는 것이 아니라, 서로 영향을 주고받으면서 동시에 평균에 영향을 주는 것을 교호작용 혹은 상호작용이라고 한다. 2019년 1월부터 2021년 12월까지 36번에 걸친 반복된 측정을 통해 '연령대'라는 독립변수와 'OTT 플랫폼'이라는 독립변수 간의 상호작용을 확인할 수 있었던 것이다.

	A	B	C	D	E	F
1		넷플릭스	왓챠	디즈니플러스	웨이브	티빙
2	20대	1.97934	0.07325	0.1496	0	0.84097
3		1.96106	0.08664	0.13556	0	0.58502
4		1.6782	0.09707	0.31362	0	0.64553
5		1.43127	0.06244	1.21652	0	0.57098
6		1.41569	0.09295	1.32196	0	0.92169
7		1.3911	0.08265	0.69059	0.00283	1.05185
8		1.64434	0.10312	1.32763	0.04518	1.08417
9		1.36535	0.09887	1.465	0.11458	1.08957
10		1.29711	0.08638	1.17957	10.08121	1.05546
11		1.18111	0.14586	1.10567	12.39555	0.83118
12		1.29003	0.16556	3.93049	7.34303	0.70617
13		1.64795	0.17792	2.1919	10.27394	0.8447
14		1.89244	0.17663	2.10963	13.89634	0.93469
15		2.13345	0.1729	1.76047	6.26105	1.05056
16		2.77267	0.17033	1.49654	5.82911	1.1797
17		2.04333	0.10853	1.71889	4.86712	1.14043

그림 4.168 반복이 있는 이원배치 분산 분석 데이터

그림 4.167의 3개의 P-value를 해석해보면 다음과 같다.

인자A(행)의 P-value를 확인해 보니 0.028609779로, 0.05보다 작았다. 이때 인자A(행)는 무엇을 뜻하는 것일까? 데이터를 확인해보자. 데이터의 행을 확인해 보니, 독립변수 '연령대'라는 것을 알 수 있다. 즉, 연령대에 따른 OTT의 관심도를 뜻하는 것이다. 이를 통해 20대와 30대, 40대, 50대 이상의 연령대를 기준으로 OTT의 관심은 서로 유의미한 차이가 있다는 결론을 얻을 수 있다.

인자B(열)의 P-value는 0에 매우 가까운 값으로, 0.05보다 작다. 인자B(열)는 무엇을 뜻하는 것일까? 데이터의 열을 확인해 보니 넷플릭스와 왓챠, 디즈니플러스, 웨이브, 티빙, 즉 'OTT 플랫폼'에 따른 데이터라는 것을 알 수 있다. 플랫폼의 종류에 따른 OTT의 관심도를 뜻하는 것이다. 이를 통해 넷플릭스와 왓챠, 디즈니플러스, 웨이브, 티빙과 같은 OTT 플랫폼을 기준으로 OTT의 관심은 서로 유의미한 차이가 있다는 결론을 얻을 수 있다.

교호작용의 P-value를 확인해보니 0.77471169로 0.05보다 크게 나타났다. 교호작용이 뜻하는 것은 앞에서 언급했듯이, 열과 행에 해당하는 변수 간의 상호작용이다. 데이터에서 2019년 1월부터 2021년 12월까지 총 36개월의 반복적인 측정을 통해 분석해봤지만, '연령대'라는 변수와 'OTT 플랫폼'이라는 변수의 상호작용은 확인하기 어려웠다. 즉, 연령대와 OTT 플랫폼의 집단이 서로 상호작용으로 영향을 주고받으면서 동시에 평균에 영향을 줄 확률은 낮다고 판단할 수 있다.

요약

지금까지 엑셀 데이터 분석을 통해 3장의 소셜 데이터 분석의 결과를 정량적으로 계산해봤다.

우선 **상관 분석**을 활용하여 〈오징어 게임〉의 감성어/연관어와 밀접한 관계를 가진 키워드를 분석했다. 또한, **회귀 분석**을 통해 사람들이 OTT 서비스를 선택할 때 콘텐츠를 중요 요인으로 생각하는지 파악할 수 있었다. 마지막으로 **분산 분석**을 통해 나이와 플랫폼에 따른 OTT의 관심 정도를 도출해 봤다.

그 결과 다음의 주목할 만한 인사이트를 얻을 수 있었다. 첫째, '오징어게임'과 그 감성어인 '잔인하다'의 상관계수는 다른 감성어에 비해 높은 값이 나왔다. 따라서 사람들은 〈오징어 게임〉에 대해 재미와 흥행보다는 잔인한 감정을 더 크게 느꼈다는 것을 추측할 수 있다. 둘째, 콘텐츠는 OTT에 유의미한 영향을 끼치며 세부적인 확인을 위해 조사한 〈오징어 게임〉과 〈마이 네임〉 역시 넷플릭스의 인기에 영향을 준 것을 확인했다. 즉, '콘텐츠의 다양성'은 사람들의 OTT 플랫폼에 대한 관심을 높여주는 중요한 요소 중 하나라고 짐작할 수 있다. 셋째, 연령대와 OTT 플랫폼은 개별적으로 OTT의 관심도에 영향을 끼치지만, 두 변수의 상호작용이 OTT의 관심에 영향을 줄 확률은 낮게 나타났다. 이같이 소셜 데이터 분석의 '주관적인' 해석이 엑셀 데이터 분석의 정량적인 분석을 통해 '객관적인' 해석으로 변할 수 있게 되었다.

그렇다면 엑셀 데이터 분석의 결과를 데이터 지식이 없는 사람에게도 쉽게 전달할 수 있는 방법이 있을까? 그것은 바로 데이터 시각화다. 데이터 시각화는 데이터 분석 결과를 쉽게 이해할 수 있게 도표라는 시각적 수단을 통해 정보를 효과적으로 전달하는 것이다.[8]

---

8 내용 출처: https://ko.wikipedia.org/wiki/데이터_시각화

데이터 시각화를 하는 이유는 무엇일까? 방대한 양의 데이터를 한눈에 살펴보는 것은 현실적으로 힘들기 때문에 데이터를 한눈에 이해할 수 있게 표나 차트 등으로 정리하는 것이다. 이러한 데이터 시각화를 사용하면 많은 양의 데이터 중 패턴에서 벗어난 값인 이상치나 데이터 간의 패턴 등과 같은 주요 정보를 신속하고 쉽게 발견할 수 있다. 또한, 대부분의 경우 그래픽에 표시된 내용을 해석하는 데 특별한 지식이 필요하지 않으므로 보편적인 이해가 가능하다는 장점이 있다. 그렇다면 시각화 도구에는 어떠한 것이 있고, 각 차트의 활용 분야는 무엇일까? 다음 장에서 이러한 내용을 담은 데이터 시각화에 대해 알아보자.

05

시각적 데이터
분석

쉽고 일목요연하게 데이터를 정리하는 기술,
시각적 데이터 분석

이번 장에서는 실전 활용을 위한 노코드 데이터 분석법 중에서 데이터 지식이 없는 사람도 쉽게
이해 가능한 시각적 데이터 분석을 다룬다. 특히 여러 그래프를 바탕으로 데이터 안에서 공통적
인 패턴을 파악하고, 그 인사이트를 활용하는 탐색적 데이터 분석과 방법을 학습하는 것을 목표
로 한다. 또한 각 분석 방법의 특징을 살펴보며 실무에서 시각화를 통한 데이터 분석을 적극 활
용할 수 있게 돕는다.

'시각적 데이터 분석' 편에서는 4가지 그래프의 유형별 특징을 알아보는 것이 핵심이다. 막대,
선, 영역, 방사형 그래프를 통해 데이터를 **비교**하고, 산점도와 풍선 그래프, 생키(Sankey) 다이
어그램을 바탕으로 변수 간의 상관**관계**를 파악한다. 히스토그램과 상자 그림, 트리맵을 사용하
여 각 그래프의 모양과 이상값 등의 **분포**를 알아보고, 파이, 도넛, 히트맵 그래프로 전체 데이터
에서 해당 값이 차지하는 **구성**을 살핀다. 비교/관계/분포/구성 별로 다양한 그래프를 통해 효율
적으로 데이터를 시각화하는 방법을 알아본다.

데이터 시각화를 통한 분석이란?

시각적 데이터 분석에 관한 세부 내용을 알아보기 전에 '분석'이라는 단어에 초점을 맞춰 데이터
분석의 전반적인 과정을 살펴보자. 데이터를 분석하기 위한 접근 방법은 크게 2가지로 분류된
다. 바로 확증적 데이터 분석과 탐색적 데이터 분석이다.

확증적 데이터 분석 프로세스

먼저 확증적 데이터 분석 프로세스에 대해 알아보자. 4장에서 진행했던 엑셀 데이터 분석 과정을 떠올려보자. '오징어게임'과 '데스게임'의 회귀분석을 위해 제일 먼저 귀무가설과 대립가설을 설정했다(**가설 설정**).

- 귀무가설: 데스게임 콘셉트와 〈오징어 게임〉은 관계가 없다.
- 대립가설: 데스게임 콘셉트가 〈오징어 게임〉에 유의미한 영향을 미친다.

그다음, '오징어게임'과 '데스게임'의 언급량 데이터를 수집(**데이터 수집**)하여 회귀 분석(**통계분석**)을 진행했다. 그 결과, 데스게임 콘셉트가 〈오징어 게임〉에 유의미한 영향을 미친다는 사실(가설 검증)을 발견할 수 있었다. 이러한 엑셀 데이터 분석 과정을 통해 자연스럽게 확증적 데이터 분석을 학습했다. **확증적 데이터 분석**은 전통적인 분석 방법으로, 미리 어떠한 가설을 설정하고 그 가설을 검증하기 위해 여러 데이터를 수집하는 방법이다. 수집한 데이터를 토대로 통계를 분석하여 미리 설정한 가설이 옳고 그른지를 검증하는 분석 방법이라고 할 수 있다. 다시 말해, 확증적 데이터 분석은 앞서 진행한 엑셀 데이터 분석 과정과 같이 관측된 형태나 효과의 재현성 평가, 유의성 검정, 신뢰구간 추정 등의 통계적 추론을 하는 분석 방법이다.

그림 5.1 확증적 데이터 분석 프로세스

탐색적 데이터 분석 프로세스

다음은 탐색적 데이터 분석 프로세스를 살펴보자. **탐색적 데이터 분석**은 가설 등을 미리 설정하고 그에 맞는 데이터 수집과 통계를 분석하는 것이 아니라, 데이터를 수집하고 수집한 데이터를 토대로 시각화하고 각각 수집한 데이터의 패턴을 도출하여 결론 혹은 현상을 발견하는 데이터 분석 방법이다. 이 프로세스는 데이터가 들어왔을 때 다양한 각도에서 관찰하고 이해하는, 한마디로 데이터 자료를 직관적으로 바라보는 과정이다. 탐색적 데이터 분석은 이론적 배경이나 선행 연구에 근거하기보다는 데이터가 보여주는 결과 자체를 그대로 받아들이므로 이론 생성 과정에 가깝고, 데이터 지향적인 성격을 띤다고 할 수 있다. 가설이나 모형 없이 원 데이터(Raw data)를 가지고 유연하게 데이터를 탐색하고, 데이터의 특징과 구조로부터 얻은 정보를 바탕으로 통계 모형을 만드는 분석 방법이다. 수집한 데이터가 들어왔을 때 이를 있는 그대로 다양한 각도에서 관찰하고 이해하는 과정이라고 할 수 있다.

그림 5.2 탐색적 데이터 분석 프로세스

두 분석 방법의 차이점

그렇다면 두 데이터 분석의 차이점은 무엇일까? 사례를 통해 확증적 데이터 분석과 탐색적 데이터 분석의 차이가 무엇인지 살펴보자. 학술지 "사회적 영향"(Daily Mail, 2013)[1]에 따르면, 구름 낀 날 보다 화창한 날에 여성을 유혹하기 더 쉽다고 한다. 즉, 여성이 흐린 날보다 맑은 날 남성의 '유혹'에 더 쉽게 마음을 연다는 연구 결과가 나온 것이다. 해당 연구를 진행한 프랑스 남브르타뉴대학교 연구팀은 지난해 5월~6월 프랑스의 해안 도시 2곳에서 젊고 매력적인 남성을 뽑아 무작위로 고른 여성 500명에게 접근시켰다. 연구팀은 기온(18℃~22℃)이 비슷한 조건에서 해가 쨍쨍한 날과 흐린 날(비는 오지 않는)로 나누어 실험을 진행했다. 남성은 또래의 여성에게 접근해 "저는 OOO입니다. 당신이 너무 예뻐서요. 이제 저는 일을 하러 가야 하는데, 혹시 전화번호를 알려 주실 수 있나요? 제가 전화드릴게요. 함께 한잔해요."라고 말한 뒤 여성을 응시하면서 10초간 반응을 기다렸다. 실험 결과, 화창한 날에는 20%의 여성이 전화번호를 알려준 반면, 흐린 날에는 13.9%의 여성만이 전화번호를 알려줬다. 연구팀을 이끈 니콜라 게겐 교수는 "보통 사람들은 햇살이 밝게 비치는 날 더 기분이 좋은 경향이 있다."며 이 때문에 남성은 화창한 날 여성을 더 쉽게 유혹할 수 있다고 설명했다.

---

1 내용 출처: https://bit.ly/3pEjz31

그림 5.3 날씨와 유혹 예시 이미지

이러한 연구 과정은 어떤 데이터 분석 프로세스를 적용한 것일까? 바로 탐색적 데이터 분석 과정이다. 앞서 살펴본 것처럼 탐색적 데이터 분석은 어떠한 가설을 정하고 데이터를 수집하는 것이 아닌 데이터를 수집하고 나서 수집한 데이터를 토대로 패턴을 도출하여 결론 혹은 현상을 발견하는 데이터 분석 방법이다. 여성을 유혹한 남성의 자료를 분석했을 때 일부 남성이 다른 남성보다 더 쉽게 유혹하는 현상이 발견됐는데, 차이는 날씨가 흐린 날과 화창한 날의 차이였다. 이를 근거로 '여성을 유혹할 때는 날씨가 관계가 있다'는 인사이트를 도출할 수 있다.

반면 확증적 데이터 분석은 '여성을 유혹할 때는 날씨가 관계가 있다'라는 가설을 세우고 이 가설이 맞는지 검증하기 위해 무작위로 테스트를 진행한다. 테스트 결과 화창한 날이 흐린 날에 비해 여성을 유혹하기 쉬웠다는 결과가 나오면 이 가설은 부합한 것이다. 화창한 날과 흐린 날의 차이가 없거나 흐린 날임에도 불구하고 여성을 유혹하는 데 날씨가 지장이 없었다면 가설은 거짓이된다. 지금까지 2가지 데이터 분석 방법에 대해 알아봤다. 다음 표를 통해 탐색적 데이터 분석과 확증적 데이터 분석의 특징을 정리해보자.

표 5.1 탐색적 데이터 분석과 확증적 데이터 분석의 차이점

구분	탐색적 데이터 분석	확증적 데이터 분석
특징	관측된 형태나 효과의 재현성 평가, 유의성 검정, 신뢰구간 추정 등의 통계적 추론을 하는 분석 방법	데이터를 수집하고 수집한 데이터를 토대로 시각화하고 각각 수집한 데이터의 패턴을 도출하여 결론 혹은 현상을 발견하는 데이터 분석 방법
프로세스	가설설정 → 데이터수집 → 통계분석 → 가설검증	데이터수집 → 시각화탐색 → 패턴도출 → 인사이트발견

탐색적 데이터 분석의 필요성

지금까지 탐색적 데이터 분석과 확증적 데이터 분석의 개념과 차이점을 살펴봤다. 확증적 데이터 분석 프로세스의 경우, 4장의 엑셀 데이터 분석에서 자세히 알아보았다. 잠시 엑셀 데이터 분석 과정을 떠올려보자. 〈오징어 게임〉과 데스게임 콘셉트가 관계가 없다는 귀무가설을 설정하고 각각의 언급량 데이터를 수집하여 회귀분석을 진행한 결과, 데스게임 콘셉트가 〈오징어 게임〉에 유의미한 영향을 미친다는 사실을 검증할 수 있었다. 하지만 이런 확증적 데이터 분석이 무조건 좋은 방법이라고 말하기는 어렵다. 확증적 데이터 프로세스로 분석을 진행할 때 가설 검정 등에 치우쳐 데이터 자체가 가지고 있는 본연의 의미를 발견하기 어렵다는 한계점이 종종 발생한다.

보통 데이터 분석에서 통계 결과를 놓고 결과를 해석하는 경우가 많은데, 다음의 "동일한 통계, 다른 그래프"(알베르토 카이로[Alberto Cairo], 2016)[2]를 통해 하나의 값만을 맹목적으로 신뢰하는 것은 적절치 않다는 사실을 알 수 있다. 여기 소수점 두 자릿수를 기준으로 평균과 표준편차, 상관계수인 요약 통계값이 동일한 데이터셋이 있다. 일반적으로 해당 데이터셋을 시각화한다면, 하나의 시각적 패턴이 나타날 것으로 추측할 수 있다. 하지만 결론은 달랐다. 그림 5.4에서도 알 수 있듯이 같은 요약 통곗값을 가지고 있는 데이터셋을 시각화했지만, 하나의 시각적 패턴이 아닌 뚜렷하게 구분되는 12개의 데이터 패턴(Datasaurus Dozen)이 나타났다. 동일한 요약 통곗값을 가졌지만, 시각적 패턴이 모두 다르게 도출된 것이다. 즉, 하나의 요약 통곗값만을 맹목적으로 신뢰하는 것은 적절치 않다는 것이다. 그렇다면 이러한 문제점을 해결할 수 있는 방법은 무엇일까? 바로 탐색적 데이터 분석을 함께 고려하는 것이다.

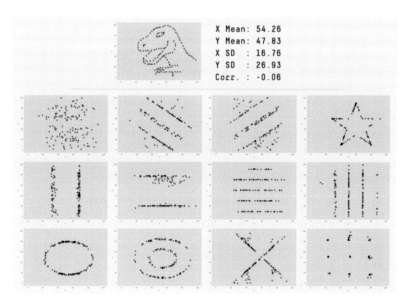

그림 5.4 Datasaurus Dozen

확증적 데이터 프로세스와 더불어 탐색적 데이터 프로세스를 함께 사용하면 무엇이 좋을까? 가설 검증을 목적으로 데이터를 수집하고 분석했던 기존의 통계학적 방법인 확증적 데이터 분석만으로는 데이터가 새로 많이 얻어질 때 핵심 의미를 파악하기가 어렵다. 이때 가설을 정하고 데이터를 수집하는 것이 아니라, 탐색적 데이터 분석 프로세스를 활용하여 열린 상태로 데이터를 수집하고 시각화하여 패턴을 확인함으로써 이러한 단점을 보완할 수 있다. 또한 데이터의 분포 값을 검토함으로써 데이터가 말하고자 하는 바를 더 이해하기 쉬우며 잠재적인 문제를 발견했을 경우 해결 또는 수정도 가능하다. 이에 따라 본격적인 데이터 수집과 분석에 들어가기 전에 데이터의 수집 범위 등을 정할 수 있으며 원하는 정도로 깊게 탐색할 수도 있다. 이러한 과정은 데이터를 다양한 시각에서 바라보게 하고 새로운 패턴이 도출됐을 때 기존 가설을 수정하거나 새로운 가설을 수립하는 등 능동적으로 대처하고 데이터를 분석해 나갈 수 있게 한다.

이러한 탐색적 데이터 분석에 사용되는 대표적인 방법 중 하나는 데이터 시각화다. 네이버 지식백과 정의에 따르면, 데이터 시각화(data visualization)는 데이터 분석 결과를 쉽게 이해할 수 있도록 시각적으로 표현하고 전달하는 과정이다. 또한 데이터 시각화 도구인 tableau(태블로) 홈페이지[3]에서는 데이터 시각화를 그래프, 맵과 같은 시각적 요소를 사용하여 데이터에서 추세,

---

3 내용 출처: https://tabsoft.co/3pGPqQY

이상값, 패턴을 보고 이해할 수 있게 해주는 방법으로 소개한다. 이러한 데이터 시각화를 사용하면 데이터를 분석할 때 엄청난 양의 데이터에서 이상치와 패턴 등의 중요 정보를 신속하고 용이하게 발견할 수 있다는 장점이 있다. 또한 데이터를 공유하는 과정에서 사용자의 흥미를 유발하거나 몰입도를 높일 수도 있다.

한 가지 예시를 통해 데이터 시각화의 유용성을 자세히 알아보자. 백의천사로 익숙한 나이팅게일은 간호사이자 통계학자였다. 그녀의 가장 유명한 시각화는 바로 '로즈 다이어그램'이다. 나이팅게일은 전쟁에서 부상으로 인한 사망자보다 병원의 위생 문제 때문에 사망하는 병사들이 훨씬 많다는 사실을 알아냈다. (다음 그림의 빨간색은 전투 중 입은 부상으로 인한 사망, 검은색은 기타 원인, 회색은 예방 가능한 질병으로 인한 사망을 나타낸다.) 그녀는 이러한 시각화와 설명을 담은 편지를 의회에 보냈고, 이것이 받아들여져 영국 정부는 조립식 병원 건설과 환자에게 음식을 제공할 별도의 주방을 만드는 조치를 취했다. 나이팅게일은 데이터에서 더 쉽고 빠르게 조치를 취할 수 있게 자신의 연구 결과를 그래픽으로 표현했고, 그 결과 많은 군인의 생명과 의료에 지대한 영향을 미칠 수 있었다.

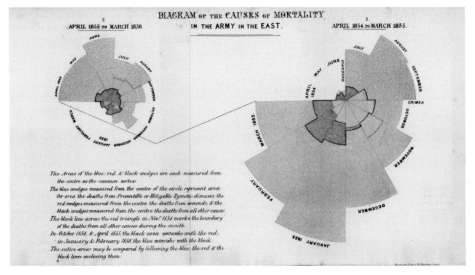

그림 5.5 나이팅게일의 로즈 다이어그램[4]

---

4   그림 출처: 위키피디아(https://bit.ly/3AlhQA2)

나이팅게일의 로즈 다이어그램을 통해 데이터 시각화의 필요성을 알아봤다. 이제 본격적으로 데이터 시각화에 쓰이는 다양한 그래프를 살펴보자. 단순하게 테이블에 있던 데이터 정보를 그래프에 옮기기만 하면 데이터에 대한 이해도가 올라갈까? 두 그래프를 비교해 그 해답을 찾아보자. 다음은 2022년 1월 1일부터 1월 14일까지의 우리나라 코로나 확진자 수를 시각화한 결과다. 이어지는 시각화 그림은 코로나바이러스감염증-19의 발생현황 데이터를 다운로드 받아 태블로를 활용하여 막대 그래프와 풍선 그래프로 재구성한 결과다.

표 5.2 코로나바이러스감염증-19의 발생 현황 데이터[5]

날짜	확진자 수
2022-01-01	4,414
2022-01-02	3,831
2022-01-03	3,125
2022-01-04	3,022
2022-01-05	4,441
2022-01-06	4,123
2022-01-07	3,713
2022-01-08	3,507
2022-01-09	3,371
2022-01-10	3,005
2022-01-11	3,094
2022-01-12	4,383
2022-01-13	4,164
2022-01-14	4,538

5　표 출처: 코로나바이러스감염증-19(https://bit.ly/3dSJpxz)

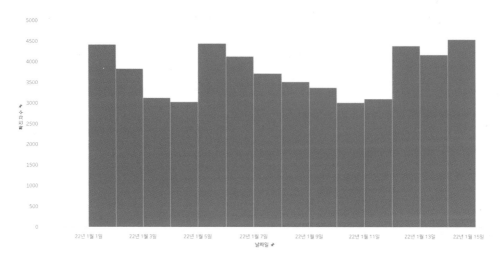

그림 5.6 코로나 확진자 수 막대 그래프

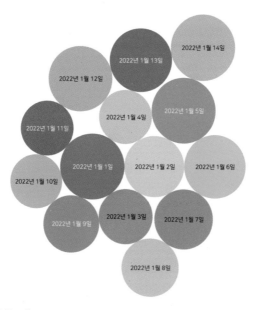

그림 5.7 코로나 확진자 수 풍선 그래프

코로나 확진자 수가 제일 많은 날짜를 찾고자 할 때 더 유용한 그래프는 무엇일까? 대부분 사람은 막대 그래프라고 대답할 것이다. 그 이유는 면적을 기준으로 원의 크기를 비교하는 것보다 길이를 기준으로 막대를 비교하는 것이 훨씬 쉽고 직관적이기 때문이다. 즉, 같은 데이터라고 하더

라도 어떻게 그리는지에 따라 정보의 가시성 면에서 크게 차이가 난다. 따라서 어떠한 데이터를 어떤 목적으로 시각화할 것인지 식별한 다음, 적절한 그래프 유형을 선택하는 것이 중요하다. 데이터 그래프 유형은 목적에 따라 크게 비교, 관계, 분포, 구성으로 분류된다. 그래프 라이브러리인 TOAST UI와 Google Charts의 그래프를 통해 각 목적별로 어떤 그래프가 있는지 자세히 알아보자.

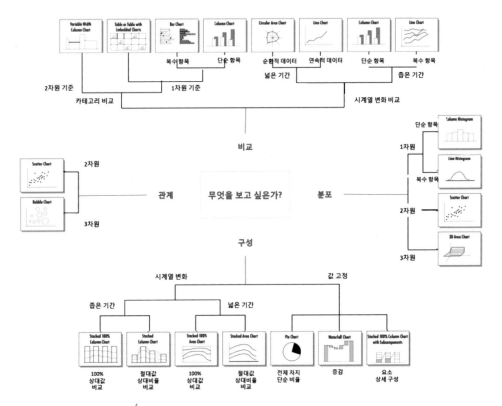

그림 5.8 데이터 시각화 정리표[6]

그래프의 유형별 특징과 활용 방안 ① – 비교

비교 그래프는 값을 서로 비교하는 데 사용된다. 특히, 범주 간의 차이 또는 시간 경과에 따른 값의 변동 등 값의 차이를 자세히 보여준다. 비교 그래프로는 '올해 총 판매량이 가장 높은 제품

6 그림 출처: 훌륭한 프레젠테이션 방법(https://bit.ly/3AdJWSq)

은?'이나 '지난 12개월 동안 제품 판매량은 얼마나 증가/감소했나요?'와 같은 질문에 답할 수 있다. 비교에 사용되는 그래프는 막대 그래프, 선 그래프, 영역 그래프, 방사형 그래프가 있다.

막대 그래프(Bar chart)

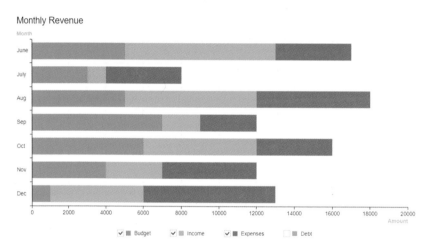

그림 5.9 막대 그래프[7]

막대 그래프는 가로 막대 또는 세로 막대(열 그래프)를 사용하여 범주 간의 개별 숫자 비교를 표시한다. 그래프의 한 축은 비교되는 특정 범주를 나타내고 다른 축은 개별 값 척도를 나타낸다. 막대 그래프의 데이터는 'A', 'B', 'C'와 같이 종류를 표시하는 범주형이므로 "얼마나 많은가?"라는 질문에 답할 수 있다. 막대 그래프의 한 가지 단점은 막대 수가 많을 때 레이블이 복잡해진다는 것이다.

---

7 그림 출처: TOAST UI(https://bit.ly/3R8RbC0)

선 그래프(Line chart)

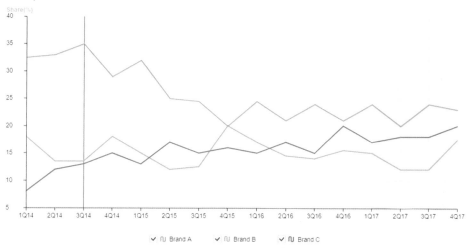

그림 5.10 선 그래프[8]

선 그래프는 연속적인 간격 또는 기간의 정량적 값을 표시하는 데 사용된다. 선 그래프를 통해 추세를 표시하고 시간 경과에 따른 데이터 변화를 분석할 수 있다. 그래프에서 선의 방향은 데이터 값을 해석하는 데 도움을 준다. 양의 기울기는 값이 증가한다는 것을 나타내고, 음의 기울기는 값이 감소하는 것을 나타낸다. 이러한 그래프의 기울기에 따라 데이터의 추세를 나타내는 패턴을 생성할 수 있다. 또한 선 그래프는 다른 선과 그룹화하면 개별 선을 서로 비교할 수 있다는 장점도 있다. 하지만 그래프당 3-4개 이상의 선을 사용하면 그래프가 더 복잡해지고 가독성이 떨어지므로 4개 이상의 선을 사용하는 것은 추천하지 않는다.

---

8 그림 출처: TOAST UI(https://bit.ly/3CyRmSZ)

영역 그래프(Area chart)

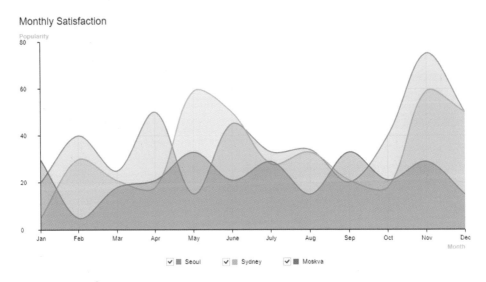

Monthly Satisfaction

그림 5.11 영역 그래프[9]

영역 그래프는 선 그래프지만, 선 아래 영역이 특정 색상이나 질감으로 채워져 있다. 영역 그래 프는 먼저 데이터를 점으로 표시하고, 표시한 점 사이를 선으로 연결한 다음, 선 아래의 공간을 채우는 방식으로 그려진다. 영역 그래프는 선 그래프와 마찬가지로 간격 또는 기간에 따른 정량 적 값의 발전을 표시하는 데 사용된다. 특히, 특정 값을 전달하기보다는 추세를 보여주는 데 가 장 일반적으로 사용된다.

---

9 그림 출처: TOAST UI(https://bit.ly/3pN3JDC)

방사형 그래프(Radial Bar)

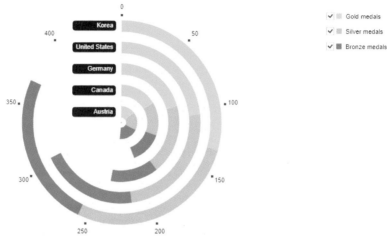

그림 5.12 방사형 그래프[10]

방사형 그래프는 수직 형태의 직교 좌표계가 아닌 두 점 사이의 관계를 각이나 거리로 표현하는 극 좌표계에 그려진 막대 그래프를 말한다. 방사형 그래프는 위 그림과 같이 가운데 중심점을 기준으로 3개 이상의 변수 값을 비교할 때, 각 항목의 비율뿐만 아니라 균형과 경향을 직관적으로 파악할 수 있다는 장점이 있다. 하지만 막대 길이가 잘못 해석될 수 있다는 치명적인 문제점이 있다. 왜냐하면 원 외부의 막대는 동일한 값을 나타내더라도 바깥으로 갈수록 상대적으로 길어지기 때문이다. 사람의 시각 시스템은 직선을 더 잘 해석하므로 막대 그래프가 값을 비교하는 데 더 나은 선택일 수 있다.

그래프의 유형별 특징과 활용 방안 ② – 관계

관계형 그래프는 값의 상관관계를 찾는 데 사용된다. 특히, 관계형 그래프를 사용하면 다른 자료와는 극단적으로 다른 값인 이상값이나 비슷한 특성으로 분류된 클러스터를 찾을 수 있다. 관계형 그래프로는 '광고비 지출과 제품 판매량에는 어떠한 상관관계가 있나요?'나 '국가별 지출과 수

10 그림 출처: TOAST UI(https://bit.ly/3pM9LUN)

입이 어떻게 다를까요?'와 같은 질문에 답을 할 수 있다. 관계에 사용되는 그래프로는 산점도, 생키 다이어그램, 풍선 그래프가 있다.

산점도(Scatter chart)

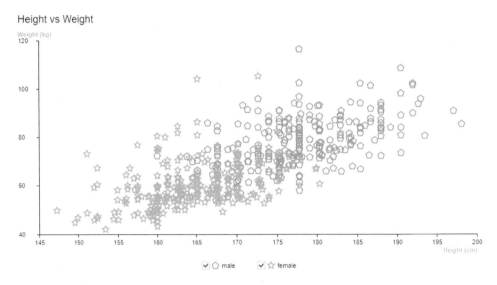

그림 5.13 산점도[11]

산점도는 좌표상에 점들을 표시함으로써 두 변수 간의 관계를 나타내는 그래프다. 각 축에 변수를 표시하여 두 변수 사이에 관계 또는 상관관계가 존재하는지 여부를 알아낼 수 있다. 이때 산점도에 표시되는 패턴을 통해 다양한 유형의 상관관계를 해석할 수 있다. 상관관계의 강도는 그래프에서 포인트가 서로 얼마나 가까이 밀집되어 있는지에 따라 결정된다. 즉, 산점도는 짝을 이루는 숫자 데이터가 있고, 한 변수가 다른 변수에 영향을 미치는지 확인하려는 경우에 자주 사용된다. 그러나 상관관계가 반드시 인과관계로 연결되지는 않으며, 제삼의 변수가 결과에 영향을 미칠 수도 있다는 사실을 잊지 말아야 한다.

---

11 그림 출처: TOAST UI(https://bit.ly/3QU4Eh8)

생키 다이어그램(Sankey Diagram)

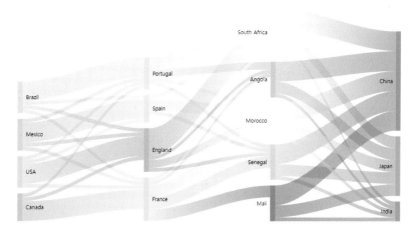

그림 5.14 생키 다이어그램[12]

생키 다이어그램은 화살표의 너비로 흐름의 양을 비율적으로 보여준다. 화살표 또는 선은 프로
세스의 각 단계에서 경로를 통해 함께 결합되거나 분할될 수 있다. 색상은 다이어그램을 다른 범
주로 나누거나 프로세스의 한 상태에서 다른 상태로의 전환을 표시하는 데 사용한다. 일반적으
로 생키 다이어그램은 에너지나 돈, 또는 재료의 이동을 시각적으로 표시하는 데 사용되지만 격
리된 시스템 프로세스의 흐름을 표시하는 데도 사용할 수 있다.

---

12 그림 출처: Google Charts(https://bit.ly/3AKdAA0)

풍선 그래프(Bubble chart)

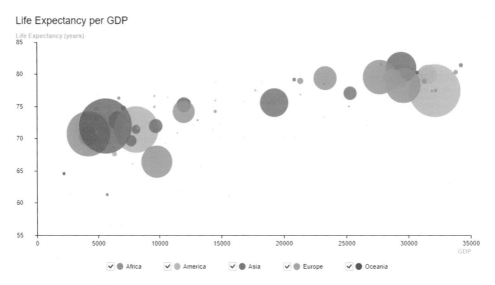

그림 5.15 풍선 그래프[13]

풍선 그래프는 x, y 값의 위치를 표시하는 산점도에 점의 위치에 해당하는 제 3의 변수값을 원의 크기로 표현한 그래프로 한 번에 3개의 변수를 비교할 수 있다. 풍선 그래프는 각 부분 간의 구조적, 순차적 또는 절차상의 관계를 중점으로 하지 않고 주로 각 개념 또는 전체와 부분 사이의 연관성을 설명하기 위해 사용한다. 이렇게 도출된 풍선 그래프로 데이터의 전반적인 패턴과 상관관계를 파악할 수 있다. 이때 버블이 너무 많으면 그래프를 읽기 어려울 수 있으므로 데이터 크기가 제한된다. 또한, 한 가지 유의할 점은 버블의 크기는 반지름이나 지름이 아닌 원의 면적을 기준으로 그려야 한다는 것이다. 반지름이나 지름으로 면적을 그릴 경우, 버블의 크기가 기하급수적으로 변할 뿐만 아니라 인간의 시각 시스템에 의해 잘못된 해석으로 이어질 수 있다.

그래프의 유형별 특징과 활용 방안 ③ – 분포

분포 그래프는 데이터 내 값의 그룹화 방식을 파악하는 데 사용된다. 또한 분포 그래프는 데이터의 모양, 데이터의 값 범위, 가능한 이상값을 보여준다. 분포 그래프로는 '연령대별 고객의 수는

13 그림 출처: TOAST UI(https://bit.ly/3CyhaP6)

얼마나 되나요?'나 '해당 제품을 가장 많이 사용한 도시는 어느 곳인가요?'와 같은 질문에 답할 수 있다. 분포에 사용되는 그래프는 히스토그램, 상자 그림, 트리맵이 있다.

히스토그램(Histogram)

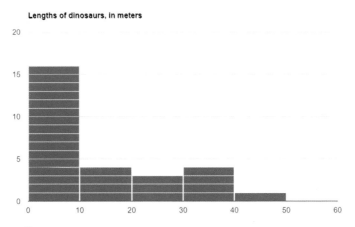

그림 5.16 히스토그램[14]

히스토그램은 연속적인 간격 또는 특정 기간 동안의 데이터 분포를 시각화한 그래프다. 히스토그램의 각 막대는 변수에 대한 구간별 빈도수를 나타낸다. 히스토그램은 값이 집중된 위치나 극단값 및 간격 또는 비정상적인 값이 있는지 여부를 확인하는 데 도움이 된다. 또한 확률 분포를 대략적으로 볼 때 유용하게 사용된다.

14 그림 출처: Google Charts(https://bit.ly/3R5eoF3)

상자 그림(Box plot)

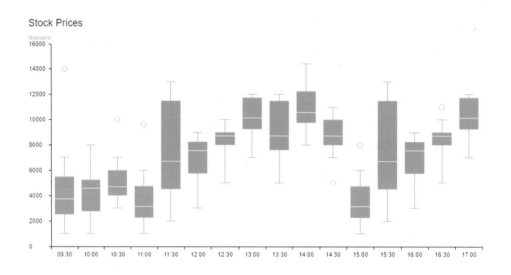

그림 5.17 상자 그림[15]

상자 그림은 사분위수를 통해 데이터 분포를 시각적으로 표시하는 편리한 방법이다. 상자에서 평행하게 뻗어 있는 선을 통해 상위 및 하위 사분위수 외부의 변동성을 파악할 수 있다. 이때, 패턴에서 벗어난 값인 이상치는 상자 그림에서 멀리 떨어진 개별 점으로 표시된다. 상자 그림은 히스토그램과 비교할 때 원시적으로 보일 수 있지만, 공간을 덜 차지한다는 장점이 있어 많은 그룹이나 데이터 세트 간의 분포를 비교할 때 유용하다. 박스 플롯을 통해 평균, 중앙값 25번째 백분위 수, 이상치와 같은 데이터 값과 해당 분포의 대칭 여부 및 밀집 정도를 파악할 수 있다.

---

15 그림 출처: TOAST UI(https://bit.ly/3Ko7VD8)

트리맵(Tree map)

Used disk space

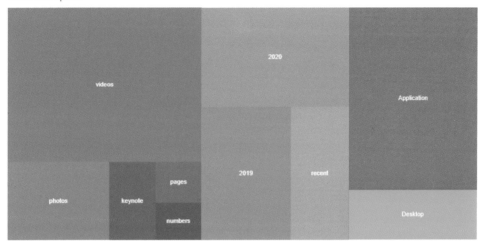

그림 5.18 트리맵[16]

트리맵(Tree Map)은 이름에서도 알 수 있듯이 나무처럼 가지들이 뻗어나가는 모양으로 영역 크기를 통해 각 범주에 대한 수량을 표시하는 시각화 방법이다. 먼저 뷰 전체를 차원의 개별 데이터 요소들로 나눈다. 그러면 전체에 대한 항목별 비율에 따라 크기가 다른 트리맵이 만들어진다. 이때, 전체를 기준으로 차지하는 비율이 클수록 큰 사각형으로, 비율이 작아질수록 작은 사각형으로 분할된다. 따라서 트리맵은 전체를 기준으로 다양한 항목의 구성비율을 전달하는 데 유용하게 작동한다.

그래프의 유형별 특징과 활용 방안 ④ – 구성

구성 그래프는 전체 값을 가져와서 그 전체 값을 구성하는 요소 값을 확인하는 데 사용된다. 구성 그래프는 정적이며 전체 값 중 현재 구성 값을 표시하거나 시간이 지남에 따라 전체 값 중 구성 값이 어떻게 변경되는지 표시할 수 있다. 구성 그래프로는 '해당 국가의 판매량은 전체 판매량 중 몇 퍼센트를 차지하나요?'나 '올해 분기별 예산액 중 인사 부서의 할당량은 얼마인가요?'와 같은 질문에 답할 수 있다. 구성에 사용되는 그래프는 파이 그래프, 도넛 그래프, 히트맵이 있다.

---

16 그림 출처: TOAST UI(https://bit.ly/3wxBrk8)

파이 그래프(Pie chart)

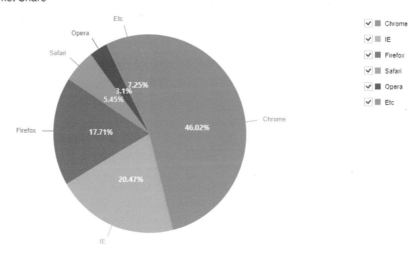

Browser Market Share

그림 5.19 파이 그래프[17]

파이 그래프는 범주별 구성 비율을 원형으로 표현한 그래프로, 범주 간의 비율과 백분율을 표시하는 데 도움이 된다. 각 호의 길이는 각 범주의 비율을 나타내고, 전체 원은 100%와 동일한 모든 데이터의 총합을 나타낸다. 파이 그래프는 특히 독자에게 데이터의 비례 분포에 대한 빠른 아이디어를 제공하는 데 이상적이다. 그러나 표시되는 값의 수가 증가함에 따라 각 세그먼트의 크기가 작아지기 때문에 대용량 데이터에는 이 그래프가 적합하지 않다는 단점을 가지고 있다. 그럼에도 불구하고 전체 내에서 주어진 범주(한 조각)를 비교하는 상황에서 파이 그래프는 종종 더 효과적이다.

17 그림 출처: TOAST UI(https://bit.ly/3Cz1fAj)

도넛 그래프(Donut chart)

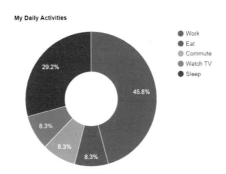

그림 5.20 도넛 그래프[18]

도넛 그래프는 기본적으로 중앙 영역이 잘린 원형 그래프다. 파이 그래프는 때때로 조각의 비례 영역에 사람들을 집중시켜 조각 간의 차이점을 확인하기 어렵다는 단점이 있다. 이에 반해 도넛 그래프는 조각 간의 비율을 비교하는 것보다 호의 길이를 읽는 데 집중하게 하여 이러한 문제를 해결했다. 또한 도넛 그래프는 그래프 내부의 정보를 표시하는 데 사용할 수 있기 때문에 파이 그래프보다 더 공간 효율적인 측면을 가지고 있다.

히트맵(Heat map)

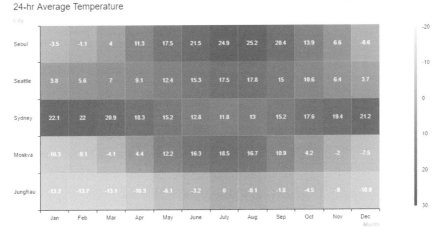

그림 5.21 히트맵[19]

---

18 그림 출처: Google Charts(https://bit.ly/3KgYhSE)
19 그림 출처: TOAST UI(https://bit.ly/3Kmagyi)

숫자 대신 색상이 포함된 테이블이나 스프레드시트를 생각하면 히트맵을 가장 쉽게 이해할 수 있다. 히트 맵(heat map)은 열을 뜻하는 히트(heat)와 지도를 뜻하는 맵(map)을 결합시킨 단어로, 색상으로 표현할 수 있는 다양한 정보를 일정한 이미지 위에 열 분포 형태의 비주얼한 그래픽으로 출력한 것이 특징이다. 주로 웹사이트의 방문자를 분석하는 웹 로그 분석에 많이 사용하는 분석 기법으로, 웹페이지에서 발생하는 방문자의 마우스 클릭을 열 분포 형태의 이미지로 변환하여 사이트 이미지 위에 겹쳐서 보여주며, 클릭이 많이 발생하는 영역은 붉은색으로, 클릭이 적게 발생하는 영역은 푸른색으로 표현한다.

데이터 시각화 리포트를 통한 데이터 읽기

지금까지 데이터 그래프 유형을 목적에 따라 비교/관계/분포/구성으로 분류하고, 각 카테고리의 다양한 시각화 그래프에 대해 살펴봤다. 그렇다면 실무에서 데이터 시각화는 어떻게 활용될까? "코로나19 이후, 글로벌 공급망"(THE STRAITS TIMES, 2021)의 사례를 통해 데이터 시각화의 실무 활용 예시를 알아보겠다.

"코로나19 이후, 글로벌 공급망"(THE STRAITS TIMES, 2021)

살펴볼 내용은 "코로나 이후의 글로벌 공급망의 변화"(THE STRAITS TIMES, 2021)[20]다. 중국을 시작으로 한국, 이탈리아, 이란 등 전 세계 나라에 COVID-19가 확산되면서 기업들의 글로벌 공급망에 문제가 발생했다. 코로나 전에는 중국에서 싱가포르로 컨테이너를 운송하는 데 약 2주가 걸렸지만, 지금은 최대 40일이 걸린다고 한다. 이같이 Covid-19 폐쇄, 생산 문제, 선적 컨테이너 부족 및 노동 혼란으로 인해 전 세계 항구가 정체 상태가 되었다. 이러한 코로나 19 이후의 글로벌 공급망 상황을 시각화 그래프를 통해 알아보자.

다음은 컨테이너 화물 가격의 변화를 보여주는 선 그래프다. 급증하는 수요를 감당해야 하는 컨테이너와 선박이 부족해 운송비가 폭등한 것을 확인할 수 있다. 특히, 4월을 기준으로 중국 상하이에서 미국의 로스앤젤레스와 네덜란드의 로테르담으로 운송되는 비용이 급증한 것을 확인할 수 있다. 이와 같은 비싼 화물 운송비로 인하여 전자제품, 스포츠 장비, 의류가 항구 근처 컨테이너에 포장되어 방치되었고, 사람들은 물품이 공급되기만을 기다렸다.

---

20 내용 및 그림 출처: https://bit.ly/3ck8MYT

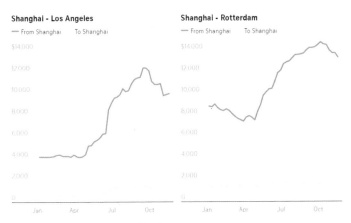

그림 5.22 선 그래프로 나타낸 컨테이너 화물 가격의 추이

이러한 거대한 공급망 혼란은 시간이 갈수록 더욱 심화됐다. 2020년 초에 글로벌 제조의 중심지인 중국이 바이러스 확산을 억제하기 위해 공장을 폐쇄했기 때문이다. 곧 말레이시아, 베트남, 대만과 같은 다른 지역의 공장도 바이러스로 인해 강제 폐쇄되었다. 그러나 새로운 변화가 찾아왔다. 집에 갇힌 사람들이 여행 제한 속에서 살아남기 위해 스포츠 장비, 게임 콘솔, 베이킹 장비 및 전자 제품과 같은 물품을 더 많이 구매하기 시작했다. 팬데믹 기간 동안 상품 수요가 급증하기 시작했고, 공장이 다시 문을 열자 제조업체들은 증가하는 수요를 충족시키기 위해 생산량을 늘리려고 했다. 그러나 제조업체들은 원자재, 노동력 및 제품을 선적할 컨테이너 부족과 같은 많은 문제에 직면했다. 설상가상으로, 2021년 3월 초대형 컨테이너선이 수에즈 운하에 멈춰 거의 일주일 동안 교통이 차단되면서 공급망이 더욱 혼란에 빠지게 됐다. 그 결과, 다음의 영역 그래프에서 확인할 수 있듯이 350척 이상의 선박이 교통체증에 갇혀 193km의 운하를 통과하기를 기다렸다.

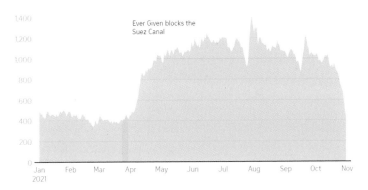

그림 5.23 영역 그래프로 나타낸 중국 해안 대기 선박 수

이와 같이 컨테이너 화물 가격의 상승과 대기 선박 수의 증가로 인한 연쇄 효과로 각 나라의 공급망이 지연되는 현상이 발생했다. 다음 맵 그래프를 통해 나라별로 평균적인 공급 지연 정도를 확인할 수 있다. 지금도 세계적으로 여러 항구에서 공급망 문제가 발생하고 있다. 이와 관련하여 일부 업계 전문가들은 연휴 쇼핑이 끝난 후 소비자 수요가 떨어지면 글로벌 공급망 병목 현상이 완화되기 시작할 것이라고 말했다. 그러나 최근 오미크론 변종의 출현과 국경 통제를 강화하는 일부 국가의 대응으로, 소비자 수요에 잠재적인 영향이 있을 수 있다. 따라서 이러한 조치가 공급망 악화나 인플레이션을 유발할지 관심을 가지고 꾸준히 지켜봐야 할 것이다.

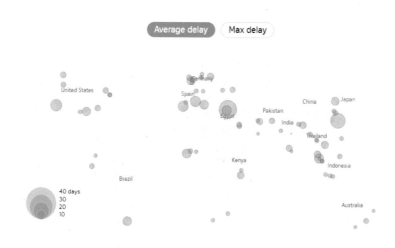

그림 5.24 맵 그래프로 나타낸 나라별 공급망 평균 지연일

지금까지 데이터 시각화의 목적에 따라 비교/관계/분포/구성의 다양한 그래프를 살펴봤다. 또한 실무에서 데이터 시각화의 활용 예시를 살펴보기 위해 "코로나 이후의 글로벌 공급망의 변화"(THE STRAITS TIMES, 2021)를 자세히 확인해봤다.

요약

지금까지 총 5장으로 구성된 《데이터 드리븐 디자인씽킹》을 모두 살펴봤다.

먼저 1장에서는 실전 활용을 위한 노코드 데이터 분석법 중에서도 데이터로 고객의 욕망을 읽을 수 있는 데이터 드리븐 디자인씽킹의 개념을 습득했다. 특히 다이슨, 불스원샷, 티젠의 사례를 바탕으로 '데이터'를 활용한 디자인씽킹을 통해 전체 문맥과 문제의 패턴을 보다 쉽고 직관적으로 이해할 수 있음을 알 수 있었다.

2장에서는 앞서 학습한 데이터 드리븐 디자인씽킹의 각 프로세스에 초점을 맞췄다. 기존의 디자인씽킹의 5단계인 공감 – 정의 – 아이디어 도출 – 프로토타입 – 테스트에 데이터를 적용한 것이다. '공감' 단계에서는 이슈 트리를 활용하여 문제를 탐색하고, 우선순위를 결정했다. 또한 소셜 데이터를 활용한 분석을 통해 트렌드에 공감하는 시간을 가졌다. '정의' 단계에서는 두 변수의 선형적 관계와 관련한 문제 상황을 정의하고 상관분석을 활용하여 해답을 얻었다. 또한 특정 변수가 다른 변수에 유의미한 영향을 주는지에 대한 문제 상황을 회귀 분석을 통해 해결했다. '아이디어 도출' 단계에서는 문제를 발견하고 정의하는 태도와 할 수 있다는 마음가짐의 마인드 스크라이빙, 여러 가지 생각 도구를 활용하여 아이디어를 도출했다. 그 후, 아이디어를 효과적으로 정리하고 요약할 수 있도록 데이터 시각화 방법을 활용했다. 마지막으로 '테스트' 단계에서는 문제 상황에서 더 좋은 피드백을 받을 수 있는 그로스해킹과 AARRR 기법을 불닭볶음면과 에이블리, 배달의민족 사례로 자세히 살펴보았다.

뒤이어 나온 3장에서 5장까지는 앞선 2장에서 배웠던 여러 가지 개념을 자세히 살펴보는 시간을 가졌다. 먼저 3장에서는 고객의 생각과 문제에 공감하기 위한 소셜 데이터를 바탕으로 언급량 분석, 연관어 분석, 감성 분석을 통해 인사이트를 추출하는 방법론을 살펴봤다. 하지만 트렌드나 사람들의 인식을 단정짓기에는 어려운 소셜 데이터의 한계를 보완하기 위해서 4장에서는 정량적인 분석인 엑셀 데이터 분석을 다뤄보았다. 특히, 상관 분석과 회귀 분석, 분산 분석을 활용하여 명확한 데이터 기반의 사실 검증을 진행했고, 그 결과 소셜 데이터 분석 결과의 타당성을 높일 수 있었다. 여기에서 그치지 않고, 엑셀 데이터 분석의 결과를 데이터 지식이 없는 사람에게도 쉽게 전달할 수 있는 데이터 시각화 방법을 5장에서 학습했다. 특히, 여러 그래프를 바탕으로 데이터 안에서 공통적인 패턴을 파악하고, 그 인사이트를 활용하는 방법에 초점을 맞췄다.

지금까지의 과정을 통하여 우리는 데이터를 활용할 수 있는 다양한 방법을 학습했다. 이론을 익혔으니 이제 실전이 남았다. 이제 여러분이 직접 관심 분야의 자료를 수집하고 다양한 그래프를 구성하여 데이터 속의 숨겨진 인사이트를 발견해보자.